马克思主义哲学史专论

夏剑豸 ◎ 著

中国社会科学出版社

图书在版编目（CIP）数据

马克思主义哲学史专论/夏剑豸著 . —北京：中国社会科学出版社，
2016. 3

（北京大学马克思主义哲学论丛）

ISBN 978 - 7 - 5161 - 7734 - 1

Ⅰ. ①马⋯　Ⅱ. ①夏⋯　Ⅲ. ①马克思主义哲学—哲学史—研究
Ⅳ. ①B0 - 0

中国版本图书馆 CIP 数据核字（2016）第 045788 号

出 版 人	赵剑英
责任编辑	喻　苗
责任校对	张依婧
责任印制	王　超

出　　　版	中国社会科学出版社
社　　　址	北京鼓楼西大街甲 158 号
邮　　　编	100720
网　　　址	http://www.csspw.cn
发 行 部	010 - 84083685
门 市 部	010 - 84029450
经　　　销	新华书店及其他书店

印　　　刷	北京明恒达印务有限公司
装　　　订	廊坊市广阳区广增装订厂
版　　　次	2016 年 3 月第 1 版
印　　　次	2016 年 3 月第 1 次印刷

开　　　本	710×1000　1/16
印　　　张	17. 25
字　　　数	292 千字
定　　　价	65. 00 元

　　夏剑豸，男，黑龙江省哈尔滨市人，1935 年 6 月生，北京大学哲学系教授。北京大学优秀班主任、优秀共产党员。长期从事马克思主义哲学原理、原著及马克思主义哲学史的教学与研究工作，参与开设的"马克思主义哲学史"课曾获北京市高校教学二等奖。为《马克思主义哲学史稿》、《马克思主义哲学史》（3 卷本）及《马克思主义哲学史》（8 卷本）撰稿人之一，以上著作均在全国或北京市获奖。编写《〈家庭、私有制和国家的起源〉讲授纲要》，著有《现代家庭学概论》（合著），并有《列宁和社会主义政治》、《职业女性角色冲突与家庭》等诸多哲学与家庭学论文发表。

总　序

在新的历史条件下推进马克思主义哲学研究，这既是时代发展和中国发展的客观要求，又是理论工作者所肩负的重要职责。要推进马克思主义哲学研究，必须处理好传承与发展的关系。这里讲的传承，既指马克思主义哲学理论本身的传承，同时也指马克思主义哲学研究成果的传承；这里讲的发展，既指马克思主义哲学理论本身的不断创新，同时也指马克思主义哲学研究水平的突破与提升。加强马克思主义哲学本身的传承与发展无疑是重要的，而对马克思主义哲学研究及其成果的传承与创新也是非常必要的。这两种传承与发展实际上并不是各自孤立进行的，而是内在地结合在一起的。马克思主义哲学的传承与发展固然离不开马克思主义内容本身的研究，同时也包含着后人的理解和阐释，不可能离开后人的研究来孤立地看待马克思主义哲学的传承和发展。因此，要加强马克思主义哲学研究，应当对后人的传承与发展加以重视和关注。这也正是我们组编这套《北京大学马克思主义哲学论丛》的初衷。

北京大学是马克思主义在中国传播的发源地，具有悠久的马克思主义理论研究传统。"五四"新文化运动中，李大钊、陈独秀发起成立"马克思学说研究会"，最早开设唯物史观课程，宣传马克思主义。新中国成立后，北京大学一直是马克思主义哲学教学、研究和宣传的重要阵地，冯定教授等对马克思主义哲学学科的建设起了重要的组织、推动作用。1978年以来，黄枬森教授等在原有的基础上，开创了马克思主义哲学史学科，拓展和完善了马克思主义哲学研究领域，使其成为全国重点学科。

多年来，北京大学马克思主义哲学学科在其研究中逐渐形成了自己的传统，这就是重视马克思主义哲学基础理论研究。"史"（马克思主义哲学史）与"论"（马克思主义哲学基本原理）成为本学科研究的重点。特别是改革开放以来，伴随马克思主义哲学史学科的成功开创，形成了独特的研究特色。由黄枬森等教授主持编写的以及与国内同行共同编写的各种版本的《马克思主义哲学史》在全国学界产生了重要影响。20世纪90年代以来，本学科在保持原有传统优势的基础上，又根据新的发展的需要，逐渐拓宽了研究领域，形成了这样几个主要的研究方向：一是文本研究，包括文献研究和文本内容研究；二是基本原理的专题性研究，特别是历史哲学的研究；三是国外马克思主义研究，重点是西方马克思主义研究；四是马克思主义人学和社会发展理论研究，主要结合当代社会发展变化的实际，对相关重大理论和现实问题从人学和发展理论的视角予以新的探讨。这些研究方向的确立，意味着研究不再仅仅限于传统教科书的框架，同时面向现实问题研究，从而走向新的融合。

对于基础理论研究与现实问题研究的关系，学术界多年来有着不同的看法。有的强调研究的学术性，有的强调研究的现实性，彼此形成不同的倾向和主张。实际上，二者并不构成矛盾与对立，而是完全可以结合在一起的，并且是相互渗透、相互促进的。研究马克思主义哲学，当然需要加强基础理论研究。不能正确理解经典文本和马克思主义哲学史，就不可能真正理解和把握马克思主义哲学，因而正确地阐释文本和马克思主义哲学史，这是掌握马克思主义哲学基本理论的前提和基础。但是，马克思主义哲学又不能仅仅限于这样的研究。将马克思主义哲学研究变为文本、马克思主义哲学史和一些原理的"诠释学""考据学"，无益于推进马克思主义哲学的发展。马克思主义哲学的基础理论也是一个发展、开放的系统，并不是一个固定不变的模式。伴随实践的发展，许多基础理论也要不断深化、调整和完善。关注现实问题，加强"问题导向"，一方面可以使文本中曾被忽视、误解以至被遗忘的思想、观点得到新的重视和开掘，另一方面可以给文本中许多思想赋予新的当代意义，从而激活其思想资源，使其焕发出新的生机、活力。就此而言，加强现实问题研究，又会有力促进基础理论研究。实现二者有机结合，有助于推动马克思主义哲学的深化和发展，这也正是本学科在原有研究基础上拓展研究方向与领域的动因所在。

收录在本论丛的书目，都是本学科老教授的研究成果。这些老教授虽已离开教学岗位，但不少人始终是"退而不休"，一直在马克思主义哲学研究的园地里辛勤耕耘，成果不断，在学科建设中发挥着重要作用。从本论丛写作的时间来看，既有过去撰写的，也有新近创作的，有的完全是近几年研究的成果；从其内容来看，涉及的论域比较广泛，既有关于马克思主义哲学史、经典文本和基本原理的研究，又有关于重大理论问题和现实问题的研究；从其关注的重点来看，既有基础性的问题，又有前沿性的问题；从其研究的领域来看，既有马克思主义哲学本身所涉及的各种领域，又有与其相关的研究领域。可以说，这些成果是这些老教授长期研究的真实记录，是他们探索轨迹的生动描绘，共同构成了马克思主义研究的绚丽画卷。

本论丛只反映了本学科过去研究的一个大致图景，并未体现其研究的全部历史和现状。收录的书目主要反映了作者在研究中的代表性成果或代表性观点。尽管各位作者研究的重点不同，旨趣各异，但其目标指向则是共同的，这就是不断深化和推进马克思主义哲学研究，以求发展、创新。正是围绕这一目标，各位作者分别从不同角度对马克思主义哲学进行了有益的探讨，形成了不同的研究特色。

值得注意的是，本论丛所收集的这些研究成果是和作者们的经历联系在一起的。这些作者都是在20世纪上半叶出生的，大多是在新中国建立后走进大学校园，而后留校任教。他们都经历了共和国的风风雨雨，其学术生涯又是同改革开放的历程联系在一起的。正是这些特殊的经历，使这些作者对社会、人生和马克思主义哲学有着独特而深刻的体认和感悟。这些研究成果均不同程度地打上了时代的烙印和个人体验的印记。今天看来，在这些成果中，尽管有些话题可能有些陈旧，某些看法也不一定新颖，但其确实反映了这些作者在不同历史条件下的独特思考和艰辛探索，有助于我们更好地理解和把握马克思主义哲学研究的思想历程及其经验教训。总体来看，这些成果是本学科长期积累的宝贵财富，它为本学科的发展奠定了厚实的基础，因而是其发展的重要阶梯。

传承是为了更好地发展。站在新的历史起点上，北京大学马克思主义哲学学科的同仁们始终没有忘记自己的使命和责任，没有忘记自己的天职，一直以高度的热忱投身于马克思主义哲学的教学与研究之中。我们相信，在未来的岁月中，只要充分继承和发扬北京大学马克思主义理论研究的光荣传统，锐意进取，不懈努力，就一定会在马克思主义哲学研究上取得新的更大的成就。我们将会把新的成果集中起来，以"马克思主义哲学：经典与当代"丛书加以出版。

近年来，本学科的发展得到了陕西帮建置业有限公司董事长王建良先生的大力支持和帮助，他建议并捐资设立了"黄枬森与北京大学马克思主义哲学学科发展"项目（简称"黄枬森项目"），为本学科的教学、科研作出了重要贡献，在此深表感谢！

本论丛的出版得到了陕西帮建置业有限公司董事长王建良先生和北京大学社会科学部的资助；北京大学哲学系对本论丛的出版给予了大力支持；中国社会科学出版社为本论丛的策划和出版作了很大努力，付出了辛勤劳动。在此一并表示诚挚的谢意！

论丛编委会

2016 年 4 月

前　言

　　1960 年我北京大学哲学系毕业留校后，便开始担任马克思主义哲学原理、原著的教学工作。1980 年，哲学系正式开设了"马克思主义哲学史"课程，作为马哲史教研室的一名教师，我又担起了马克思主义哲学史（列宁阶段）的教学工作。之后，曾多次参加全国马克思主义哲学史学会组织的学术活动，并先后参与了《马克思主义哲学史稿》、《马克思主义哲学史》（3 卷本）及（8 卷本）部分章节的编写工作。几十年的教学与科研实践过程，实际上也是自己不断学习的过程，不断增长知识，加强理论修养的过程。在这一过程中，使自己深深体会到要学好马克思主义哲学，除了要遵循理论联系实际，理论与实践相结合这一根本原则外，学习马克思主义哲学史，对于掌握好马克思主义哲学也是很重要的。马克思主义哲学与其他科学一样，也是一门历史科学。我们只有了解了它的形成与发展的过程，搞清楚它的来龙去脉，才能更深刻地理解它。

　　此外，要学好马克思主义哲学，还要着重研读马克思主义经典作家的原著，这也是非常重要的途径。只有通过对原著的学习，才能了解一些理论原理是在什么情况下，针对什么问题提出来的，它的本来含义是什么，这样才更易理解其精神实质。如果我们更多地依靠第二手材料去学习，则易人云亦云，影响自己的独立思考，不利于更准确、更深刻去理解一些理论原理。

　　在诸多的马克思主义经典著作中，恩格斯的《家庭、私有制和国家的起源》是很有特点的一部书。它不只是一部重要的理论著作，而且还颇具学术性，有很强的学术研究特色。若认真、细心地读一读恩格斯这本书，不仅可以学到马克思唯物史观的理论知识，还可学到恩格斯理论创作的科学态度，学到他的治学精神和治学方法，这将会使我们受益无穷。

　　将恩格斯关于家庭起源和发展的理论，与现实的家庭问题结合起来，进行探讨和研究，是很有意义的，不过，这又涉及家庭社会学领域。后来我又开了一门"家庭学概论"课，并写了《现代家庭学概论》（合著）一书，此次选取其中两章，放在本书的最后，作为一个"附录"，也可说是对马克思主义哲学的一种运用吧。

　　由于本人学识水平所限，书中缺点、错误在所难免，敬请读者朋友批评指正。

作者

2015 年 1 月

目　　录

上　篇

下　篇

上　篇

第 一 章

普列汉诺夫对马克思主义哲学的贡献

自 1871 年巴黎公社革命失败以来，欧洲资本主义进入了和平发展时期，直至 20 世纪初的 30 年内，工农业生产和科学技术都发生了革命性变化。工业生产从"棉纺织时代"进入"钢铁时代"，90 年代开始了物理学革命。与此同时，自由资本主义也逐渐向帝国主义，即垄断资本主义过渡。但这种和平发展状态没有维持很久，由于 4 次经济危机的破坏、垄断组织之间竞争的尖锐化、垄断资产阶级对本国无产阶级和殖民地、势力范围剥削压迫的加强，各种社会矛盾激化起来，和平发展日益酝酿着新的革命高潮。

在这个时期中，马克思主义在欧美各国广泛传播，到处形成社会主义政党，终于导致第二国际的建立。第二国际内部在恩格斯逝世后虽然出现了修正主义思潮，但它在传播马克思主义和团结、组织无产阶级力量方面发挥了积极作用。马克思主义在俄国的传播和俄国革命形势的发展就是在这种国际条件下发生的。巴黎公社革命后的第一次革命高潮没有出现在西欧而出现在俄国，不是偶然的。20 世纪初的 3 次俄国革命（1905 年革命、二月革命和十月革命）绝不仅仅是俄国事件，而是 20 世纪革命的开端；作为俄国革命指导思想的列宁主义绝不仅仅是俄国的革命理论，而且是马克思主义的一个新阶段；在哲学史上，列宁也开辟了马克思主义哲学的新阶段。

一 19 世纪末叶马克思主义哲学在俄国的传播

19 世纪中叶马克思和恩格斯的一些著作就传到了俄国，但真正把马克思主义及其哲学传到俄国，并用它来考察俄国革命问题的是普列汉诺夫。

（一）　马克思主义在俄国的广泛传播的开始

19 世纪中期以前，俄国是个封建专制的国家，农奴制经济占据主要地位。由于贵族农奴主对劳动人民的残酷剥削和压迫，以及沙皇政府对外疯狂侵略扩张及克里米亚战争的失败，人民生活日益恶化。不堪忍受剥削压迫的劳动群众，不断奋起反抗封建专制制度，农民暴动此起彼伏，农奴制面临着严重的危机。1861 年，沙皇政府被迫废除农奴制，这是俄国从封建主义过渡到资本主义的转折点。从此，资本主义在俄国开始发展起来，但农奴制残余仍旧大量存在，严重阻碍着生产力的发展。迅速发展的资本主义和封建残余交织在一起，劳动群众饱受资本家和封建地主的双重压榨和剥削。1861 年的改革非但未能满足农民的土地要求，反而加重了他们的负担。沙皇的政治统治也极其野蛮和反动，沙皇统治下的俄国，是各族人民的监狱。生活在水深火热之中的广大群众，渴望自由与土地。从40 年代起，"俄国进步的思想界，处在空前野蛮和反动的沙皇制度的压迫之下，曾如饥如渴地寻求正确的革命理论"[①]，探寻俄国解放的道路，并密切注视着西方进步思想理论的发展。

早在 19 世纪 40—60 年代，马克思主义就传到了俄国，伟大的革命民主主义者别林斯基、赫尔岑、车尔尼雪夫斯基等都读过马克思和恩格斯的早期著作，如《德法年鉴》中所发表的《论犹太人问题》、《黑格尔法哲学批判导言》和《政治经济学批判大纲》等。在 60—70 年代，《共产党宣言》的俄译本（1869 年），《资本论》第一卷最早的外文译本，即俄译本（1872 年），相继在俄国出版。1879 年，尼·伊·季别尔在《言论报》上撰文，详细介绍了《反杜林论》的哲学编和第二编前三章。尽管马克思主义很早就传到了俄国，却一直没有真正生根、发芽。当时俄国的革命运动主要是反对封建主义的，马克思主义最初也只在代表农民、小资产阶级利益的平民知识分子中间传播。由于阶级地位、世界观和社会政治思想的局限，他们不可能完全理解和接受马克思主义，而民粹主义者的思想更是与马克思主义相距甚远。特别是，那时俄国的工人运动尚未兴起，马克

---

① 《列宁选集》第 4 卷，人民出版社 1995 年版，第 136 页。

思主义在俄国还缺乏阶级基础，不可能对俄国的革命运动产生广泛而深刻的影响。

随着资本主义的发展，70 年代中期以后，俄国工人阶级开始觉醒，不断展开同资本家的斗争。1875 年建立了俄国第一个工人阶级的独立组织——"南俄工人协会"。1978 年又建立了"俄国北方工人协会"。在他们的章程和纲领中，提出了"通过强力的革命手段，消灭一切特权……""推翻国内现存的政治经济制度"的政治要求。虽然这两个工人协会先后都遭到沙皇政府的镇压和破坏，但工人运动仍在继续发展，罢工斗争愈加广泛。随着工人阶级的觉醒和工人运动的兴起，俄国出现了第一批马克思主义组织。1883 年，"劳动解放社"——俄国第一个马克思主义组织的创立，开辟了俄国马克思主义运动的历史。从此，不仅马克思、恩格斯的著作被大量译成俄文出版，真正开始了马克思主义在俄国的广泛传播，而且最初的俄国马克思主义者已开始运用马克思主义来考察、分析俄国的社会实际，探索俄国的革命道路问题。而这样做的第一个人就是当时最出色的理论家格·瓦·普列汉诺夫。

普列汉诺夫原是民粹主义者，在工农群众中进行革命活动。在实际斗争中民粹派屡屡失败，这使他认识到民粹派的理论不能解决俄国革命的问题，从而转向工人阶级，转向马克思主义。1880 年普列汉诺夫逃亡国外，于 1883 年同查苏利奇、阿克雪里罗得等人在日内瓦创立了"劳动解放社"。他们在《关于出版现代社会主义丛书问题》的声明中，将"劳动解放社"的任务归纳为两条："一、把马克思恩格斯学派的最主要著作以及各种不同的知识程度的读者为对象的文章译成俄文，借以在俄国传播科学社会主义的思想。二、批判在俄国革命者中间占统治地位的学说，并从科学社会主义的观点和俄国劳动人民的利益出发，阐明俄国社会生活中的各种重大问题。"[①] 在普列汉诺夫的领导下，"劳动解放社"在传播马克思主义方面做了大量工作。1882 年普列汉诺夫把《共产党宣言》译成俄文出版，马克思和恩格斯为这个新俄译本写了序言，其中曾预言："俄国已是欧洲革命运动的先进队伍了。"[②] 在 80 和 90 年代，"劳动解放社"陆续将马克思的《哲学的贫困》、《雇佣劳动与资本》、恩格斯的《反杜林论》、

① 《普列汉诺夫遗著》第 8 卷，1940 年俄文版，第 29 页。
② 《马克思恩格斯选集》第 1 卷，人民出版社 1995 年版，第 251 页。

《社会主义从空想到科学的发展》、《费尔巴哈和德国古典哲学的终结》等著作译成俄文，在国外出版后秘密运回俄国散发。这些著作成为国内各地马克思主义小组学习的重要文献，对于用马克思主义理论武装俄国一代革命者起了极其重要的作用。

（二）普列汉诺夫在反对民粹主义的斗争中传播马克思主义

民粹派是 19 世纪 60 年代末 70 年代初产生的一个代表小生产者利益和要求的空想社会主义派别，其主要代表人物有拉甫罗夫、米海洛夫斯基、特卡乔夫、吉荷米洛夫等。在 70 年代的俄国革命运动中，民粹派占主导地位，颇有影响。民粹派否认资本主义在俄国的发展，认为俄国正沿着一条"独特的道路"发展，资本主义对俄国的经济制度来说，是一种"衰落""倒退"的偶然现象，因此，在俄国"不应当"发展资本主义。他们把"农民村社"看作是社会主义的胚胎和基础，主张越过资本主义而借助农民村社直接过渡到社会主义。民粹派无视工人阶级的历史作用，认为只有知识分子领导的农民才是革命的主力。他们鼓吹英雄史观，否认社会历史发展的客观规律，夸大个人在历史上的作用，把"批判地思维的个人"视为社会历史发展的决定力量。

民粹派的理论观点是完全错误的，与科学社会主义是根本对立的。但在 70 年代，革命民粹派最初作为追求社会解放的代表，在反对沙皇专制制度的革命活动中，起过进步作用。而到了 80 年代，随着俄国农村两极分化的加剧，民粹派便从小资产阶级革命家堕落为富农的代言人，变成自由民粹派。他们开始向沙皇政府妥协，甚至投降，逐渐走上了反动道路，而完全丧失了革命性。可是，由于俄国是个小生产者占优势的国家，民粹主义不仅在知识分子中，甚至在一部分工人群众中都有相当的影响，成为当时俄国传播马克思主义的严重阻碍。只有从理论上驳倒民粹主义，才能使马克思主义在俄国得到广泛的传播，从而推动俄国革命运动的发展。在俄国历史上，首先起来批判民粹主义的，就是普列汉诺夫和他领导的"劳动解放社"。

普列汉诺夫在批判民粹主义的斗争中，写了许多杰出的马克思主义著作。"劳动解放社"创立之初便出版了他的《社会主义与政治斗争》（1883 年）和《我们的意见分歧》（1885 年）。普列汉诺夫在这两部著作中，论证了马克思主义所揭示的社会发展的客观规律同样适用于俄国。他明确指出："马克思的一般哲学——历史观对现代西欧的关系，正如对希腊和罗马、印度和埃及的关系一样。它们包括人类的整个文化史，只有在它们一般的不能成立时才不能应用于俄国。"① "一国历史的任何特点都不能使该国逃出一般的社会学规律的作用。"② 而所谓在俄国"不应当"发展资本主义的提法本身，就是唯心主义的，是毫无意义的。事实上俄国已经走上了资本主义道路，这是人的主观意志所不能改变的。

普列汉诺夫揭示了小资产阶级空想社会主义同科学社会主义的原则区别。他强调指出，俄国农村公社正日益分化瓦解，所谓俄国社会经济发展的"独特性"的理论，已成为纯粹的空想。在俄国首先发生的将是资产阶级革命，如马克思所说，这一革命将成为工人阶级社会主义革命的直接序幕。真正的革命者的任务，就在于组织资本主义所产生的革命力量，"俄国社会主义者……能够而且应当首先依靠工人阶级"③，去推翻资本主义，同时还要在工人阶级中间传播科学社会主义思想，使他们觉悟到自己的力量和对胜利的信心。普列汉诺夫认为，俄国的革命运动只有作为工人阶级的革命运动才能获得胜利。他进一步指出必须建立工人阶级政党，"尽可能迅速地组成工人党，是解决现代俄国所有经济和政治矛盾的唯一手段"④。

90 年代，普列汉诺夫又写了《论一元论历史观之发展》（1895 年）及《论个人在历史上的作用》（1898 年）等优秀的马克思主义哲学著作，深入系统地论述了马克思主义哲学特别是唯物史观，从哲学上深刻地揭露和批判了民粹主义的"主观社会学"。

普列汉诺夫的上述重要著作，沉重地打击了民粹主义，对于俄国革命者摆脱民粹主义的思想束缚，起了巨大的历史作用。对于普列汉诺夫和"劳动解放社"的理论活动，恩格斯和列宁都给予了很高的评价。列宁将《社会主义与政治斗争》誉为"俄国社会主义的第一个纲领"，并且明确指出："俄国马克思主义是在 19 世纪 80 年代的一个侨民团体——'劳动解放社'的著作中产生的。"⑤ 恩格斯在看了《我们的意见分歧》之后，

---

① 《普列汉诺夫哲学著作选集》第 1 卷，生活·读书·新知三联书店 1959 年版，第 72 页。

② 同上书，第 332 页。

③ 同上书，第 113 页。

④ 同上书，第 401 页。

⑤ 《列宁全集》第 15 卷，人民出版社 1988 年版，第 365 页。

于 1885 年 4 月给查苏利奇的信中写道："我感到自豪的是，在俄国青年中有一派真诚地、无保留地接受了马克思的伟大的经济理论和历史理论，并坚决地同他们前辈的一切无政府主义的和带有一点斯拉夫主义的传统决裂。如果马克思能够多活几年，那他本人也同样会以此自豪的。这是一个对俄国革命运动发展具有重大意义的进步。"[①] 10 年之后，即 1895 年，恩格斯收到《论一元论历史观之发展》一书后，在给普列汉诺夫的信中写道："您争取到使这本书在本国出版，这本身无论如何是一次巨大的胜利。"[②]

（三）马克思主义的传播与俄国工人运动的结合

19 世纪 80 年代，在"劳动解放社"建立之后不久，在俄国许多大城市和地区出现了马克思主义小组。一些革命者、大学生和工人中的少数先进分子在这些小组里，学习和研究马克思主义著作以及普列汉诺夫的著作。在 1895 年以前，他们还只是在知识分子和少数先进工人当中进行革命宣传工作，都没能把科学社会主义同群众性的工人运动结合起来。在沙皇政府的严密控制和迫害下，远离祖国的"劳动解放社"难以和国内工人运动发生直接联系，也未能实现马克思主义与工人运动的结合。更主要的是，那时工人运动本身还没有成熟到实现这种结合。普列汉诺夫及"劳动解放社"的马克思主义宣传和理论著述活动，在理论上为俄国社会民主主义奠定了基础，实际的社会民主主义运动尚在孕育之中。

90 年代初，马克思主义的进一步传播和工人运动的蓬勃发展，迫切要求把社会主义与工人运动结合起来。1893 年青年马克思主义者列宁从萨马拉来到彼得堡。列宁以他出色的理论才能与组织才能，很快被彼得堡的马克思主义者公认为他们的领导者。1895 年初，列宁将彼得堡的 20 多个马克思主义小组统一起来，建立了"工人阶级解放斗争协会"。列宁向"斗争协会"提出，要在广大工人群众中进行社会主义的宣传鼓动，并参与对工人罢工斗争的政治领导。"斗争协会"把马克思主义和工人的实际运动结合起来，从而开辟了俄国工人运动史上的一个新阶段。1895 年 5 月列宁作为"工人解放斗争协会"的领导人来到日内瓦，会见普列汉诺

---

① 《马克思恩格斯全集》第 36 卷，人民出版社 1957 年版，第 301 页。
② 《马克思恩格斯全集》第 39 卷，人民出版社 1957 年版，第 383 页。

夫，双方商定在国外出版刊物《工作者》文集。此后"劳动解放社"通过"斗争协会"与国内工人运动取得了密切联系。列宁在 1914 年谈到 20来年马克思主义同俄国群众性工人运动相结合的历史时，说："在 1894—1895 年以前，还没有这种联系。'劳动解放社'，只是在理论上为社会民主党奠定了基础，并且迎着工人运动跨出了第一步。只是 1894—1895 年的宣传鼓动和 1895—1896 年的罢工运动才使社会民主主义同群众性工人运动牢固地、经常地结合起来。"[1] 这就是说，1895 年在俄国革命运动的历史上，在马克思主义传播的历史上都是重要的一年。"劳动解放社"和国内"斗争协会"等马克思主义组织的理论活动及其在工人群众中的组织领导活动，从思想上和组织上为俄国无产阶级政党的建立奠定了基础。

（四）普列汉诺夫在反对第二国际修正主义的斗争中传播马克思主义

19 世纪 90 年代，在恩格斯逝世之后，第二国际修正主义泛滥起来。1896—1898 年，伯恩施坦在《新时代》上以《社会主义问题》为总题目，发表了一系列文章，歪曲马克思主义。1897 年，施米特发表了《康德生平及其学说》，鼓吹新康德主义。1899 年伯恩施坦抛出了《社会主义的前提和社会民主党的任务》一书，对马克思主义进行了全面的"修正"。在哲学方面，他们追随资产阶级教授，全盘接受资产阶级的唯心主义，公开号召"回到康德那里去"，企图抽掉马克思主义理论的哲学基础，把新康德主义作为马克思主义及其历史观的哲学基础。他们攻击马克思主义辩证法是妨碍人们对事物进行正确考察的陷阱，而赞美折中主义是"清醒的理智"，企图以庸俗的"进化论"和折中主义来代替革命的辩证法。他们宣扬阶级调和，鼓吹资产阶级改良主义，否认暴力革命。伯恩施坦对马克思主义的攻击，以及由此引起的国际共产主义运动内部的混乱，自然博得了资产阶级的欢心和喝彩。然而，第二国际中的马克思主义者，起初对这一修正主义思潮的危害和严重性却估计不足，未能充分加以重视。拉法格认为伯恩施坦对马克思主义的"批判"是"理智的疲劳过度"的结果；李卜克内西说伯恩施坦主义是智力发展的过程，可以不去理会他；梅林则认为"……除了修正主义情绪之外，在德国从来没有存在过修正主义"。

---

[1] 《列宁全集》第 25 卷，人民出版社 1988 年版，第 275 页。

正是在这种情况下，普列汉诺夫挺身而出，起来批判伯恩施坦修正主义。1898 年他在《新时代》上发表了西欧社会主义刊物上第一篇反对修正主义的哲学论文《伯恩施坦与唯物主义》。此外，他又接连发表了一系列反对伯恩施坦和施米特的哲学论文。普列汉诺夫在这些著作中，批判了伯恩施坦、施米特等人的哲学修正主义，捍卫了马克思主义哲学的唯物主义基础，并揭露修正主义者妄图以新康德主义代替唯物主义，使唯物主义"归宿于"唯心主义，是迎合了资产阶级的需要。他指出："资产阶级的厌恶唯物主义以及他们对新康德哲学的偏好，是很可以用现代社会的状态来解释的。资产阶级把康德的学说看作是和工人阶级的极端倾向进行斗争的强有力的'精神武器'。"① 普列汉诺夫还进一步论证和发挥恩格斯的世界可知性原理，有力地驳斥了新康德主义的不可知论。他揭露伯恩施坦攻击马克思的辩证法的目的在于反对无产阶级的社会革命，为资产阶级效劳，他写道："如果说伯恩施坦先生抛弃唯物主义是为了不要'威胁'资产阶级'意识形态的利益'之一的宗教，那么他抛弃辩证法就是由于他不愿意用'暴力革命的惨象'来吓坏资产阶级。"② 他在批判伯恩施坦宣扬的庸俗进化论时，勇敢地捍卫了马克思的辩证法的基本原理，并指出辩证法在社会主义由空想到科学发展中的作用，论证了辩证法的革命的批判的本质。此外，普列汉诺夫还尖锐地指出，马克思主义反对伯恩施坦哲学修正主义的斗争是"谁埋葬谁的问题：是伯恩施坦埋葬社会民主党，还是社会民主党埋葬伯恩施坦？"③

普列汉诺夫的一系列哲学著作的发表，对于推动第二国际内部马克思主义者反对伯恩施坦修正主义的斗争，起了一定的作用，同时也正是在反对修正主义的这一斗争中在俄国进一步传播了马克思主义。

二　普列汉诺夫在马克思主义哲学史中的地位和作用

普列汉诺夫是一个复杂人物。无论是在政治舞台上，还是在马克思主

---

① 《普列汉诺夫哲学著作选集》第 2 卷，生活·读书·新知三联书店 1959 年版，第 474 页。

② 同上书，第 440—441 页。

③ 同上书，第 418 页。

义的传播中，他都是一个复杂人物。他在政治上变化多端，但他开始向机会主义演变之后，仍能写出不少马克思主义的哲学著作。因此，在评价他的哲学思想时，既不能脱离他的政治活动和政治思想，也不能把他的政治思想和哲学思想混为一谈。统观他的一生，可以说他主要还是个学者、哲学家、哲学史家。他的理论贡献比在实践方面的贡献大得多。

（一）　普列汉诺夫一生政治、理论活动分期

从 1876 年算起，普列汉诺夫活动的 42 年间，大致经历了 4 个时期。

1. 民粹主义时期（1876—1883 年）

普列汉诺夫 1856 年出生于破落贵族地主家庭。父亲是退役上尉，母亲是别林斯基的后裔。他曾毕业于沃罗涅什陆军中学，于 1874 年进入矿业学院学习。他在学生时代就十分崇敬车尔尼雪夫斯基和别林斯基等俄国革命民主主义者。

普列汉诺夫 1876 年加入民粹派的一个小组，后为"土地与自由社"成员。1879 年该社分裂为两个党，其中"民意党"主张采取政治恐怖手段反对沙皇；"土地平分社"则反对恐怖活动，相信宣传鼓动，主张继续到农村去进行革命活动。这时，普列汉诺夫已成为"土地平分社"的领导人之一。70 年代后半期，俄国工人阶级已作为独立的政治力量登上政治舞台，可是民粹派不重视工人阶级的斗争。普列汉诺夫则与他们不同，他参与组织了 1876 年第一次工人示威游行，并发表演说。此后，至 1880 年他一直同彼得堡的工人组织在一起。普列汉诺夫在实践中看到了工人阶级的觉醒，同时由于民粹派在实践上屡遭失败，使他对民粹主义产生了怀疑，决定要重新探索俄国革命的道路。

1880 年普列汉诺夫被迫流亡国外，来到瑞士的日内瓦。在这里他接触到西欧的马克思主义者，了解了西欧的工人运动。他在研读了马克思、恩格斯的著作之后，逐渐地接受了马克思主义。在他看清了民粹主义理论观点的错误之后，便坚决地转向马克思主义。1882 年他将《共产党宣言》译成俄文，并撰写了一篇导言，表明他已接受《共产党宣言》的基本思想。这是他向马克思主义转变的重要起点，他自己后来说："我之成为马克思主义者不是在 1884 年，而是在 1882 年。"① 1883 年普列汉诺夫的第

---

① 转引自《普列汉诺夫传》，生活·读书·新知三联书店 1980 年版，第 77 页。

一部马克思主义著作《社会主义与政治斗争》发表，用马克思主义理论批判、清算了民粹主义，这是他转变为马克思主义者的重要标志。同年，他与阿克雪里罗得、查苏利奇等人一起创立了"劳动解放社"——俄国第一个马克思主义组织。这样，普列汉诺夫不仅从思想、理论上，而且从组织上与民粹主义彻底决裂。

2. 马克思主义时期（1883—1903 年）

在这一时期，普列汉诺夫主要从事马克思主义的理论活动和建党活动，贡献最大，这是他一生中最光辉的时期。他在俄国传播马克思主义，武装了一代革命者，无愧为俄国马克思主义的先驱者和奠基人。在这 20 年间，普列汉诺夫发表了大量批判民粹主义、无政府主义、新康德主义、经济主义和宣传马克思主义的著作。《论一元论历史观之发展》一书是他理论创作的高峰。后来列宁曾高度评价这一著作，说它"对辩证唯物主义作了极其完美的有价值的阐述"[①]，是"培养了整整一代俄国马克思主义者的著作"[②]。

普列汉诺夫参与了俄国无产阶级政党的创建工作。他于 1900—1903 年同列宁一起创办《火星报》和《曙光》杂志。1903 年 10 月他和列宁共同主持召开俄国社会民主工党第二次代表大会，当选为党的总委员会主席及《火星报》三个编委之一。他是党的主要创始人之一。

这一时期普列汉诺夫在国际上，在西欧工人运动和社会民主党中也享有很高声誉。在第二国际领导人中，他最先起来批判伯恩施坦的修正主义及其理论基础。其主要著作有《伯恩施坦与唯物主义》《唯物主义还是康德主义》《再论唯物主义》等。列宁曾指出："在国际社会民主党中，普列汉诺夫是从彻底的辩证唯物主义观点批判过修正主义者在这里大讲特讲的庸俗不堪的滥调的唯一马克思主义者。"[③]

3. 孟什维主义时期（1903—1914 年）

在这一时期，普列汉诺夫在布尔什维克与孟什维克之间摇摆不定，采取了一种"特殊立场"。在俄国社会民主工党第二次代表大会期间，普列汉诺夫站在布尔什维克一边，支持列宁同马尔托夫等人的错误作斗争。然

---

① 《列宁全集》第 4 卷，人民出版社 1988 年版，第 67 页。
② 《列宁全集》第 11 卷，人民出版社 1988 年版，第 308 页。
③ 《列宁选集》第 2 卷，人民出版社 1995 年版，第 3 页。

而在大会之后，党内两派之间在组织问题上的分歧进一步扩大时，他却被党内的分裂吓坏了，决定采取调和主义的立场。他把党内在组织问题上的原则分歧，说成是很不重要的"微不足道的内部争吵"。为了保持党内的无原则团结和形式上的"党的统一"，他要求布尔什维克作出让步，并进一步从让步、调和主义而转向孟什维克，列宁称他为"倒戈分子"。1903年11月普列汉诺夫发表的《不该这么办》一文，是他陷入机会主义的起点。

1905年革命时期，在革命策略问题上，普列汉诺夫赞同孟什维克的极右立场，主张放弃无产阶级革命领导权，反对武装起义。尽管普列汉诺夫在组织上不是孟什维克成员，并在政治上多次离开孟什维克，但他的基本立场是机会主义的，实际上充当了孟什维克的思想领袖。

1908年斯托雷平反动时期，当孟什维克中的取消派主张取消革命的秘密的党及其活动时，普列汉诺夫又站在护党的立场上，揭露、批判取消派。这时，列宁把他同普列汉诺夫在策略问题、组织问题上的分歧暂时搁置起来，同普列汉诺夫结成护党联盟，共同反对取消派。

这一时期，普列汉诺夫在哲学上仍坚持马克思主义，并作出过一定的贡献。他对马赫主义、寻神派的宗教世界观进行了有力的批判，发表了《马克思主义的基本问题》、《战斗的唯物主义》及《论俄国的所谓宗教探寻》等许多马克思主义著作。

4. 社会沙文主义时期（1914—1918年）

第一次世界大战爆发后，普列汉诺夫彻底背叛了无产阶级革命事业，站在沙皇政府一边，支持帝国主义战争，鼓吹保卫资产阶级祖国，从而陷入了社会沙文主义的泥潭。

1917年二月革命胜利后，普列汉诺夫回到俄国，继续鼓吹护国主义，支持资产阶级临时政府。但同时他又拒绝出任临时政府的部长。他反对列宁的"四月提纲"，反对社会主义革命及十月武装起义。十月革命成功后，普列汉诺夫严词拒绝白党分子的建议，没有进行反对苏维埃政权的反革命活动。

这一阶段普列汉诺夫仍继续他的研究工作，写作了《俄国社会思想史》。这一时期他的机会主义、社会沙文主义著作有《论战争》及《在祖国的一年》。1918年5月30日普列汉诺夫因病去世。

（二）普列汉诺夫在马克思主义哲学发展史上的地位和作用

1. 普列汉诺夫是一个马克思主义哲学家，他不仅继承和捍卫了马克思主义哲学，而且在一些重要领域和方面，对马克思主义哲学的发展，作出了独特的贡献，留下了不朽的业绩。

普列汉诺夫把主要注意力放在哲学理论方面，一生中绝大部分时间在从事理论著述活动。他的马克思主义哲学著作之多，在国际马克思主义者中间，是屈指可数的。他在同机会主义和资产阶级哲学流派的斗争中，不仅继承和捍卫了马克思主义哲学的基本原理，而且把这些原理具体化，作了深入的发挥。特别是他在理论上富于创见，在很多重要方面，提出了新原理、新观点，从而丰富和发展了马克思主义哲学。

普列汉诺夫的理论活动涉猎的方面极为广泛，如哲学、哲学史、美学、社会思想史等。在诸多理论领域中，他都有新的建树，但贡献最大的还是哲学领域。而在哲学领域中，占首要地位的，是他对历史唯物主义方面的贡献。他的许多重要哲学著作，几乎都是论述唯物史观的。列宁说普列汉诺夫"是精通历史唯物主义的"。的确，他对历史唯物主义的各个方面都进行过相当深入、系统的研究和探讨，提出了自己的独到见解，诸如关于唯物史观的思想理论来源问题、关于地理环境对社会发展的作用问题、关于社会意识的两个基本形态及意识形态的相对独立性问题、关于个人在历史上的作用问题等。普列汉诺夫在历史唯物主义方面提出的许多新原理、新观点，是对马克思、恩格斯思想的重要发挥和发展，为马克思主义的哲学宝库增添了新内容。在这方面他比其前人和同时代人都大大前进了一步。

2. 在马克思主义哲学史上，普列汉诺夫活动在马克思、恩格斯与列宁之间，在一定程度上起了中间环节的作用。

关于如何对待列宁和普列汉诺夫的哲学思想的关系问题，在历史上曾产生过两种错误倾向。一方面是20世纪20年代苏联的德波林派，他们对普列汉诺夫评价过高，对其功绩颂扬多，而对其错误则比较忽视，甚至维护他的某些错误观点；另一方面却贬低列宁哲学思想的重要地位，认为列宁不过是普列汉诺夫的学生，"列宁主义是政策和策略"。20世纪30—50年代，即批判德波林之后，又出现另一极端的倾向，即极力贬低普列汉诺夫，抹杀他在马克思主义哲学发展中的地位和作用，一味批判他的机会主义，认为"真正的马克思主义发展史，是从马克思、恩格斯直接到列宁，中间绝不经过普列汉诺夫"（米丁）。说从马克思、恩格斯到列宁必须经过普列汉诺夫，或者"中间绝不经过普列汉诺夫"，这两种说法过于绝对，都是不符合历史事实的。

普列汉诺夫和列宁是属于同时代的。但从马克思主义在俄国传播的历史来看，普列汉诺夫接受马克思主义比列宁早，1883 年他已成为俄国最早的马克思主义者。当列宁在 1888 年开始接受马克思主义时，就读到了普列汉诺夫的著作。后来，列宁在非常满意地一再阅读了《唯物主义史论丛》之后，表示坚决地站在一元论者即普列汉诺夫一边。列宁一向密切注意 80 年代末至 1895 年普列汉诺夫同民粹主义者米海洛夫斯基的斗争，以及 1898 年后与新康德主义的斗争。在普列汉诺夫的影响下，为了"认真地对付新康德主义"，列宁研究了法国唯物主义、康德和黑格尔。那时，列宁对普列汉诺夫曾怀有"深深敬爱"、"热烈崇拜"的极其特殊的感情。

1900—1903 年，普列汉诺夫几次向列宁"解释波格丹诺夫观点的错误"。列宁仔细阅读了普列汉诺夫和经验一元论者波格丹诺夫的著作之后，相信波格丹诺夫"根本错了，而普列汉诺夫是正确的"[1]，"完全倾向于普列汉诺夫"[2]。几年之后，即 1908 年列宁撰写了《唯物主义和经验批判主义》一书。从这一著作中也可以看到列宁同普列汉诺夫之间的批判继承关系。列宁以彻底的辩证唯物主义，全面而深刻地批判马赫主义时，吸取了普列汉诺夫哲学思想中一切正确的东西，同时又克服了他在某些理论观点上的缺陷。列宁的某些重要的哲学论断直接来自普列汉诺夫。

总之，列宁的哲学思想本身是有一个形成和发展的过程的，而在这一过程中，普列汉诺夫对他曾有过直接的重大影响。普列汉诺夫的著作及其思想是列宁世界观形成，列宁主义赖以产生的重要思想来源之一，这是不可否认的历史事实。

但是，这只是问题的一个方面，还有另一个不可忽视的方面，即马克思、恩格斯的著作及其思想对列宁哲学思想的形成和发展所起的决定性的作用。列宁主要还是通过直接学习和研究马克思和恩格斯的著作，接受马

[1]　《列宁全集》第 45 卷，人民出版社 1988 年版，第 182 页。
[2]　同上书，第 171 页。

克思主义的。1888 年秋，列宁便开始认真研究《资本论》，接着阅读了《共产党宣言》，并作过论《哲学的贫困》一书的演讲。后来他又熟读了马克思和恩格斯的许多哲学和经济学著作。列宁善于把马克思主义同具体的革命实践结合起来，从而继承和发展了马克思和恩格斯的思想，最终把马克思主义哲学推向一个新的发展阶段。如果忽视了马克思、恩格斯对列宁哲学思想形成的直接的决定性影响，就会不适当地夸大普列汉诺夫的作用。相反，也不能因普列汉诺夫后来陷入了机会主义，而否认列宁最初曾得益于普列汉诺夫。因此，确切地说，普列汉诺夫在马克思、恩格斯与列宁之间，曾在一定程度上起了承上启下的桥梁作用，起了中间环节的作用。

从总体上看，普列汉诺夫对马克思主义哲学特别是在唯物史观方面，做出了自己的独特贡献，在马克思主义哲学史上占有一席重要的地位。

（三）　政治上的失足与理论上的致命弱点

普列汉诺夫作为曾在国际上享有盛誉的马克思主义的著名哲学家，无论在传播、发展马克思主义哲学方面，还是在批判第二国际修正主义方面，都作出了积极的重大贡献。可是自 1903 年以后，他却逐渐堕落为机会主义者。

我们不能因普列汉诺夫后期在政治上陷入了机会主义，而否定他在马克思主义哲学史中的地位，否定他对马克思主义哲学的贡献。事实上，列宁对普列汉诺夫理论著作的评价，也是肯定多于否定，赞扬多于批评的。直到 1921 年列宁还向年轻的党员指出："不研究——正是研究——普列汉诺夫所写的全部哲学著作，就不能成为一个自觉的、真正的共产主义者，因为这些著作是整个国际马克思主义文献中的优秀著作。"①

但是，普列汉诺夫为什么后来会在政治上堕落为机会主义者？他的政治错误与哲学理论缺陷有何内在联系？他理论上的致命弱点是什么？他究竟是在什么地方失足的？总结他犯错误的深刻思想理论根源及其历史教训，同样是评价普列汉诺夫在马克思主义哲学史中的地位的一个重要问题。

普列汉诺夫之所以堕落为机会主义者，是有其客观的社会历史原因

---

① 《列宁选集》第 4 卷，人民出版社 1995 年版，第 419—420 页。

的。机会主义是一种社会现象，是整个历史发展的产物。普列汉诺夫长期活动在西欧资本主义的"和平发展时期"，这时资产阶级影响不断向西欧工人运动渗透，第二国际修正主义思潮在西欧工人运动中泛滥，第二国际领袖们对机会主义采取了调和和迁就的态度等，这些都对普列汉诺夫产生着影响。但对一个人的演变来说，机会主义思潮的影响，还不是主要的原因。

理论脱离实际是普列汉诺夫的一个致命的弱点。他对马克思主义的书本是非常熟悉和精通的，但是却抽象地、教条主义地对待马克思主义，而不善于创造性地运用马克思主义理论解决俄国革命实践中的问题。普列汉诺夫不止一次重复黑格尔的名言："抽象的真理是没有的，真理总是具体的"，并提出"一切都以地点和时间的条件为转移"，而在实践上他却常常违背这一重要原理。在新时代所提出的新问题面前，他总是停留在抽象的一般原理上，而不能把理论同发展了的现实、同具体的革命实践结合起来。如他把自由资本主义条件下发生的西方资产阶级革命，当作不变的榜样，把它套在俄国革命头上，完全忽视俄国已进入帝国主义阶段的历史条件和特点，以致他在政治上、革命策略上一再犯错误。列宁曾指出：普列汉诺夫同志之所以陷入这种不幸，"正是因为他违背了具体问题完全应该具体分析这一辩证法的基本原理"[1]。

普列汉诺夫脱离实际，固然同他长期侨居国外，脱离俄国的实际革命运动有一定关系，而更重要的还是与他在哲学认识论、辩证法方面的缺陷及历史观中的某些错误，特别是对革命实践、对群众革命运动所采取的不正确的态度有着密切的关系。他不是认真具体研究不断发展中的新情况，而是轻视实际，轻视群众斗争的实践经验。他对待群众采取高高在上的贵族老爷式的态度，根本听不进任何不同的意见。高尔基在回忆中对他曾有过这样的评论："他对待人采取居高临下的态度，当然不完全像一个神，而是多少有点相似。有才能的著作家，党的创始人，他在我心里引起深深的崇敬，然而不是好感——他身上'贵族气'太多了。"[2] 普列汉诺夫对革命的实践、对群众运动的这种错误态度，妨碍他从群众中汲取丰富的营养，使他不可能真正了解实际，也就更谈不上理论与实际的结合。

---

① 《列宁全集》第 8 卷，人民出版社 1986 年版，第 374 页。
② 高尔基：《和列宁相处的日子》，三联出版社 1950 年版，第 34 页。

在普列汉诺夫的前期，即在他传播马克思主义的辉煌时期，正是资本主义的和平发展时期，俄国革命也还处于思想准备的阶段，他的理论研究和著述，正适合当时形势发展的需要，因而作出了重大的贡献。可是当世界进入帝国主义时代，阶级斗争日益尖锐，无产阶级革命直接提到议事日程上来，需要用理论去解决无产阶级革命实践提出的新问题时，他却未能跟上时代前进的步伐，他的理论脱离实际的致命弱点就充分暴露出来，以至于堕落为机会主义者。这一历史教训是极其深刻的。

三 普列汉诺夫的唯物主义认识论思想

普列汉诺夫在其活动的 40 年间，从来没有放弃过研究和著述，给我们留下大量具有高水平的马克思主义哲学著作。列宁曾说："普列汉诺夫个人的功绩在过去是很大的。在 1883—1903 年的 20 年间，他写了很多卓越的著作，特别是反对机会主义者、马赫主义者和民粹主义者的著作。"[①]他常常是从哲学史的发展讲到马克思主义的创立，常常在批判民粹主义、伯恩施坦修正主义、马赫主义以及其他流派时，阐述马克思主义哲学。普列汉诺夫精通哲学，特别是精通历史唯物主义。他在历史唯物主义方面，有许多专门的论著，论述得相当系统。在辩证唯物主义方面情况则不同，虽然普列汉诺夫常常使用"辩证唯物主义"这一概念，对这方面的论述却不如唯物史观那么系统；就其贡献来说，不及唯物史观方面大，但也是有一定贡献的。

普列汉诺夫多半是在论述历史唯物主义时，谈到一般唯物主义问题，如《论一元论历史观之发展》、《唯物主义史论丛》、《论唯物主义历史观》等著作。此外，也有专门论述唯物主义的著作和文章，如《〈费尔巴哈与德国古典哲学的终结〉一书的序言和注释》、《伯恩施坦与唯物主义》、《唯物主义还是康德主义》、《再论唯物主义》以及《战斗的唯物主义》等。

普列汉诺夫针对资产阶级和修正主义的唯心主义哲学，勇敢地捍卫了马克思主义哲学的唯物主义基础及认识论，并在一些基本理论问题上，具体阐述和发挥了恩格斯的思想。

---

① 《列宁全集》第 25 卷，人民出版社 1988 年版，第 294 页。

（一）正确回答哲学基本问题，揭露二元论的不彻底性

恩格斯总结了两千多年哲学史上两条路线斗争的基本经验，在《路德维希·费尔巴哈和德国古典哲学的终结》一书中，对哲学基本问题作了科学分析和明确的表述。他是从所谓"本体论"，即世界的起源问题来区分唯物主义与唯心主义的，以思维与存在何者为第一性的作为划分唯物主义与唯心主义的唯一标准。

继恩格斯之后，普列汉诺夫在批判俄国民粹主义，反对伯恩施坦、施米特鼓吹的新康德主义时，反复阐述了恩格斯关于哲学基本问题的思想。在普列汉诺夫看来，如果要从理论上系统论证马克思的唯物史观，就要首先弄清楚究竟什么是一般哲学唯物主义。他在《论一元论历史观之发展》、《唯物主义史论丛》等著作中，不仅一般地说明什么是唯物主义（和唯心主义），而且还以哲学发展史来论述这一问题，特别考察了18世纪法国唯物主义者和费尔巴哈对这一问题是如何回答的。

普列汉诺夫明确指出："唯物主义是唯心主义的直接对立物。唯心主义企图以这种或那种精神的属性来解释自然界的一切现象和物质的一切属性。唯物主义恰恰相反，它企图以物质的这种或那种属性和人体或者一般动物肢体的这种或那种组织来解释心理现象。"[①] 简言之，就是以用精神解释物质，还是用物质解释精神，来区分唯心主义与唯物主义。这就不仅仅是个世界"起源"的问题，而是把物质和精神哪一个看成更根本的，哪一个是其表现的问题。这较之恩格斯的最初的表述更为宽泛一些。这里普列汉诺夫不是单纯地照抄恩格斯关于哲学基本问题的论述，而是在表述中有所发挥。

普列汉诺夫在论述这个问题时，还补充了一个思想，即提出在唯物主义与唯心主义"之旁差不多永远存在着二元论的体系，承认精神和物质为个别的、独立的本体"[②]。普列汉诺夫进而揭露了二元论的错误，指出二元论永远不能满意地回答：既然两个彼此没有任何共同之处的实体，不能互相解释，二者彼此之间又如何发生影响呢？因而它是站不住脚的。任

① 《普列汉诺夫哲学著作选集》第1卷，生活·读书·新知三联书店1959年版，第569—570页。

② 同上书，第570页。

何一个彻底的思想家都必须在唯心主义和唯物主义之间作出选择，都必须是一个一元论者。

直到普列汉诺夫的晚年，即 1915 年为德波林的《辩证唯物主义哲学入门》一书所写序言中，他又一次谈到这个问题，指出不能彻底思考的人，只有半途而废，并满足于唯心主义和唯物主义的杂拌。这种不彻底的思想家叫作折中主义者。康德的"批判"哲学有二元论的毛病，而二元论总是折中主义的。①

普列汉诺夫明确提出在唯物主义与唯心主义之间永远有二元论体系存在，但它不是基本的派别，而是动摇于唯心与唯物之间的不彻底的派别。这在哲学基本问题的论述上有所发挥，并对列宁也可能有启发、有影响。后来列宁在哲学派别的划分问题上，除了强调"反映"问题之外，也承认有一派动摇于两大基本派别之间的不可知论——折中主义的存在。

（二）　提出基本上正确的物质定义

关于什么是物质，恩格斯在《自然辩证法》一书中曾讲过，"物质无非是各种实物的总和，而这个概念就是从这一总和中抽象出来的"。②

后来，普列汉诺夫在批判新康德主义时，对物质下了一个定义："我们所说的与'精神'相对立的'物质'，是指在对我们的感官起作用时，引起我们的这些或那些感觉的东西。"接着他又进一步提出，"到底是什么对我们的感官起作用呢？我的回答同康德一样，自在之物。由此说来，物质不是别的，而是自在之物的总和，因为这些物是我们感觉的源泉。"③

普列汉诺夫在这里给物质下的定义比较笼统，只讲到了物质与精神的对立，它对感官起作用，引起感觉，是感觉的源泉。同时他还无批判地援引康德的概念——自在之物，这是不妥当的。因为康德提出自在之物是有其本身的特殊含义的，与马克思主义所讲的物质是有原则区别的。尽管普列汉诺夫后来声明他的本意是为暴露康德的不彻底性，但其结果却易造成思想混乱。正是普列汉诺夫说物质是自在之物的总和这一点，被论战的对

---

①　参阅《普列汉诺夫哲学著作选集》第 3 卷，生活·读书·新知三联书店 1959 年版，第 669 页。

②　《马克思恩格斯选集》第 4 卷，人民出版社 1995 年版，第 343 页。

③　《普列汉诺夫哲学著作选集》第 2 卷，生活·读书·新知三联书店 1959 年版，第 502 页。

方——波格丹诺夫等人指责为康德主义的不可知论。于是普列汉诺夫又在《致波格丹诺夫的三封信》中作了回答，把问题讲得更为明确，对物质这一概念作了进一步的规定："物质的对象，就是那些不依赖于我们的意识而存在的对象，这些对象在作用于我们感官时唤起我们一定的感觉，而这些感觉反过来又成为我们关于外部世界，即关于这些物质对象及它们的相互关系的观念的基础。"①

普列汉诺夫对物质概念所作的进一步解说，已与后来列宁关于物质的定义很接近，看法比较一致，时间也差不多是同时，即 1908 年。普列汉诺夫提出了一个基本上正确的物质定义，原则上与唯心主义、形而上学划清了界限，在理论斗争中发展了恩格斯的思想，但是他没有把物质的唯一特性，即客观实在性明确地表述出来，尽管他有这一思想，如把物质概括为"自在之物"的总和，是不依赖于我们的意识而存在的对象等。此外，对物质的可知性也强调得不够。后来列宁在《唯物主义和经验批判主义》一书中，关于物质概念则作了更为明确、更完整的说明，克服了普列汉诺夫的不足。

（三）坚持和发挥了世界可知性原理

普列汉诺夫在捍卫和宣传马克思主义认识论方面，不仅坚持了唯物主义认识论的基本前提，论证了世界的物质性，而且在批判休谟主义、康德主义及新康德主义等不可知论时，还坚持和发挥了世界可知性的原理，维护了恩格斯关于实验和工业是对不可知论的最好的驳斥的观点。

普列汉诺夫认为我们可以通过对象作用于我们而造成的印象获得关于它们的某些属性的认识，那也就在某种程度上知道它们的本性，因为物的本性正是表现在物的特性之中。因此，既然我们知道对象的某些属性以及对象之间的某些关系，现么我们也就没有权利说这些物是不可认识的。他说："知道就是预见。一旦我们能预见现象，我们也就能预见到某些自在之物对我们的作用。而我们的一切的工业，我们全部的实际生活，都是建立在这样的预见上面的。"② 这些论述正是对恩格斯的世界可知性原理的

---

① 《普列汉诺夫哲学著作选集》第 3 卷，生活·读书·新知三联书店 1959 年版，第 250 页。

② 《普列汉诺夫哲学著作选集》第 2 卷，生活·读书·新知三联书店 1959 年版，第 383 页。

进一步发挥。

此外，普列汉诺夫还把世界可知性原理同论证人的认识能力及承认客观真理联系在一起。他认为人的表象能够提供客观真理，他说："……正确的观点，全面地观察问题的结果已经是客观的真理……任何命运现在从我们这里，无论哥白尼的发现，无论能的转化的发现，无论物种变化的发现，无论马克思的天才的发现，都是无力夺去的了。"[1] 并且指出随着社会生活的变化和发展，人们的认识也在不断地变化和发展，人类思想不会停留在马克思的发现上，新的科学发现和成就将不断补充和证实马克思的理论，正如天文学上的新发现补充和证实了哥白尼的发现一样。

（四）关于"象形文字"问题

普列汉诺夫最初于 1892 年在《费尔巴哈与德国古典哲学的终结》俄译本的注释中，针对新康德主义而提出"象形文字"的观点。他说："现在，某些德国和俄国的'哲学家'兴致勃勃地大谈'自在之物'不可认识的问题。在他们看来，似乎他们在这个问题上说出了异常深刻的真理。但这是一个大错误。"[2] 普列汉诺夫正是为了反对不可知论，捍卫恩格斯的唯物主义而提出："我们的感觉是把现实界发生的事情告诉我们的特种象形文字。象形文字不同于它们所传达的那些事件。但是，它们能够完全正确地传达事件本身以及它们之间的关系（而且后者是主要的）。"[3]

后来，普列汉诺夫于 1898—1899 年又进一步论述和发挥了这一论点。他说他提出的"象形文字"是以马克思所说的"观念的东西不是别的，正是在人头脑中被反映和翻译的物质的东西"为出发点的。并由此得出结论，既然是被翻译和改造的，那么"观念的东西"和"物质的东西"就不是同一的，二者不等同，否则就没有翻译的必要了。但是只要翻译得正确，尽管二者不相像，它们还会有同样的意义。他说："自在之物的形式和关系不会是我们看起来的那种样子，即是说，不会是在我们的头脑中'被翻译过'以后我们所觉得的那种样子。我们关于物的形式和关系的表象不过像象形文字；但是这些象形文字是准确标记着这些形式和关系的，

---

① 《普列汉诺夫哲学著作选集》第 1 卷，生活·读书·新知三联书店 1959 年版，第 743 页。

② 同上书，第 559 页。

③ 同上书，第 560 页。

而这就足够使我们能研究自在之物对我们的作用，而且也使我们对它们能起作用。"①

普列汉诺夫为了说明自己的观点，还借用过不可知论者斯宾塞的一个比喻，即设想出一圆柱体和一立方体，圆柱体相当于主体，立方体是客体，阳光照射，立方体投影在圆柱体上，这个影子相当于表象，但这个影子完全不像立方体，因为反映在圆柱体上的影子的线成了曲线，面成了曲面。他说："在表象形成过程中也发生类似的情形。由于客体对主体的作用而引起的主体的感觉完全不像客体，正如它们不像主体一样。尽管如此，它对主体的作用的变化还是和客体中的每一变化相符合的。"②

最后，至1905年普列汉诺夫在《〈费尔巴哈与德国古典哲学的终结〉俄译本注释》的第二版中，删去了"象形文字"的部分，放弃了自己的这一提法。他表示，我们不应该在术语上向我们的哲学敌人让步，"象形文字"会使人误解，似乎我们承认自在之物有某种我们所不知道、所达不到的地方，这样的让步会妨碍我们十分确切表达自己的原意。这些不正确的表达造成了种种不便。

在斯托雷平反动时期，俄国的马赫主义者反对马克思主义时采用一种手法，即"企图用某一个唯物主义来代替整个唯物主义"。他们抓住普列汉诺夫的"象形文字"大做文章。列宁在《唯物主义与经验批判主义》一书中揭露了他们别有用心，指出普列汉诺夫有些表述不妥，但不应为他的一字一句所左右，而应从两条认识路线的高度看问题。

看来在"象形文字"的问题上，列宁不同意普列汉诺夫自己的评价。列宁把"象形文字"看作是一种符号论，他说，用象形文字这个词代替符号这个词，也是一样的。并且认为恩格斯既没说符号，也没有说象形文字，而说的是复写、摄影、摹写、镜像等等，普列汉诺夫由于违背了恩格斯的说法而犯了错误。摹写绝不会和原型完全相同，但总是与被摹写的客观实在的东西有一定程度的一致，而记号、符号、象形文字则是一些人们创造的约定俗成的东西，它们可以代表对象，但不反映对象。它们带有随意性，和对象可以毫无关系。象形文字虽然与对象有相似之处，但毕竟是

① 《普列汉诺夫哲学著作选集》第2卷，生活·读书·新知三联书店1959年版，第503页。

② 同上书，第492页。

符号而不是摹写。象形文字与摹写同是比喻，但在是否反映客观对象这点上，二者还是有很大不同的。可是列宁既没有说普列汉诺夫的"象形文字"是唯心主义，也没有把它完全等同于不可知论，而在指出普列汉诺夫由于违背恩格斯的唯物主义说法而犯的错误的同时，也承认它是"象形文字论的唯物主义"，或"半唯物主义"。

普列汉诺夫是唯物主义的反映论者，不能说他的"象形文字"就是不可知论。普列汉诺夫在批判康德时指出，我们的思维及其基本形式不仅符合于自在之物间的关系，而且不能不符合，否则我们就不可能生存，因而我们也就不能有思维及其思维形式。① 普列汉诺夫在批判主观唯心主义时，尖锐地指出，如果世界是你的感觉，那么你就不能存在，就连自己的诞生也要成问题。因为如果你承认生产你的母亲不仅仅在你的观念中存在着或存在过，而是离开你而存在的，那么你就必须从唯心主义跳到唯物主义，否则你根本没有根据说自己是"女人生的"。② 普列汉诺夫把这种跳跃称作"生命的跳跃"。他在揭露马赫主义与贝克莱主观唯心主义的亲缘关系时说，"尽管马赫坚决地反对把他的哲学和贝克莱的主观唯心主义等同起来，但这只是表现了他的不彻底性"，如果物体或物只是我们感觉的思想符号，"如果他们不存在于我们的意识之外，那么只有极端地不彻底，才能摆脱主观唯心主义和唯我论"。③ 由此可见，普列汉诺夫反对唯心主义、不可知论的立场是很鲜明的。

普列汉诺夫在具体讲到"象形文字"时，也一再强调"如果客观的关系和它们在我们头脑中的主观反映（'翻译'）之间没有正确的符合，那么我们的存在本身就变成不可能的。"④ 象形文字能反映客观，否则人就无法行动。

总之，从普列汉诺夫整个哲学思想、言论来看，他是站在唯物主义的立场上，坚持了唯物主义的反映论。他在批判康德主义的不可知论时所讲的"象形文字"，不能说就是唯心主义或不可知论。因为他既没有否认感

---

① 《普列汉诺夫哲学著作选集》第 1 卷，生活·读书·新知三联书店 1959 年版，第 542 页。

② 同上书，第 541—543 页。

③ 《普列汉诺夫哲学著作选集》第 3 卷，生活·读书·新知三联书店 1959 年版，第 72—73 页。

④ 《普列汉诺夫哲学著作选集》第 2 卷，生活·读书·新知三联书店 1959 年版，第 503 页。

觉对象的客观实在性，也没有否认感觉、表象能够反映客观实在，没有否认世界可知性。

但是，正如他承认的那样，普列汉诺夫的"象形文字"的表述是不确切的，其中包含有不可知论的因素或成分。

普列汉诺夫确实否认感觉、表象与外界事物的相似性，而认为感觉、表象与外界事物不相似，并用象形文字来表述这一思想。如果他只是在感觉与被感觉对象不可能完全一致这个意义上说的，那么这种看法是可以的，列宁也是这样认为的。我们所讲的摄影、图画等不可能与外物完全一致。说感觉与被感觉对象不是一个东西就包含承认它们有不一致，不相似的地方。对此列宁常常用"近似"来加以表述。但普列汉诺夫由此便说感觉与外界事物不相似，甚至完全不相似，就不确切了。既讲"完全不像"，又承认是客体的反映，能认识客体，这是矛盾的。当时就有人抓住普列汉诺夫这一弱点，说他的唯物主义很像斯宾塞的不可知论。可是普列汉诺夫却说："对于这一点，我以恩格斯的话来回答：英国的不可知论只是羞怯的唯物主义。"① 这一驳斥是很无力的。这说明普列汉诺夫有些地方与不可知论很难划清界限。普列汉诺夫夸大了反映与被反映者之间的差异，是对不可知论作了错误的让步，表现了他的动摇。因此我们说普列汉诺夫的"象形文字"当中包含有不可知论的因素或成分，是导向不可知论的桥梁。

（五）没有彻底划清马克思主义认识论与费尔巴哈认识论的界限

普列汉诺夫在认识论方面还存在一些其他明显的缺陷，主要表现在：

第一，对费尔巴哈评价过高，没有彻底划清马克思主义认识论与费尔巴哈认识论的界限。普列汉诺夫曾说过："马克思的认识论是直接从费尔巴哈的认识论发生出来的，或者要是你愿意的话，也可以说马克思的认识论实际就是费尔巴哈的认识论，只不过是因为马克思做了天才的修正而更加深刻罢了。"②

我们知道，费尔巴哈的唯物主义自然观、认识论以及人本主义，无疑

① 《普列汉诺夫哲学著作选集》第 2 卷，生活·读书·新知三联书店 1959 年版，第 503 页。

② 《普列汉诺夫哲学著作选集》第 3 卷，生活·读书·新知三联书店 1959 年版，第 146—147 页。

在马克思主义哲学形成过程中发生过重大影响。费尔巴哈肯定了认识论的
唯物主义前提，坚持反映论的原则及世界可知性的原理，但因此忽视他的
认识论的直观的、形而上学的局限性，把费尔巴哈与马克思主义的认识论
混同起来，那是错误的。

　　此外，普列汉诺夫在评论瑞士的一位心理学家奥古斯特·福勒尔的著
作和观点时，说他"完全接近于最新的唯物主义——费尔巴哈、马克思、
恩格斯的唯物主义了"①。在这里，普列汉诺夫把费尔巴哈与马克思、恩
格斯相提并论，都看成最新唯物主义的代表，未加任何区别。这同样反映
了普列汉诺夫一方面混淆了费尔巴哈与马克思、恩格斯的唯物主义的界
限，另一方面也就抬高了费尔巴哈。不仅如此，普列汉诺夫过高地评价费
尔巴哈，还表现在他的下述观点上，他认为马克思在阐明唯物史观时，是
从批评黑格尔的法哲学开始的，"他（马克思）所以能够这样做，只是因
为批评黑格尔思辨哲学的工作早已为费尔巴哈所完成了。"②

　　普列汉诺夫的这些错误观点，对后来 20 年代的苏联哲学界，曾发生
了一定的影响。

　　第二，普列汉诺夫关于实践谈得很少，而且对实践的看法也是有问题
的。不可否认，在普列汉诺夫的理论著作中，曾阐述过实践在认识过程中
的作用以及马克思主义哲学在改造世界中的作用，甚至有时还把辩证唯物
主义称作"行动的哲学"。但整体看来，他对实践缺乏深刻、确切的理
解。例如，普列汉诺夫认为马克思批评费尔巴哈不了解实践的革命意义是
不对的，他说"马克思指责费尔巴哈不了解'实践批判'活动，这是不
对的。费尔巴哈是了解它的"③，是有实践观点的。说明他对马克思的实
践观与费尔巴哈的实践观的区别是不清楚的。这段话是 1903 年讲的。
1905 年俄国革命前夕，普列汉诺夫在题为《论我们的几点不足》文章中
又写道："什么是理论呢？什么是实践呢？……费尔巴哈说：理论，这是
仍然在我一个人头脑中的东西；实践则是深入到许多人头脑中去的东西，
它把许多头脑团结起来，创造出群众，传遍世界，并且为自己在世界中夺

得一席地位。这是毋庸置疑的真理。"① 由此可见，普列汉诺夫对实践的
了解还停留在费尔巴哈的观点的水平上，实践仍然是属于理论范围之内的
事。可以说普列汉诺夫正是从这样一种看法出发，断言"马克思指责费
尔巴哈不了解'实践批判'活动是不对的"。

马克思讲的"实践的批判"就是指主观见之于客观的，能动地改造
世界的物质性活动。而费尔巴哈是不了解这一点的，他有时也有一些类似
的观点，但始终不过是一些零星的猜测。马克思和恩格斯在《德意志意
识形态》一书中，把自己的新唯物主义称作"实践的唯物主义"，就是用
以区别于只"停留在理论领域内"，不把感性理解为实践活动的直观的旧
唯物主义。② 这一点恰恰是普列汉诺夫所不理解的。

此外，普列汉诺夫还讲过马克思关于人应该用实践来证明自己思维的
真理性的论断，在费尔巴哈那里也有同样的思想。这也是混淆了马克思与
费尔巴哈对实践的不同理解。费尔巴哈不能给历史以唯物主义的说明，也
就不可能真正科学地把人的实践——改造世界的物质活动，作为检验人的
认识是否具有真理性的唯一标准。这说明普列汉诺夫实际上不完全了解实
践观点的实质及其在马克思主义哲学中的地位和作用。他在一定程度上还
没有摆脱旧唯物主义的束缚。普列汉诺夫没有真正理解，正是由于马克思
把"革命的、批判的实践"引入认识论，才引起了哲学的变革。

第三，与前两个问题密切相关，普列汉诺夫在认识论方面还有一个较
为严重的缺陷，即他没有深刻认识到人的认识本身也是一个辩证发展过
程，对认识的辩证法缺乏论证和具体分析，只是一般地提道："如果唯物
主义被驳倒了，那么我们的辩证法也是站不住脚的。反过来说，如果没有
辩证法，唯物主义的认识论是不充实的、片面的，甚至是不可能存在
的。"③ 但他没有再进一步研究和论证这一问题。列宁曾指出"辩证法也
就是（黑格尔和）马克思主义的认识论，正是问题的这一'方面'（不是
问题的一个'方面'，而是问题的实质）普列汉诺夫没有注意到……"④
正因普列汉诺夫不懂得辩证法与认识论的统一，没有把辩证法运用于认识

① 《普列汉诺夫机会主义文选》上册，生活·读书·新知三联书店1964年版，第181—182
页。
② 参见《马克思恩格斯选集》第1卷，人民出版社1995年版，第48、50页。
③ 《普列汉诺夫哲学著作选集》第3卷，生活·读书·新知三联书店1959年版，第87页。
④ 《列宁全集》第55卷，人民出版社1990年版，第308页。

论，致使他在观察资本主义发展的问题上，不认识资本主义发展的新阶段——帝国主义阶段的本质和新特点。尽管他批判了第二国际伯恩施坦修正主义，但从他整个思想来看，还没有超出第二国际的体系。这也正是他在政治上屡犯错误的重要思想理论根源之一。

四　普列汉诺夫的辩证法思想

从总的方面来说，普列汉诺夫在批判俄国民粹主义和伯恩施坦修正主义的斗争中，在批判形形色色形而上学思想观点的过程中，捍卫和普及了马克思主义辩证法，并且在某些方面发挥了马克思主义辩证法思想，是有其历史功绩的。但他对辩证法理论本身的研究、探讨，却没有取得根本性的进展，同时也还存在着严重的不足之处。

（一）　阐明辩证法作为方法论对马克思主义哲学的意义

早在 19 世纪 90 年代末，普列汉诺夫在一次演说中就明确指出："马克思的唯物主义哲学的出现，是人类思想史上绝无仅有的一次真正的革命，是最伟大的革命。"[1] 后来，普列汉诺夫又进一步指出："一般说来，马克思和恩格斯在唯物主义方面的最伟大的功绩之一，就是他们制定了正确的方法。"[2] 他把辩证法看作是一切方法中最革命的方法。

普列汉诺夫在反对民粹主义和伯恩施坦主义的斗争中，有力地驳斥了他们将马克思的辩证法同黑格尔辩证法混为一谈的谬论，从而揭示了马克思主义辩证法的革命本质。普列汉诺夫认为，黑格尔的辩证法无疑是马克思主义哲学的重要理论来源之一，但是马克思辩证法同黑格尔唯心主义辩证法在性质上却是完全相反的，马克思的辩证法是以唯物主义自然观为根据的。普列汉诺夫指出"唯物主义使辩证法'脚踏实地'地站起来了，从而揭去了黑格尔给它穿上的神秘外衣。这样辩证法的革命性质就显露出来了"[3]。

---

① 《普列汉诺夫哲学著作选集》第 2 卷，生活·读书·新知三联书店 1959 年版，第 507 页。

② 《普列汉诺夫哲学著作选集》第 3 卷，生活·读书·新知三联书店 1959 年版，第 158 页。

③ 同上书，第 87 页。

普列汉诺夫还进一步列举了大量实例，通俗、具体地论证了辩证法规律的普遍性和客观性，并一再强调辩证法是任何运动、任何生命和一切实际发生的事物的原则，是一切科学认识的灵魂，即指出辩证法既是客观世界的规律，又是认识的规律。

不过，整体看来，由于当时理论斗争的需要，普列汉诺夫特别重视把辩证法运用于社会历史领域的研究。他强调"对历史作唯物主义的解释，要以辩证的思维方法为前提"①。并且认为，"辩证方法应用在社会现象上（我们仅仅就这个方面说），就造成了一个全盘的革命……我们靠这个方法得到了把人类历史当作一个有规律的过程的看法。"② 普列汉诺夫把辩证法运用于社会领域的研究，运用辩证法考察、论证 19 世纪末俄国的社会政治经济状况，研究某些领域的思想史，是十分富有成果的。在他的许多重要历史唯物主义的著作中，他对一系列的辩证关系，诸如质变与量变、自由与必然、偶然性与必然性、内容与形式、地理环境与社会、个人与群众等等，都作了精辟的论述。

相比之下，普列汉诺夫却完全忽视了自然辩证法，他的自然哲学思想相当薄弱。特别是他对 19 世纪末 20 世纪初，物理学革命及其哲学意义，以及当时的新哲学思潮——马赫主义等与自然科学的联系，是不了解的。普列汉诺夫对马赫主义的批判，停留在一般哲学理论上，是不彻底的。列宁在德波林的《辩证唯物主义》一书的批注中说："德波林对自然科学领域内的新思潮讲得不清楚，而普列汉诺夫根本不提这个'新思潮'，不知道它。"列宁的批评是完全正确的。普列汉诺夫的整个著作，包括批判马赫主义、波格丹诺夫的文章，的确没有或极少涉及这方面的问题。直到1915 年他给德波林的《辩证唯物主义》一书写序言时，才对物理学革命有所涉及，而那也是轻轻一笔带过。他认为"优秀的化学家奥斯特瓦尔德所以指望用唯能论来'克服'唯物主义，只是因为他对哲学方面的情况了解得太差了"③。关于电子的发现，普列汉诺夫也只是一般地提到，

---

① 《普列汉诺夫哲学著作选集》第 1 卷，生活·读书·新知三联书店 1959 年版，第 494页。

② 《普列汉诺夫哲学著作选集》第 2 卷，生活·读书·新知三联书店 1959 年版，第 143页。

③ 《普列汉诺夫哲学著作选集》第 3 卷，生活·读书·新知三联书店 1959 年版，第 724页。

在原子内部发生的现象最好不过地证实辩证法的自然观，他说："……在不久以前还被认为完全不变的'原子的内部'，发现了物质的惊人的转化，如果在今天，恩格斯会说些什么呢？一切都在流动，一切都在变化。不可能两次进入同一激流。现在我们对这一点知道得比过去任何时候都更清楚。"①可见，他除了重复古老的辩证法真理之外，对物理学最新革命的哲学意义是全然无知的。

（二）重视质量互变规律

普列汉诺夫早在90年代末就看到了形而上学经过一段历史发展，已演变为一种新的形态。恩格斯时代的主张一切事物都是孤立、静止的、绝对不变的形而上学观点，在自然科学及哲学本身的发展事实面前，已经再也站不住脚了，于是演变为一种"庸俗进化论"。这种观点表面看来也承认发展，但与辩证法的发展观点则是根本不同的。普列汉诺夫不止一次地指出："黑格尔的观点是发展的观点，但是，对发展可以有各种不同的了解……有些自然科学家高傲地重复：'自然界没有飞跃'。社会学家也经常重复这样的话：'社会发展是通过缓慢的，渐进的变化来实现的'。"②当时，第二国际伯恩施坦、施米特以及俄国的"合法"马克思主义者司徒卢威等，也都把社会的发展归结为"和平的和平静的进化"，否认社会发展的飞跃性，并以此作为改良主义的理论根据。普列汉诺夫发现并指出这一点是很重要的，也是他的一个贡献。

1908年5月以后，列宁读了普列汉诺夫的《马克思主义的基本问题》一书，作了少量批注。他只对此书的两处批了"注意"二字，其中之一就是写在普列汉诺夫的这段话旁边："辩证法和庸俗进化'理论'有本质区别，后者完全是建立在这样一个原则上的：无论自然界或历史都不发生飞跃，世界上的一切变化只是逐渐进行的。黑格尔早就指出过，这样理解的发展学说是可笑的，毫无根据的。"③普列汉诺夫区分两种发展观的论述，引起了列宁的注意，这说明普列汉诺夫问题提得好。后来列宁在《谈谈辩证法问题》（1915年）一文中，把它明确概括为两种发展观，并

---

① 《普列汉诺夫哲学著作选集》第3卷，生活·读书·新知三联书店1959年版，第726页。

② 同上书，第730页。

③ 《列宁全集》第55卷，人民出版社1990年版，第446页。

且作出了比普列汉诺夫更加深刻的论述。

正因为当时面临着批判在俄国和西欧广为流行的庸俗进化论的任务，所以普列汉诺夫特别注意到质量互变规律的意义，突出强调了质变、飞跃在事物发展中的作用，他从自然界和社会历史领域中引证了大量实例，具体详尽地论证了质变、飞跃对事物发展的重要意义。普列汉诺夫在《唯物主义史论丛》一书中指出了辩证法世界观的两个主要特点：其一，"一切有限物是要扬弃自身的，是要过渡到它的反面的"；其二"一个一定的内容的渐进的量的变化，最后要突然激起质的变化。这个突变的环节，就是飞跃的环节，渐进性中断的环节"。① 普列汉诺夫明确把承认质变、飞跃列为辩证法的主要特点之一，这一点是很重要的。

总之，普列汉诺夫在批判形而上学的新变种——庸俗进化论时，做了不少工作，勇敢地捍卫了马克思主义辩证法，是有其历史功绩的。但同时在这方面也存在着局限性，主要表现在：第一，他把是否承认质量互变，是否承认质变、飞跃看作是区别辩证思维与非辩证思维的最主要的标志②，或者说他把辩证法的实质主要归结为质变或飞跃，这就没有抓到问题的实质，表现出很大的局限性。第二，与上面一点相联系，普列汉诺夫在批判庸俗进化论时，尽管他引证了黑格尔、恩格斯的许多论述，列举了自然与社会领域中的大量实例，但批判仍然停留在量变质变规律的水平，他没有深入研究辩证法诸规律之间的内在联系，从而未能真正抓住辩证法的核心、实质，致使他的理论阐述缺乏应有的深刻性，而不能更有力、更彻底地击败庸俗进化论。

列宁则不同，他是把主要注意力放在认识事物"自己"运动的源泉上，认为否认对立面的斗争与统一，才是庸俗进化论和一切形而上学的要害之所在。

（三）阐明一切发展都是由事物内部矛盾引起的

普列汉诺夫在他的《论一元论历史观之发展》、《唯物主义史论丛》等主要著作中，不止一次谈到矛盾问题。他虽然未能明确表述出对立面斗

---

① 《普列汉诺夫哲学著作选集》第 2 卷，生活·读书·新知三联书店 1959 年版，第 142—143 页。

② 《普列汉诺夫哲学著作选集》第 1 卷，生活·读书·新知三联书店 1959 年版，第 633 页。

争和统一的规律，但对这一规律所包含的某些主要内容，却作了通俗的阐述。普列汉诺夫一再强调在肯定的理解中包含着否定的理解。任何现象都是矛盾的，都要转化为自己的对立物。例如，他说："任何现象在下述意义上都是矛盾的，即它从它本身中发展着那些早晚要结束其自身的存在的成分，把它变为它本身的对立物。"① 又说："一切有限物不仅受外界的限制，而且还由于它的本性而否定自己，转化为自己的对立面。一切存在的事物都可作为例子来说明辩证法的本性。"② 看来，普列汉诺夫是把对立面的相互作用及其转化视为辩证法的本性，并列举了不少实例，生动地说明辩证法的这一普遍性质。但是普列汉诺夫却没有对辩证法、对矛盾规律作出进一步的理论的论证。

此外，普列汉诺夫在回击米海洛夫斯基对恩格斯的歪曲和攻击时，除了论证在黑格尔和恩格斯那里，否定之否定"从未起过论据的作用"，并非是论证的工具之外，他还从对立面的转化出发，阐明了否定之否定规律的重要特征，他指出："任何现象，发展到底，转化为自己的对立物；但是因为新的，与第一个现象对立的现象，反过来，同样也转化为自己的对立物，所以，发展的第三阶段与第一阶段有形式上的类同。"③

总的说来，普列汉诺夫在理论斗争中，捍卫和普及了马克思主义辩证法，是有贡献的。但是同他整个的哲学论述相比，对辩证法的论述是不充分、不深刻，也是不系统的，甚至存在着严重的缺陷。列宁在《哲学笔记》中曾批评过普列汉诺夫，他写道："普列汉诺夫关于哲学（辩证法）大约写了近 1000 页……其中关于大逻辑，关于它，它的思想（即作为哲学科学的辩证法本身）却没有说什么。"④ 又说："对于辩证法的这一方面，通常（例如普列汉诺夫那里）没有予以足够的注意：对立面的同一被当作实例的总和，'例如种子'、'例如原始共产主义'。恩格斯也这样做过。但这是'为了通俗化'，而不是被当作认识的规律（以及客观世界

---

① 《普列汉诺夫哲学著作选集》第 1 卷，生活·读书·新知三联书店 1959 年版，第 629 页。

② 《普列汉诺夫哲学著作选集》第 3 卷，生活·读书·新知三联书店 1959 年版，第 729 页。

③ 《普列汉诺夫哲学著作选集》第 1 卷，生活·读书·新知三联书店 1959 年版，第 635 页。

④ 《列宁全集》第 55 卷，人民出版社 1990 年版，第 236 页。

的规律）。"①

列宁批评的实质，主要在于指出普列汉诺夫没有把作为科学哲学的辩证法理论本身，当作专门的研究对象，加以详细的阐述和论证，如像对唯物史观那样。与之相比，在辩证法方面是相当薄弱的。尽管普列汉诺夫非常熟悉黑格尔的《大逻辑》，在其著作中引证过《大逻辑》，但是他没有专门谈到《大逻辑》，并作出评价，更没有进一步用唯物主义系统改造黑格尔的逻辑学体系。整个说来，他仍然停留在恩格斯叙述的辩证法原理的水平上，在辩证法理论方面没有什么重大的突破和进展，未能提供多少新东西。普列汉诺夫没有像后来列宁那样，创造性地全面分析辩证法的诸规律、范畴间的内在联系，因而也就不能从中找出主要的、根本的规律。他对辩证法的实质没有给予足够的注意，没有把对立统一规律作为辩证法的核心或最主要的规律提出来。普列汉诺夫在分别论述辩证法的规律时，有时把对立面的转化看作是辩证法的本性；有时又认为量变过渡到质变，飞跃是区别辩证思维与非辩证思维的最主要的标志。而他在同时谈到这两个规律时，则都把它们并列地作为辩证法世界观的特点或基本特点提出来。无论在表述上，还是在理论论证上，他都没有明确地突出强调对立统一规律在辩证法中的核心地位。

列宁批评普列汉诺夫把对立统一规律当作实例的总和，并不是说不应举例，在阐述理论问题时，不举例不行，因为举例不仅是为了通俗化，而且实例本身也就是事实根据。但要举能反映事物本质的典型事例，并作出分析，要有理论的论证。实例本身并不等于论证。普列汉诺夫的问题并不在举例（黑格尔、恩格斯在叙述辩证法时，都举了大量的实例来说明问题），而在于缺乏理论论证，只满足于举例。

五　普列汉诺夫对历史唯物主义的贡献

在普列汉诺夫的哲学著作中，大量的篇幅都是讲历史唯物主义的，可以说唯物史观是他一生哲学研究的中心。他不仅提供了极为丰富、生动的材料，而且对理论的阐述也是系统、全面和深刻的。他在许多方面发展了

---

① 《普列汉诺夫哲学著作选集》第 1 卷，生活·读书·新知三联书店 1959 年版，第 407 页。

唯物史观，对唯物史观作出了重大的贡献。

（一）阐明历史唯物主义是马克思唯物主义世界观的一部分

第二国际一些"领袖"们和资产阶级学者们认为马克思只有历史观，而没有宇宙观、认识论。针对这种论调，普列汉诺夫认为马克思主义哲学首先就是辩证唯物主义的宇宙观，他说，"马克思和恩格斯的唯物主义世界观，既包括自然界，也包括历史。无论在自然界或是在历史方面，这种世界观，'都是本质上辩证性的'。但因为辩证唯物主义涉及历史，所以恩格斯有时将它叫做历史的"① 唯物主义。

普列汉诺夫明确指出，马克思主义哲学是一个完整的世界观，即现代唯物主义。历史观只是马克思和恩格斯的唯物主义世界观的一部分，是马克思主义的最主要的特征之一。什么是历史唯物主义呢？普列汉诺夫首先认为，历史唯物主义就是研究社会发展一般规律的科学，他指出："实际上，唯物主义历史观是使我们有可能把人类历史当作有其自己规律的过程来理解的唯一理论。换言之，这是对历史的唯一的科学的说明。"② 同时，他认为历史唯物主义的对象，还应包括对"社会结构"的研究。它着重于对社会的横向研究，揭示构成各个社会形态的基本因素及其相互关系。普列汉诺夫在题为《唯物主义历史观》的演讲中，还明确提出，人类的历史运动和进步原因问题，是历史观即前人称为历史哲学的研究对象。历史观不仅仅研究现象是怎样发生的，而且希望知道现象为什么那样发生而不按其他方式发生。他强调说："在不同的时代，研究历史运动原因问题的人们，对这个大问题有着不同的答案。每个时代都有它自己的历史哲学。"③ 在普列汉诺夫看来，历史唯物主义是关于人类社会历史发展的最一般规律的科学，特别是研究社会发展动力的科学。

其次，普列汉诺夫还非常重视历史唯物主义的方法论的意义，认为历史唯物主义不仅是科学理论，而且为我们提供了研究社会历史的科学方法。关于这个问题，恩格斯在他晚年的历史唯物主义通信中，就明确指出"我们的历史观首先是研究工作的指南"，"如果不把唯物主义方法当作研

---

① 《普列汉诺夫哲学著作选集》第 2 卷，生活·读书·新知三联书店 1959 年版，第 311 页。

② 同上书，第 384 页。

③ 同上书，第 720 页。

究历史的指南，而把它当作现成的公式，按照它来剪裁各种历史事实，那么它就会转变为自己的对立物。"①

与普列汉诺夫同时代的马克思主义者梅林曾阐述过恩格斯的这一思想，他在《论历史唯物主义》中说："历史唯物主义并不是一个封闭的、以最后真理为其终点的体系；它只是研究人类发展过程的科学方法。"②

普列汉诺夫也进一步发挥了恩格斯的思想，对历史唯物主义的方法论的意义作了深刻的论述，从他最初的《唯物主义史论丛》直到后来的《马克思主义的基本问题》都谈到了这一问题。普列汉诺夫强调：唯物史观"并没有给我们一个魔术的公式"，它只是"指给了我们一条科学研究的安全的道路"。③ 唯物史观"不是指出个别现象的原因，而是指出应该怎样去发现这些原因。这就是说，唯物主义历史观首先具有方法论上的意义"④。

普列汉诺夫也十分重视历史唯物主义理论本身的方法，他认为，我们所需要的，不仅仅是研究的结果、一些个别的结论，特别应该珍视的东西是方法。方法是哲学体系的灵魂，是用来发现真理的工具。人们对社会历史现象作唯物主义解释是以辩证思维方法为前提的。他是这样主张的，在他的理论学术研究中也是这样做的。如在分析唯物史观的思想理论来源时，他就运用了历史主义的方法、矛盾分析的方法以及逻辑的与历史统一的方法等。这些方法在他的哲学思想的研究中，运用得得心应手，卓有成效。

尽管普列汉诺夫在其后期，即堕落为机会主义者之后的一些政论中，违背了马克思主义的基本原则，但是他对历史唯物主义提出的这些基本原则，却仍然是有教益的。

（二）阐明历史唯物主义的理论来源

一种思想理论的产生，除了根源于深刻的经济事实之外，还有意识形

---

① 《马克思恩格斯选集》第4卷，人民出版社1995年版，第692、688页。
② 梅林：《保卫马克思主义》，人民出版社1982年版，第25页。
③ 《普列汉诺夫哲学著作选集》第2卷，生活·读书·新知三联书店1959年版，第185页。
④ 《普列汉诺夫哲学著作选集》第3卷，生活·读书·新知三联书店1959年版，第157页。

态本身的根源，它与前人所提供的思想材料、研究成果以及提出的种种矛盾、问题有着密不可分的联系。马克思主义的产生，无疑是人类思想史上的一次最伟大的变革，但它又是在总结人类几千年来的优秀思想文化成果的基础上产生的。同样，马克思的唯物史观也不是在一片空地上偶然产生的。普列汉诺夫指出，要真正理解马克思的唯物史观，就应弄清楚"直接先行于马克思而出现的哲学和社会科学已经得到什么样的结果"①。唯物史观的理论来源是什么？过去很少有人作这方面的专门研究。对于这个问题，马克思和恩格斯曾有一些原则性的论述。马克思在1852年致魏德迈的信中，谈到他对阶级斗争学说的新贡献时说："无论是发现现代社会中有阶级存在或发现各阶级间的斗争，都不是我的功劳。在我以前很久，资产阶级的历史学家就已叙述过阶级斗争的历史发展，资产阶级的经济学家也已对各个阶级作过经济上的分析。"② 恩格斯在1894年致博尔吉乌斯的信中，也曾明确指出："如果说马克思发现了唯物史观，那么梯叶里、米涅、基佐以及1850年以前英国所有的历史编纂学家则表明，人们已经在这方面作过努力，而摩尔根对于同一观点的发现表明，发现这一观点的时机已经成熟了，这一观点必将被发现。"③ 然而马克思和恩格斯对这一问题都未作系统的论述。

继马克思和恩格斯之后，普列汉诺夫深入地考察了唯物史观的理论来源。他首先明确指出：唯物史观的发现是"人类思想史上绝无仅有的一次真正的革命，最伟大的革命"④。"马克思在社会科学中所进行的革命，可以和哥白尼在天文学中所完成的革命媲美"⑤。正是在论证这一革命的全部意义的前提下，普列汉诺夫在《论一元论历史观之发展》等著作中，根据18、19世纪西欧思想史上的大量事实材料，以马克思主义观点，系统地探讨和论述了这一变革是如何实现的，对唯物史观的理论来源作了精辟的细致的分析，取得了丰硕的成果。在一定意义上可以说，他在这方面

---

① 《普列汉诺夫哲学著作选集》第1卷，生活·读书·新知三联书店1959年版，第676页。

② 《马克思恩格斯选集》第4卷，人民出版社1995年版，第547页。

③ 《马克思恩格斯选集》第4卷，人民出版社1995年版，第733页。

④ 《普列汉诺夫哲学著作选集》第2卷，生活·读书·新知三联书店1959年版，第507页。

⑤ 普列汉诺夫：《无政府主义和社会主义》，生活·读书·新知三联书店1980年版，第22页。

填补了一个空白，这是对马克思主义哲学史的一大贡献。

具体说，普列汉诺夫是从考察18世纪法国唯物论开始的。I8世纪的法国唯物主义者，批判了以往的神学历史观，在解释社会历史的动因时，从彻底唯物主义的感觉论出发，提出人及其感觉、思想、意见乃是它周围环境的产物的命题。普列汉诺夫对这一命题非常重视，认为它包含着历史唯物主义的因素、萌芽。如果顺着这条路走下去，"我们应该从环境的历史，从社会关系发展的历史开始。这样，研究的重心，至少在其开始时将转到研究社会发展的规律方面"①。但是法国唯物主义者并没有这样做，甚至没有给自己提出这个任务。

环境是什么？它为什么会发生变化？环境又是由什么决定的？法国唯物主义者认为环境即法律、政治制度。而法律、政治制度又取决于人的理性、意见；意见也不是不变的，它靠什么来约束？靠"教育的普及"。结果是法律、理性、教育决定一切，实质上就是意见决定一切。因此，他们又提出一个相反的命题："环境是意见的产物"。这样，他们回到了环境是人的"意见"创造的唯心主义观点上，从而陷入了十分烦恼的矛盾之中，陷入了二律背反的圈子。普列汉诺夫揭露了这个矛盾，并认为他们对历史观的发展是有积极意义的，因为他们提出了人的意见与社会环境的关系问题，这对后人是有启发的。

18世纪法国唯物主义者虽然提出了人及其意见是由环境决定的命题，但没有把其中的唯物主义观点坚持下去，没有进一步研究清楚环境到底是什么。真正开始研究环境的是法国复辟时代的历史学家。

复辟时代的历史学家们没有停留在环境即政治和法律制度上，而是给自己提出了深入分析社会环境的任务。他们认为政治和法律制度根源于财产关系。财产关系乃是整个社会制度的根基，"只有注意地研究这种公民生活，财产关系才能给予理解历史事变的钥匙"②。这显然比法国唯物主义者的见解大大前进了。同时，法国历史学家还认为历史上的宗教和政治斗争，归根到底是不同阶级为争取本阶级的经济利益而进行的。就是说，他们不仅看到阶级斗争在历史发展中的作用，而且从"经济利益"的观

① 《普列汉诺夫哲学著作选集》第1卷，生活·读书·新知三联书店1959年版，第573页。

② 同上书，第586页。

点去探究阶级斗争的根源。这些都是他们在历史观的发展上的贡献。

但是，再进一步，对于财产关系的起源问题，即所有权的状况是由什么决定的？社会上的阶级是怎样造成的？法国历史学家们却又一筹莫展，无力给予科学的解答。普列汉诺夫说：他们"时常用征服来解释财产关系……征服是为了一定的'实际利益'而进行的。这些利益是从哪里来的呢？显然，这些利益的存在是由财产关系决定的"①。结果只是兜圈子，又陷入了矛盾之中。最后，他们只好求助于人的天性、征服的欲望等来解释财产关系的起源问题。普列汉诺夫指出："面对着财产关系的来源的问题，复辟时代的法国历史家们，谁大概都会如基佐一样，以或多或少机智地引用'人的天性'来摆脱困难。"② 这样，他们经过迂回曲折的道路，又回到了法国唯物主义者"意见支配世界"的唯心主义观点上去了。

19 世纪空想社会主义者把"人的天性"作为社会科学研究的基础，"在这一点上他们和 18 世纪的唯物主义者没有任何区别"③。他们在批判资本主义社会的同时，总是试图设计一种合乎人的天性的、完美的理想社会制度。为了论证社会主义的必然到来，空想社会主义者圣西门不满足于法国启蒙学者"常常把人类历史看作是或多或少幸福造成的偶然性"，而承认社会历史的发展是有一定的规律性可循的，并认为关于人类社会的科学应该成为像自然科学一样严格的科学。要发现社会进步的规律性，就必须了解人类的过去。圣西门从西欧历史的研究中，较之同时代的历史学家们更深地探究了欧洲社会内部发展的动力问题。他没有停留在政治和法律制度决定财产关系，或者说财产关系是整个社会制度的基础这一点上，而是进一步提出为什么正是财产关系，而不是其他关系起到如此重要的作用呢？答案应该在产业的发展中去找寻。这里他似乎看到生产决定人们的财产关系。普列汉诺夫指出，按这些观点的逻辑发展应该得出生产的规律实质上就是最后地决定社会发展的规律。然而圣西门只是在有些地方似乎接近这个思想，他却就此止步并倒退了。因为在他看来，生产是任何社会联合的

① 《普列汉诺夫哲学著作选集》第 2 卷，生活·读书·新知三联书店 1959 年版，第 548 页。

② 《普列汉诺夫哲学著作选集》第 1 卷，生活·读书·新知三联书店 1959 年版，第 590 页。

③ 普列汉诺夫：《无政府主义和社会主义》，生活·读书·新知三联书店 1980 年版，第 14 页。

目的，为着生产，必须有生产工具，这些工具不是自然界以现成的形式所赐予的，它们是由人们发明的。因此，生产的发展乃是人类智慧、理性发展的无条件的结果，从而智慧、理性也就成为社会发展的最深刻的原因和最后决定的东西。在这里依旧是意见、教育完全地支配着世界。既然理性的进步是社会发展的基本动力，那么具有高度理性的人，也就必然对社会发展起着决定作用。空想社会主义者总是把建立未来社会的希望寄托在偶然出现的伟大人物身上，以为"只有依靠有天才的个人，才能在社会关系方面得到改造"。这样，最终还是摆脱不了18世纪思想家们的唯心史观。

德国唯心主义者黑格尔，抛弃了以往关于人的天性的观点，从现象的发展和相互联系上来观察社会生活，用辩证法的发展观点考察社会历史，把它看成是有其生成、发展和消亡的过程，有其自身规律性的必然过程。恩格斯曾高度评价了黑格尔这一辩证的历史观，指出：黑格尔"是第一个想证明历史中有一种发展，有一种内在联系的人"，并认为"这个划时代的历史观是新的唯物主义观点的直接的理论前提"。① 普列汉诺夫继承和发挥了恩格斯这一思想，深入发掘了黑格尔历史观中一切宝贵的东西，并作出十分详细的考察和精辟的分析。黑格尔从发展的观点，"从现象的发生和消灭的观点去观察"一切社会现象，这一点正是他优越于他的哲学前辈们的地方。以往的思想家在历史发展的问题面前，"都表露了他们惊人的薄弱"和"没有坚实地站在历史的观点上的那种本领"。而正是黑格尔的划时代的历史观，在当时却"给宗教、美学、法权、政治经济学、历史哲学等等的研究以完全新的面貌"。②

普列汉诺夫指出，黑格尔作为一个客观唯心主义者，每当他用唯心主义观点去观察、解释社会历史时，就用他的全部天才、辩证法去给他的历史观加上某种科学性质。但是他总不能得到令人满意的结果，这时他便不得不从朦胧不清的唯心主义顶峰降落到经济关系的具体的基地上来，用财产关系去解释历史现象，去说明各民族的历史进程，而使他从深深陷入的暗礁处摆脱出来。③ 这样，虽然黑格尔宣称"唯心主义是唯物主义的真理"，但一遇到上述情况，他似乎是默不做声地承认：实质上，唯物主义

---

① 《马克思恩格斯选集》第2卷，人民出版社1995年版，第42页。

② 《普列汉诺夫哲学著作选集》第1卷，生活·读书·新知三联书店1959年版，第643页。

③ 同上书，第488页。

是唯心主义的真理。例如，当黑格尔分析古希腊衰落的原因时，认为是"内心世界的自我解放"，"腐化的原则"使希腊走向衰落。但这并不能说明任何问题，于是黑格尔接着又指出："腐化的原则首先可以从外在的政治发展看得到——从希腊各国间的相互斗争以及城市内部各党派的相互火并看得到……而希腊城市内部'各党派'间的斗争是希腊经济发展的结果。换句话说，政党之间的斗争只不过是希腊各城市之间产生的经济矛盾的表现而已。"他直接指出，斯巴达灭亡的原因就在于财产上的不平等。普列汉诺夫说："虽然黑格尔自己认为希腊的阶级斗争只不过是'腐化的原则'的表现，他却向我们暗中指出了唯物主义的历史观……一位最大的唯心主义者似乎抱定目的要为唯物主义扫清道路。"[1] 黑格尔历史哲学中的辩证法思想以及一些天才的猜测，"就是他无意中和不知不觉地送给唯物主义的贡物"。

　　黑格尔也试图发现历史发展的最后动因，并认为历史发展的动力不在人性之中，而在人性之外。在黑格尔看来，法国唯物主义所提出的意见和环境——法律和政治制度，或者道德风习和宪法，都不是最后决定的东西，因为它们本身还应得到说明。他指出这两者都是某个第三者，某种特殊的力量的结果。那么，这个既决定道德风习，又决定宪法的第三者是什么呢？是理念。每个民族实现着的自己特殊的理念乃是绝对观念发展中的一个阶段。黑格尔毕竟是个唯心主义者，尽管他把社会历史看作是有其规律性的必然过程，然而他却不能揭示它的客观基础，而乞求于"绝对观念"的逻辑发展，把"绝对观念"、"世界精神"看作历史发展的动力。既然"绝对观念"无非是人类思维过程的抽象，那么，在黑格尔的历史哲学的研究中，就是从大门赶出了法国唯物主义者的理性、"人的本性"，又从后门把它放了进来。普列汉诺夫指出："'绝对的'唯心主义者黑格尔认为'理念'的逻辑特性是一切发展的基本原因。这样一来，理念的特性就成了历史运动的根本原因了。每当重大问题摆在黑格尔面前的时候，他首先用这些特性来说明它。但这样做就是扔掉历史的基础，并自愿地使自己根本不可能找到历史运动的真正原因。"[2]

---

① 《普列汉诺夫哲学著作选集》第1卷，生活·读书·新知三联书店1959年版，第482—483页。

② 同上书，第508页。

　　总之，从18世纪法国唯物主义者到黑格尔，从根本上说来，他们都是从天性、理性来考察、说明社会历史发展问题的；但是他们毕竟在某些个别场合，提出了一些合理的思想，其中包含着唯物史观的萌芽，为历史唯物主义理论的制订提供了"重要材料"。普列汉诺夫说："马克思和恩格斯的前辈们在这些方面的工作，只能当作搜集材料的一种准备工作，虽然这些材料是很丰富，而且宝贵的，但是还不是系统化了的，还没有被一种普遍的思想所阐明。"① 正是伟大的马克思和恩格斯不仅批判地汲取了前人的合理的思想和研究的积极成果，抛弃了前人历史观点中唯心主义和形而上学的糟粕，而更重要的是他们对前人在探讨社会历史发展中出现的种种矛盾和遇到的问题，运用与前人根本不同的方法，将其彻底地解决了。这个根本不同的方法就是普列汉诺夫所说的："马克思的伟大的功绩就在，他完全从相反的方向去接近问题，他把人的天性看作是永远改变着的历史运动的结果，其原因在人之外。为了生存，人应该维持自己的机体，从他的周围的外间自然中摄取他所必需的物品。这种摄取需要人对这个外间自然的一定的作用。可是'在作用于外间自然时，人改变了自己本身的天性'。在这几句话中包括着马克思历史理论的全部本质。"② 又说："马克思的基本思想可以归结如下：（1）生产关系决定着社会生活中人们之间所存在的其他一切关系，（2）生产关系本身又决定于生产力的状况。"③ 这与列宁在《什么是"人民之友"以及他们如何攻击社会民主主义者？》中所概括的"两个归结"，即"把社会关系归结于生产关系，把生产关系归结于生产力的高度"的思想是一致的。

　　整个说来，普列汉诺夫紧紧地抓住了社会历史发展的根本动力问题，运用历史的与逻辑的相统一的方法，对马克思以前的历史观作了系统的考察：每一个时代的历史哲学是怎样提出和回答这个问题的，得出一些什么积极成果，这些成果又是如何一代一代积累起来，直到马克思的唯物史观的产生。也就是说，普列汉诺夫是把唯物史观作为整个人类认识发展中的

---

　　① 《普列汉诺夫哲学著作选集》第3卷，生活·读书·新知三联书店1959年版，第134页。

　　② 《普列汉诺夫哲学著作选集》第1卷，生活·读书·新知三联书店1959年版，第676页。

　　③ 《普列汉诺夫哲学著作选集》第2卷，生活·读书·新知三联书店1959年版，第747页。

一个最重要的环节来加以考察的。从唯物史观与前人研究成果的联系中看到它们的根本区别，又从区别中看到唯物史观所实现的伟大革命变革。这样的研究、考察非但没有否定、抹杀唯物史观所实现的革命变革，相反，这使人们更具体、更清楚地看到这个伟大的变革是如何实现的。这是他对马克思主义哲学史的一个重要贡献。

（三）系统论述地理环境的作用

关于自然环境对社会发展的作用问题，马克思和恩格斯都没有专门系统地论述过，但他们的基本思想观点，在《1844年经济学哲学手稿》、《德意志意识形态》、《经济学手稿》、《资本论》以及《家庭、私有制和国家的起源》等重要著作中已提出来了。

第一，自然环境是人类生存及其生产劳动的前提。马克思在《1844年经济学哲学手稿》中就已指出，生产劳动必须以自然界、感性的物质世界为前提。自然界为劳动提供劳动的资料，即生产资料，也为劳动者本身的肉体生存提供所需的生活资料，没有它不仅劳动不能存在，而且劳动的主体也失去了。之后，马克思和恩格斯在《德意志意识形态》中，当说到"任何人类历史的第一个前提无疑是有生命的个人的存在"时，同时也提到了自然条件以及人和自然界的关系。不过他们说，在这里不能深入研究人们所遇到的各种自然条件，包括地质条件、地理条件及气候条件等。但他们却明确指出："任何历史记载都应当从这些自然基础以及它们在历史进程中由于人们的活动而发生的变更出发。"①

在后来的《经济学手稿》中，马克思对此作了较为详尽的论述。他指出，生产的原始条件即自然条件，最初不是由生产者创造出来的，而是生产者生存的前提。人类最初自然形成的共同体是漂泊不定的，"一旦人类终于定居下来，这种原始共同体就将依种种外界的（气候的、地理的、物理的等等）条件，以及他们的特殊的自然习性（他们的部落性质）等等，而或多或少地发生变化。"又说："土地是一个大实验场，是一个武库，既提供劳动资料，又提供劳动材料，还提供共同体居住的地方，即共同体的基础。"②

第二，自然环境对原始社会生产及劳动部门的分工有着决定性的影响。马克思在《资本论》中写道："不同的公社在各自的自然环境中，找到不同的生产资料和不同的生活资料。因此，它们的生产方式、生活方式和产品，也就各不相同。"① 同时，自然条件的差异性，自然产品的多样性，是形成社会分工的自然基础。这种自然环境的差异所带来的产品的不同及其分工，随着生产的发展便引起了交换。关于这一点，后来恩格斯在《家庭、私有制和国家的起源》中就论述得更为具体了。

马克思在《资本论》中还指出："外界自然条件在经济上可以分为两大类：生活资料的自然富源，例如土壤的肥力，渔产丰富的水等等；劳动资料的自然富源，如奔腾的瀑布，可以航行的河流、森林、金属、煤炭等等。在文化初期，第一类自然富源具有决定性的意义，在较高的发展阶段，第二类自然富源具有决定性的意义。"②

第三，马克思强调人类对自然力的控制、支配，对资本主义生产方式的建立和发展是最有决定的意义的，他说：资本主义生产"在其他条件不变并且工作日保持一定长度的情况下，剩余劳动量随劳动的自然条件，特别是随土壤的肥力而变化。但绝不能反过来说，最肥沃的土壤最适于资本主义生产方式的生长。资本主义生产方式以人对自然的支配为前提。过于富饶的自然（使人离不开自然的手，就像小孩子离不开牵引带一样）不能使人自身的发展成为一种自然必然性。"又说："社会地控制自然力以便经济地加以利用，用人力兴建大规模的工程以便占有或驯服自然力，——这种必要性在产业史上起着最有决定性的作用。"③

在马克思、恩格斯之后，考茨基、拉法格、梅林等，在他们有关历史唯物主义的著作中，虽涉及自然环境的作用问题，但都不很系统。例如，梅林在驳斥巴尔特对历史唯物主义的攻击时，只是着重强调了劳动的自然条件，只有通过生产过程才对人类社会历史发生作用。同时他也有不准确的地方，如认为自然条件"会随着人类对于自然的支配的增长而逐渐失去意义"④。在马克思主义哲学发展史上，唯有普列汉诺夫全面、系统地研究和论述了地理环境与人类社会发展的相互关系的问题，丰富了马克思

---

① 《马克思恩格斯全集》第 23 卷，人民出版社 1972 年版，第 390 页。

② 同上书，第 560 页。

③ 同上书，第 561 页。

④ 梅林：《保卫马克思主义》人民出版社 1982 年版，第 69 页。

主义的地理环境理论，是对唯物史观的又一重要贡献。普列汉诺夫的地理
环境理论的基本思想，概括起来主要有以下几个方面：

1. 普列汉诺夫认为在人类社会的早期，在原始社会的条件下，地理
环境对社会生产力的最初形成，对人类社会发展起着决定性作用。

首先，地理环境在从猿到人的转化过程中曾起了决定性作用。生产劳
动就是从自然条件变化的影响下开始的。由于气候等地理环境的变化，使
"类似人的人"离开森林，直立行走，从而把手解放出来。第一次用手制
造和使用劳动工具，标志着人类的出现，把人与其余的动物区别开来，开
始了人类的社会生活。正是在这个意义上，普列汉诺夫说："自然界本
身，亦即围绕着人的地理环境，是促进生产力发展的第一个推动力。"①

其次，生产资料取之于自然界，人类制造和使用的工具，对地理环境
的依赖性极大，地理环境为人类提供制造工具所必需的材料和加工的对
象。没有金属的地方，就不能发明优于石器的工具，不会越出"石器时
期"的界限。地理环境决定着人们最初的生产活动及生产资料的性质。
因此，生产部门的最初分布以及社会分工（农业、畜牧业、手工业、航
海业）也是由地理环境所决定的。普列汉诺夫认为，没有相当的植物区
分和动物区分，就不可能从游牧生活过渡到农业生活。

再次，地理环境对最初的生产发展速度具有决定性的影响。普列汉诺
夫说：生产力"在起初时发展的迟速，依物理环境的属性而定"。② 古代
文明大都产生于大河流域，那里都是农业发达的地方。

总之，普列汉诺夫所谓的地理环境的决定作用，地理环境怎样，生产
力就怎样，主要指的是原始社会。这是符合历史实际的，是对马克思观点
的进一步系统的发挥。

2. 普列汉诺夫是从社会与自然的相互关系中来考察地理环境对社会
发展的作用的。

他认为地理环境对原始社会以后的时代，仍有很大的影响，对社会可
以起加速或延缓的作用。普列汉诺夫指出：随着原始社会的解体，"到处
相同的民族生活方式让位给各种不同的社会关系……当然，这里有许多东

---

① 《普列汉诺夫哲学著作选集》第 2 卷，生活·读书·新知三联书店 1959 年版，第 227
页。

② 《普列汉诺夫哲学著作选集》第 1 卷，生活·读书·新知三联书店 1959 年版，第 767 页
（注）。

西也依赖于该社会的历史环境的影响，但人类发展的'地理背景'毕竟无疑地表现出强烈的影响。"又说："正是由于某个社会的地理环境的这种或那种性质，经济发展才以或快或慢的速度进行，并采取这种或那种方向。"① 在社会与地理环境的相互关系问题上，普列汉诺夫反复、深刻地论证了三个基本观点：

第一，普列汉诺夫具体考察了地理环境影响社会发展的途径，指出地理环境直接作用于生产力，通过生产力作用于其他社会因素，影响社会的发展。他说："地理环境是通过在一定地方、在一定生产力的基础上发生的生产关系来影响人的，而生产力发展的头一项条件就是这种地理环境的特性。"② 这一点与18世纪孟德斯鸠的地理环境决定论是截然不同的，在他看来，地理环境，如气候、土壤等决定某一民族的性格、风俗道德等心理状态，从而决定其法律政治制度。普列汉诺夫批评地理环境论："仅仅局限于探究人们周围自然界在心理方面或者生理方面对人的影响，而完全忽视了自然界对社会生产力状况，并且通过生产力状况而对人类的全部社会关系以及人类的整个思想上层建筑的影响"③。他认为是否承认地理环境总是通过生产力影响社会发展，这是区分马克思的地理环境理论与"地理环境论"的一个主要标志。

第二，既然地理环境是在人们征服自然的过程中，通过生产力影响社会的发展，而社会的生产力是不断变化、发展的，因此，地理环境对生产力，对社会的影响是一个"可变的量"，是一个变数。普列汉诺夫指出："社会人和地理环境之间的相互关系，是出乎寻常地变化多端的。人的生产力在它的发展中每进一步，这种关系就变化一次。因此，地理环境对社会人的影响在不同的生产力发展阶段中产生着不同的结果。"④ 又说："地理环境对于社会人类的影响，是一种可变的量。被地理环境的特性所决定的生产力的发展，增加了人类控制自然的权力，因而使人类对于周围的地

① 《普列汉诺夫哲学著作选集》第4卷，生活·读书·新知三联书店1959年版，第44页。

② 《普列汉诺夫哲学著作选集》第3卷，生活·读书·新知三联书店1959年版，第170页。

③ 《普列汉诺夫哲学著作选集》第1卷，生活·读书·新知三联书店1959年版，第484—485页。

④ 《普列汉诺夫哲学著作选集》第2卷，生活·读书·新知三联书店1959年版，第170页。

理环境发生了一种新的关系。"①

　　这就是说，地理环境作用于生产力，影响着社会的发展，而这种作用本身的性质、深度和广度又取决于生产力的性质和发展水平。同样的地理环境，在生产发展的不同阶段上，它所起的作用是不同的。因为"自然本身给了人使它自己服从于人的手段"②。黑格尔曾认为，山岳把人们隔离开来，海洋则把人们联结起来。普列汉诺夫批评道："不过海洋使人们接近只在生产力发展到较高的阶段上；而在生产力较低的阶段上……海洋却大大地阻碍了被它所隔离开来的各个部落间的关系。"③ 总之，当普列汉诺夫把社会与地理环境的相互作用看作是一个辩证发展的过程时，他就更深刻地揭示了人类社会同地理环境之间的相互关系。

　　第三，地理环境对社会发展起着加速或延缓的作用。普列汉诺夫认为，地理环境对文明时代的社会发展，只是起着促进、加速，或者阻碍、延缓的作用，即对社会生产的发展速度有着很大的影响。他说："正是由于某个社会的地理环境的这种或那种性质，经济发展才以或快或慢的速度进行，并采取这种或那种方向。"④

　　3. 对社会发展来说，地理环境并不是唯一的影响，社会运动有其独立于地理环境的自己发展的内在逻辑和规律。

　　普列汉诺夫认为，当某种生产关系在一定生产力基础上一旦形成之后，它就反过来给予生产力很大的影响，正是生产力与生产关系的矛盾运动形成社会特有的逻辑和规律。他明确指出："生产关系是结果，生产力是原因。但是结果本身又变成原因；生产关系又变成生产力发展的一个新来源……生产关系和主产力的相互影响，造成了一个社会运动，这个社会运动有它自己的逻辑和它自己独立于自然环境的规律。"⑤

　　与自然环境相对应，普列汉诺夫还提出了"社会环境"的概念。所

　　① 《普列汉诺夫哲学著作选集》第 2 卷，生活·读书·新知三联书店 1959 年版，第 170—171 页。

　　② 《普列汉诺夫哲学著作选集》第 1 卷，生活·读书·新知三联书店 1959 年版，第 765 页。

　　③ 《普列汉诺夫哲学著作选集》第 3 卷，生活·读书·新知三联书店 1959 年版，第 165 页。

　　④ 《普列汉诺夫哲学著作选集》第 4 卷，生活·读书·新知三联书店 1959 年版，第 44 页。

　　⑤ 《普列汉诺夫哲学著作选集》第 2 卷，生活·读书·新知三联书店 1959 年版，第 169 页。

谓社会环境包括生产工具、生产技术、一定的社会关系及国家、民族历史社会结构。他认为社会环境的发展服从自己本身的规律，它的属性既不取决于人们的意志和意识，也不取决于地理环境的属性。

此外，普列汉诺夫还强调指出，人类社会从一种生产方式过渡到另一种生产方式，也不是地理环境所决定的，"而是因为社会的人对外部自然界的控制加强了，他们的生产力状况改变了。因此我们可以而且应当说，人类历史发展的谜底，归根到底正是应当到生产力中去找"。又说："整个社会发展也归根到底服从着这个生产力发展的内在逻辑，因为不适合一定生产力状况的社会关系必然要消灭。"①

总之，普列汉诺夫强调人类社会决定于自身的内在逻辑和规律，而不是决定于地理环境，更不决定于人们的意志和意识，这就从原则上与地理环境决定论划清了界限。

普列汉诺夫地理环境理论的基本思想是正确的，是马克思主义的。但是，他在论述地理环境在社会发展中的作用时，也存在某些缺点和错误。这主要表现在：有些地方表述得不清楚，特别是在进行理论概括时，往往过于笼统，没有加以限制。普列汉诺夫所谓地理环境的"决定作用"，其本意是就人类最初的原始社会而言，而在表述中却常常是指的整个人类社会。这种不确切的表述，造成过分强调地理环境作用的结果。这种情况并非偶尔发生，而是多处出现，这就使他陷入自相矛盾的境地。

例如，1892年在《唯物主义史论丛》中他曾笼统地作了一般性的概括："自然环境的性质决定社会环境的性质"。② 1895年在《论一元论历史观之发展》一书中又说："生产力发展本身是为环绕着人的地理环境的属性决定的……社会人的属性在每一特定的时间是生产力发展程度决定的，因为，整个社会联合的制度是取决于这些力量的发展的程度。这样，归根到底，这个制度是由地理环境的属性决定的。"③ 1907年在《马克思主义的基本问题》中又一次讲："生产力的发展归根到底决定着一切社会

---

① 《普列汉诺夫哲学著作选集》第2卷，生活·读书·新知三联书店1959年版，第250页。

② 同上书，第168页。

③ 《普列汉诺夫哲学著作选集》第1卷，生活·读书·新知三联书店1959年版，第765—766页。

关系的发展，而决定生产力的发展的则是地理环境的性质。"① "总之，地理环境的特性决定着生产力的发展，而生产力的发展则决定着经济关系，以及随着经济关系之后的其他一切社会关系的发展。"② 普列汉诺夫在其主要著作中，一再重复上述这些结论，绝非偶然，看来他似乎一直在寻求着某个问题的答案。

早在19世纪90年代，俄国民粹派理论家米海洛夫斯基曾攻击唯物史观，他说：谁也不否认生产力在人类历史运动中的重要意义，它的巨大作用。可是生产力发展的原因是什么？是生产工具的发明和使用。而生产工具的发明和改进都要靠人的智慧。所以，归根到底，"智慧的努力——原因，生产力的发展——结果……这就是说，那些断言世界为意见（即人的理性）所支配的人们是正确的。"③ 普列汉诺夫为捍卫历史唯物主义，在《论一元论历史观之发展》中，集中地驳斥了米海洛夫斯基的唯心主义观点。普列汉诺夫论证了在人类社会初期，对生产力的最初形成、工具的制造和使用，起决定作用的是地理环境，"自然界本身是推动社会生产力发展的原始推动力"。同时他还指出，马克思主义者并不否认人的智慧、理性的作用，但是，"人在作用于在他之外的自然时，改变了自己本身的天性。他发展了自己的各种能力，其中也包括'制造工具'的能力。但是在每一个特定的时期，这个能力的程度决定于生产力的发展所业已达到的水平。"④

普列汉诺夫这些回答是正确和有力的，但他本人对此似乎仍不满意，总想寻找出决定生产力发展的原因，于是在《马克思主义的基本问题》第六节中，他引证了马克思在《政治经济学批判·序言》中关于唯物史观的经典论述，即"人们在自己生活的社会生产中参与一定的，必然的，不依他们本身意志为转移的关系，即与他们当时的物质生产力发展程度相适合的生产关系。这些生产关系的总和就组成社会的经济结构，即法律的和政治的上层建筑所借以树立起来的现实基础"。之后，普列汉诺夫便说

①　《普列汉诺夫哲学著作选集》第3卷，生活·读书·新知三联书店1959年版，第167页。

②　《普列汉诺夫哲学著作选集》第3卷，生活·读书·新知三联书店1959年版，第165—166页。

③　《普列汉诺夫哲学著作选集》第1卷，生活·读书·新知三联书店1959年版，第679页。

④　同上书，第683页。

道："马克思的这个答案把经济发展的全部问题归纳为这样一个问题，就是社会所支配的生产力的发展是由什么原因来决定的呢？这个问题的最后解决方式首先就是指出地理环境的性质。"①

其实，在马克思的经典公式中，根本没有涉及生产力发展是由什么原因决定的问题，普列汉诺夫把这一经典公式归结为生产力发展的原因问题，是不符合马克思的原意的。

列宁曾指出："……马克思和恩格斯是唯物主义者。他们用唯物主义观点观察世界和人类，看出自然界中的一切现象都有物质原因作基础，同样，人类社会的发展也由物质力量即生产力的发展所决定的。"② 即是说生产力乃是社会发展的物质根源、最后的动因。普列汉诺夫本人也承认："生产力的发展归根到底决定着一切社会关系的发展。"但是他在驳斥米海洛夫斯基时，却还要在生产力之外，找一个生产力发展的原因，这就找到了地理环境，从而有时又把地理环境当作了社会发展的终极原因。这就是问题的症结所在。这不是普列汉诺夫的基本思想，但这是错误的。

总之，普列汉诺夫系统论述了地理环境在社会发展中的作用，具体阐明了地理环境同生产力及社会发展的相互关系，他的基本思想是正确的，丰富了马克思主义的地理环境理论，对唯物史观的发展作出了自己独特的贡献。但在他的论述中，也确有某些表述和个别观点过分强调了地理环境的作用，表明他有些地方还未能完全摆脱地理环境决定论的影响。

（四）普列汉诺夫在唯物史观方面其他一些重要思想

1. 普列汉诺夫在同各种唯心主义和形而上学的斗争中，特别是在批判折中主义的"因素论"的过程中，根据马克思在《政治经济学批判·序言》中关于历史唯物主义基本原理的经典论述，提出了关于社会结构的理论，即"五项因素公式"的理论。这一理论最初是于1892年在《唯物主义史论丛》一书中提出来的，后来在《论一元论历史观之发展》、《论唯物主义历史观》及《论"经济因素"》等著作中，又以不同形式加以论述和发挥，最后，1907年在《马克思主义的基本问题》一书中，作

---

① 《普列汉诺夫哲学著作选集》第3卷，生活·读书·新知三联书店1959年版，第163页。

② 《列宁选集》第1卷，人民出版社1995年版，第91页。

了更加精确和完备的概括。这五项因素是：

（1）生产力的状况；

（2）被生产力所制约的经济关系；

（3）在一定经济"基础"上生长起来的社会政治制度；

（4）一部分由经济直接所决定的，一部分由生长在经济上的全部社会政治制度所决定的社会人的心理；

（5）反映这种心理特性的各种思想体系。

这样，普列汉诺夫不仅揭示了社会结构的客观性，而且将马克思所概括的生产力、经济基础（生产关系的总和）、上层建筑等三个方面，具体化为生产力、生产关系、政治制度、社会心理和社会思想体系等五项基本因素，清晰地描绘了多层次的社会结构。如果说马克思是着重从社会形态由低级到高级的运动、发展来揭示出生产力与生产关系、经济基础与上层建筑的矛盾运动的话，那么，普列汉诺夫则侧重于各个社会形态的横向研究，即从一个社会形态所包含的各种基本因素及其相互作用来揭示社会结构是一个有机的整体。他指出各种因素对社会的存在与发展都有其影响、推动作用，但又从中区分出哪个是本源的、最后决定的因素，哪个是派生的、被决定的，从而展现了一幅各种因素相互联系、依赖的活生生的社会画面。

总的来说，普列汉诺夫关于社会结构的"五项因素公式"理论，同马克思的基本思想是一致的。在有些方面更具体化了，如将社会意识划分为两种基本形式：社会心理和社会思想体系。社会心理这一概念的提出，丰富和发展了马克思主义的社会结构理论，使我们对社会结构有更清晰的理解。对这一概念后面将作进一步说明。

2. 普列汉诺夫在《对我们的批判者的批判》一文中，提出对生产关系概念的理解问题。他认为有狭义和广义的生产关系。所谓狭义的生产关系，即指我们通常所说的生产资料所有制，马克思又把它称为财产关系；所谓广义的生产关系，或称技术上的生产关系，即指生产者在生产过程中的那些直接关系，例如在作坊、工厂中的劳动组织、生产组织等。对这两类生产关系可以分别加以考察。前者有时可能落后于生产力发展很远，必然引起社会革命；而后者则基本上与生产力的发展相适应而平行变化。①

---

① 参见《普列汉诺夫哲学著作选集》第 2 卷，生活·读书·新知三联书店 1959 年版，第 601—603 页。

在阶级社会，如资本主义社会中，生产关系除了生产资料的资本主义所有制决定的剥削者与被剥削者之间的关系外，也还有在生产过程中生产者之间的相互关系。这后一种关系始终处于从属地位。在生产过程中生产者之间的关系，如分工协作、劳动组织等，其本身并没有阶级性。但它随着生产的发展而不断调整和改变，会提高劳动生产率，却使资产阶级获取更多的利润。在社会主义社会中，在剥削阶级被消灭之后，生产资料所有制仍然是生产关系的基础，是有决定意义的因素。但是，这时生产者在生产过程中的直接关系——劳动组织、生产组织这一方面，以及工人阶级与其他劳动者之间的关系，处理是否得当，如何使之更适合于生产发展水平，对于提高劳动生产率，加速社会主义生产力的发展，就显得更为重要了。普列汉诺夫对生产关系这一重要范畴作了全面具体的考察，区分出两类不同的生产关系，在理论上，在实践上都有其积极意义。

3. 普列汉诺夫对马克思主义社会意识理论进行了深入系统的研究和阐述，并有新的补充和发展，作出了重要贡献。

（1）普列汉诺夫在马克思主义哲学史上，第一次明确提出社会意识的两种基本形式，即社会心理和社会思想体系的理论。

马克思、恩格斯在有关历史唯物主义的论著中，都曾注意到人们社会心理的存在，并把它包括在社会意识之中。例如，马克思在《路易·波拿巴的雾月十八日》一书中，就已指出："在不同的占有形式上，在社会生存条件上，耸立着由各种不同的，表现独特的情感、幻想、思想方式和人生观构成的整个上层建筑。整个阶级在它的物质条件和相应的社会关系的基础上创造和构成这一切。"① 马克思这里所说的人们的情感、幻想，就是指社会心理而言，并把它们包括在整个上层建筑之中。但马克思那时还没有把社会心理和思想体系加以明确的区分。

后来，普列汉诺夫进一步把社会意识明确区分为社会心理和思想体系两个部分。他把社会人们的愿望、要求、情感、风俗习惯、道德风尚和审美情趣等统称为社会心理。社会心理也就是在特定时期、特定民族的群众（或特定阶级、阶层或社会集团）中普遍流行的、未经系统加工的精神状况。思想体系则是经过思想家自觉加工而形成的更为概括、系统的理论体系。思想体系经过社会心理的中间媒介而反映社会存在。普列汉诺夫关于

---

① 《马克思恩格斯选集》第 1 卷，人民出版社 1995 年版，第 611 页。

社会意识的两种形式的学说，不仅使社会意识的理论更为丰富和具体化，开辟了一个新的研究领域，而且对各种思想史的研究也具有重要的指导意义。

（2）普列汉诺夫不仅坚持社会存在决定社会意识这一原理，而且强调应该竭力弄清楚，这种决定作用"在事实上是怎样发生的"。他正是在这一思想指导下，深入地考察了各种社会意识形态，如艺术、宗教、哲学等的起源问题，驳斥了在这个问题上的历史唯心主义观点，更具体而深刻地论证了社会存在决定社会意识的原理。

（3）普列汉诺夫又深入系统地研究和论述了马克思主义关于社会意识相对独立性、社会意识与政治经济发展的不平衡性、社会意识形态发展的历史继承性、各种意识形态（政治、法律、哲学、宗教、艺术等）之间的相互作用以及它们对经济基础的反作用等重要原理。在马克思的著作中，特别是在恩格斯晚年的历史唯物主义书信中，对这些重要原理都有过原则性的论述，但他们都没有来得及作详细的研究和阐述。普列汉诺夫在马克思、恩格斯论述的基础上，对社会意识形态相对独立性原理的诸方面，作了深刻而具体的论证，系统地发挥了马克思和恩格斯的思想。例如，普列汉诺夫认为，社会意识形态的发展，归根到底是由每一特定时代的社会经济条件决定的，但它又受到人类长期发展中所形成的思想资料的制约，他说："每个特定时代的思想体系永远是和前一时代的思想体系有密切的——肯定的或否定的——联系。任何特定时代的'智慧状态'只有在与前一时代的智慧状态的联系中才能理解。"[1] 不仅如此，思想体系各种形式之间又相互影响，他指出："在社会经济发展的不同阶段上，任何一种意识形态都要在不同的程度且受到其他各种意识形态的影响。"[2]同时，普列汉诺夫还对社会意识的反作用问题作了深刻的论述。在他的第一部马克思主义著作《社会主义与政治斗争》中，提出了"没有革命的理论就没有名副其实的革命运动"的著名论断，他说："任何一个力图解放自己的阶级，任何一个力求达到统治的政党，只有在它代表最进步的社会思潮，因而，是自己时代的最先进思想的担当者的时候才是革命的……

---

① 《普列汉诺夫哲学著作选集》第 1 卷，生活·读书·新知三联书店 1959 年版，第 740页。

② 《普列汉诺夫哲学著作选集》第 2 卷，生活·读书·新知三联书店 1959 年版，第 326页。

革命的思想是一种炸药，它不是世界上任何爆炸物所能代替的。"① 普列汉诺夫在批判伯恩施坦修正主义和反对"经济唯物主义"的斗争中，又进一步论述了社会意识形态在社会发展中的重大作用问题。

4. 普列汉诺夫为批判民粹主义和无政府主义，继马克思、恩格斯之后，对个人在历史上的作用问题进行了深入的探讨。他的理论观点，集中体现在《论个人在历史上的作用问题》一书中。他根据马克思主义的观点，对个人在历史上的作用问题作了专门的系统的阐述，对科学地解决这一问题作出了重要贡献。

（1）普列汉诺夫首先从自由与必然的辩证关系来考察和分析个人在历史上的作用。社会不同于自然界，社会是由人组成的，人是有思想的。在社会生活中每个人的活动都是有目的、有意识的。但社会的运动发展具有自身的客观规律性，是不以人的意志为转移的。而这些规律又是通过许多个人的活动来实现的。这样，正确理解主观因素与客观因素的关系问题，亦即个人意志自由与历史必然性的关系问题就成为正确解决个人在历史上的作用问题的关键。普列汉诺夫指出，历史上的哲学家们在自由与必然的关系问题上，总是各持一端，或者如主观唯心主义者，极力推崇个人意志自由，认为意志决定一切，否认历史发展的必然性，其结果是"唯心主义在理论上愈是给自由方面以更多的地位，则在实际活动的领域中愈是将自由归之于无"②；或者如形而上学唯物主义者，则只承认历史的必然性，必然性奴役和统治人，而否认人的意志自由。如霍尔巴赫所说："人走到他的尽头，从生到死，没有片刻得到自由。"③ 在社会历史领域中，前者必然导致唯心主义的英雄史观，而后者则势必陷入否定个人在历史上的作用的机械论。直至 19 世纪的德国唯心主义哲学家谢林和黑格尔，才以辩证的观点将自由与必然结合起来。谢林指出，人的活动的自由，不仅不排斥必然性，而且相反，以它为自己的前提条件。这一深刻思想在黑格尔的著作中，得到了彻底的和详尽的发挥。但是，黑格尔是在唯心主义的基础上，借助于"绝对精神"把二者统一起来的。只有马克思和恩格

---

① 《普列汉诺夫哲学著作选集》第 1 卷，生活·读书·新知三联书店 1959 年版，第 98 页。

② 《普列汉诺夫哲学著作选集》第 1 卷，生活·读书·新知三联书店 1959 年版，第 660 页。

③ 《普列汉诺夫哲学著作选集》第 2 卷，生活·读书·新知三联书店 1959 年版，第 207 页。

斯的辩证唯物主义才在实践的基础上，科学地论证了自由与必然的辩证关系。恩格斯在《反杜林论》中明确地指出："自由是在于根据对自然界的必然性的认识来支配我们自己和外部自然；因此它必然是历史发展的产物。"①

普列汉诺夫的贡献就在于他把自由与必然的辩证关系，作为正确解决个人在历史上的作用问题的理论基础。在普列汉诺夫看来，既然历史的必然性并不排斥人的自由，而且是通过有意志的个人活动来实现的；同时自由又以必然性为自己的前提和基础，自由是对必然的认识和对客观世界的改造，那么，对必然的认识正确与否，深度如何，行动是否符合历史的必然，符合的程度如何，也就决定了个人在历史上的作用的性质及其大小。一个人对必然的认识越正确，行动上能顺应历史的必然，他就能获得更大的自由，其作用也越大，对历史的发展就能起到积极的促进的作用。反之，一个人违背了历史的必然，就会对历史发展起消极的阻碍作用，也就没有什么自由可言。

在马克思主义哲学史上，普列汉诺夫最早从自由与必然的关系来论证个人在历史上的作用，在他以前还没有人这样做过。这是他论述个人在历史上的作用的一个重要特点，也是他的一个独特贡献。

（2）普列汉诺夫从必然性与偶然性来考察分析个人在历史上的作用问题。

马克思和恩格斯在论述历史发展过程中必然性与偶然性的关系时，都涉及个人在历史上的作用问题。马克思在1871年4月17日致路·库格曼的信中就曾指出："……如果'偶然性'不起任何作用的话，那么世界历史就会带有非常神秘的性质，这些偶然性本身自然纳入总的发展过程中，并且为其他偶然性所补偿。但是，发展的加速和延缓在很大程度上是取决于这些'偶然性'的，其中也包括一开始就站在运动最前面的那些人物的性格这样一种'偶然情况'。"②

普列汉诺夫遵循马克思和恩格斯的思想，把个人在历史上的作用问题同必然性与偶然性紧密结合起来，进行了具体的考察和论证。他把社会历史发展的原因概括为"一般原因"、"特殊原因"和"个别原因"。社会

---

① 《马克思恩格斯选集》第3卷，人民出版社1995年版，第456页。
② 《马克思恩格斯选集》第4卷，人民出版社1990年版，第393页。

历史的发展进程首先是由"一般原因"，即社会生产力发展状况所决定的。这是人类历史运动的终极的和最一般的原因。与之同时起作用还有"特殊原因"，即某个民族生产力发展进程所处的具体历史环境即历史条件。归根到底它也是由一般原因造成的，但却构成某个民族历史发展的特殊性。这就是说，"一般原因"和"特殊原因"结合在一起决定着历史运动的总方向和总趋势。这是历史的必然，是任何人的意志所不能改变的。最后，还有"个别原因"的作用，即社会活动家、领袖人物的个人特点及其他"偶然性"的作用。由于"个别原因"的作用，就使历史事变具有个别的外貌。他说，如果谁以为马克思和恩格斯的理论没有给哲学家和社会活动家的"个性"留下地位，"那就错了"；他们只是避免了"'个性'活动同经济必然性所决定的事件行程的不可允许的对立"。① 普列汉诺夫强调绝不能夸大个别原因的作用。他指出，个别原因并不能根本改变"一般原因"和"特殊原因"的作用，也就是说，它终究不能改变事件的一般方向和总的历史趋势。而且个别原因的影响的可能性范围和方向是受一般与特殊原因制约。普列汉诺夫进而指出，一个伟大人物之所以伟大，并不因为他的个人特点使历史事变具有其个别的外貌，而是因为他自己所具备的特性，使他最能致力于满足"当时在一般和特殊原因影响下所发生的伟大社会的需要"，在于"他的活动是这必然和不自觉进程的自觉自由的表现"。②

（3）普列汉诺夫运用社会结构学说的基本原理来分析个人的历史作用问题，即考察了个人才能的发挥与社会结构的关系。他认为个人的才能以及性格的某些特点对历史事变的进程有着重大的影响，可是这种个人影响表现的可能及其范围，并不完全取决于个人的才能，而是"要依当时的社会结构以及当时的社会力量对比关系来决定"③。即个人的作用决定于：社会制度、社会结构的性质；个人在社会力量对比关系中，在社会阶级力量对比关系中所处的地位；以及个人的才能是否适合当时社会的需要。普列汉诺夫说："个人的性格只有在社会关系所容许的那个时候、地

① 《普列汉诺夫哲学著作选集》第3卷，生活·读书·新知三联书店1959年版，第192页。

② 《普列汉诺夫哲学著作选集》第2卷，生活·读书·新知三联书店1959年版，第373页。

③ 同上书，第359页。

方和程度内，才能成为社会发展的'因素'。"同样，"个人只有在社会上占有为此所需的地位时，才能够表现出自己的才能"①，才有"用武之地"。否则，即便具备一定的才能也不见得能对历史事变的进程产生什么影响。普列汉诺夫在分析这个问题时接近于提出这样一条原理：在任何一个社会系统中的一个社会要素（如个人的性格、才能）起什么作用，由社会结构的性质以及该要素在其中所占地位来决定。

简短的结论

马克思主义在俄国的广泛传播始于 1883 年普列汉诺夫所创建的"劳动解放社"。

普列汉诺夫曾是一位著名的马克思主义革命家、理论家、哲学家。他在 1883 年成为马克思主义者之后的 20 年间，在政治上和哲学上坚持了正确的立场，在传播马克思主义哲学和创立俄国无产阶级政党方面，有着不可磨灭的功绩。1903 年以后他在政治上逐渐走上了机会主义的道路，1914 年堕落为社会沙文主义者，这主要是由于他脱离俄国的政治、经济的实际，脱离俄国革命斗争实践，理论与实践相脱节。但他在哲学理论上始终坚持了马克思主义，终身不失为一个杰出的马克思主义哲学家。

在马克思主义哲学发展史上，普列汉诺夫在马克思、恩格斯和列宁之间起了承上启下的桥梁作用。他在反对民粹主义、马赫主义和各种机会主义的斗争中，捍卫并系统地阐述了马克思主义哲学，把一些重要原理具体化了，作了深入的发挥，对马克思主义哲学的发展作出了重要贡献。他的哲学著作（包括政治著作）和思想，从正反两方面对列宁哲学思想的形成和发展，都有极为明显的重要影响，尽管列宁对他在哲学上的失误也进行了严肃的批评。

普列汉诺夫在哲学上的贡献是多方面的，如唯物主义认识论、辩证法、历史观、哲学史以及美学等。但贡献最大的是历史唯物主义方面，他几乎对这一领域中的一切重要问题都进行了深入、独到的研究和探索，提出了许多重要的思想，诸如关于唯物史观的思想理论来源问题、关于地理环境对人类社会发展的作用问题、关于"五项因素公式"的社会结构理

---

① 《普列汉诺夫哲学著作选集》第 2 卷，生活·读书·新知三联书店 1959 年版，第 359—360 页。

论、关于将社会意识区分为社会人的心理和思想体系两种基本形式及意识形态相对独立性的学说、关于个人在历史上的作用问题，等等。普列汉诺夫在理论上是富于创见的，他用许多新的原理、新的观点大大地丰富和发展了马克思主义的历史观，为马克思主义理论宝库增添了新的内容。

普列汉诺夫没有把马克思主义运用于帝国主义和无产阶级革命时代，未能对新时代所提出的新问题作出正确的回答，因而对马克思主义哲学没有划时代的发展。20世纪初，马克思主义开始进入到一个新的阶段，这个阶段是与列宁的名字分不开的。

第二章

列宁早期的哲学思想

普列汉诺夫对马克思主义及其哲学的传播作出了重大的贡献，培养了整整一代马克思主义者，对列宁的思想也有着明显的影响，但他没有完成时代向马克思主义者提出的使命。真正把马克思主义和俄国革命运动结合起来并取得伟大革命胜利和把马克思主义理论发展为新阶段的是以列宁为代表的俄国马克思主义者。

一　列宁早期的理论著述活动

弗拉基米尔·伊里奇·乌里扬诺夫（列宁）1870 年 4 月 22 日诞生于辛比尔斯克城。父亲历任省国民教育视察员、总监，是 19 世纪 60 年代的民主主义知识分子，他非常同情和敬重反对沙皇专制制度的革命民主主义者。他的所有子女后来都成了革命者。列宁从学生时代起就了解和同情工农群众的悲惨生活。1887 年列宁的哥哥亚历山大·伊里奇·乌里扬诺夫（民意党人）因参加谋刺沙皇被处死刑，对他触动很大，促使他更积极地参加学生革命运动，并决心走一条与他哥哥不同的斗争道路。同年，当年轻的列宁在喀山大学读书时，由于参加反对沙皇黑暗统治的革命活动，一度遭到逮捕和流放。1888 年列宁回到喀山后，参加了马克思主义小组活动，开始研读马克思的《资本论》及普列汉诺夫反对民粹派的著作。列宁是作为青年学生直接在马克思主义影响下，走上革命道路的。普列汉诺夫的哲学理论著作对他最初学习和理解马克思的哲学思想有着重大影响。

列宁在 19 世纪 80 年代末登上政治舞台时，正是俄国社会主义者传播马克思主义，为在俄国实现资产阶级民主革命而斗争的时期。当时，围绕着俄国社会的性质以及改造俄国社会的力量和道路问题，马克思主义者与民粹主义者进行着激烈的争论。列宁一开始就十分重视把马克思主义和俄国的具体实际结合起来，他从考察、研究俄国的经济状况入手，对当时俄国的社会性质问题作出了马克思主义的回答。1889—1893 年列宁移居萨马拉期间，对萨马拉附近乡镇的经济状况，进行了有计划的调查和统计工作。1893 年春，他对调查所得的大量材料作了深刻研究，并对地方自治局所提供的农村经济状况的统计资料加以审查和整理，写成了《农民生活中的新的经济变动》一文。在这篇论文中，他对农村各阶层的经济状况作了科学的分析，论证了由资本主义的发展引起的农村的阶级分化。1893 年秋，列宁来到当时俄国政治和工人运动中心彼得堡后，又写了《论所谓市场问题》，运用马克思的经济学原理，进一步论证了资本主义在俄国发展的必然性，指出：“资本主义现时已经是俄国经济生活的基本背景。”[①] 列宁这两篇早期论文，以丰富具体的实际材料，有力地批判了民粹派在俄国农村公社及俄国社会性质问题上的荒谬观点。

　　90 年代，民粹派已堕落为自由主义民粹派，他们赞美富农经济，抹杀阶级对抗，主张同沙皇政府妥协，宣扬国家至上，妄图诱使工人放弃反对沙皇政权的革命斗争。这时自由民粹派的首领、《俄国财富》杂志的编辑尼·康·米海洛夫斯基（1842—1904 年），自称是“人民之友”，利用《俄国财富》杂志，进行反对马克思主义的猖狂活动。他从批判马克思的《资本论》着手，以唯心史观——主观社会学为武器，全面反对马克思主义哲学，尤其是攻击历史唯物主义，并用主观社会学来分析和解决俄国革命问题，得出了错误的结论。民粹主义日益成为在俄国进一步传播马克思主义，发展工人运动，组织工人阶级新型政党的主要思想障碍。面对这种情况，列宁同民粹主义进行了坚决的斗争。1893 年他来到彼得堡后，作了多次演讲，写了许多论文，批判自由民粹派的错误观点，并在此基础上，于 1894 年春夏，写了《什么是“人民之友”以及他们如何攻击社会民主主义者?》一书。在这一著作中，列宁在着重批判民粹派的唯心史观——主观社会学和形而上学观点的过程中，论述了社会历史的客观性和规律性，以及个人和人民群众在历史上作用的辩证关系，同时也回答了民粹派对马克思主义辩证法的攻击。这是列宁批判民粹派的代表作，也是他的第一部马克思主义的重要哲学著作。

---

① 《列宁全集》第 1 卷，人民出版社 1984 年版，第 88 页。

　　列宁在反对民粹派的同时，也批判了"合法马克思主义"。

　　19世纪90年代，各种各样的"马克思主义者"都加入到反对民粹主义的行列，合法马克思主义者就是其中一派。他们在反对民粹派的斗争中起过一定的作用，但他们仅仅是90年代俄国马克思主义者反对民粹派的"同路人"。合法马克思主义者是自由资产阶级利益的代表，在哲学上是新康德主义的拥护者，其主要代表人物是彼·别·司徒卢威（1870—1944年）、布尔加柯夫（1871—1944年）等人。他们在沙皇政府允许的合法报刊上公开发表批判民粹派的文章，打着马克思主义旗帜，借用马克思主义的词句来宣扬资产阶级自由派的观点，完全抛弃了马克思主义最根本的东西。"他们同民粹派决裂，意味着从小市民社会主义（或者说农民社会主义）转到资产阶级自由主义"①，而不是过渡到无产阶级社会主义。

　　列宁在反对民粹派的斗争中，为了迅速地战胜民粹主义，并使马克思主义得到更广泛的传播，曾与合法马克思主义结成暂时的联盟。但是，在合法马克思主义刚刚产生时，列宁就以敏锐的洞察力，识破他们不过是用马克思主义词句掩盖起来的资产阶级派别，并且从未放弃对合法马克思主义者的揭露和批判。1894年秋，列宁在彼得堡马克思主义小组里，宣读了题为《马克思主义在资产阶级著作中的反映》的论文，直率、尖锐地批判了司徒卢威的观点，深刻揭露了合法马克思主义者的自由资产阶级本质。随后，列宁于1895年发表了《民粹主义的经济内容及其在司徒卢威先生的书中受到的批判》一书，从哲学上批判了合法马克思主义的客观主义。从1896年开始，列宁用3年多时间进行研究和写作，于1899年初完成了他的科学巨著《俄国资本主义的发展》，这是继马克思《资本论》之后的一部极为重要的马克思主义经济学著作。列宁在这一著作中运用马克思的哲学和经济学观点，依据丰富的经济调查和统计的实际资料，全面、系统地阐述和论证了俄国资本主义经济发展及其历史必然性；并对当时俄国的社会阶级结构作出了科学分析，从经济基础方面，深刻揭示了俄国无产阶级的历史地位及其在革命中的领导作用，从而完成了对民粹派和合法马克思主义者的批判。1900年列宁又发表了《非批判的批判》一文，回答了合法马克思主义者对《俄国资本主义的发展》的攻击，明确指出

---

① 《列宁选集》第1卷，人民出版社1995年版，第762页。

合法马克思主义者试图以折中主义来"抛弃马克思学说中若干重要的方面"①。

90年代中期，随着同民粹主义斗争的胜利，马克思主义的广泛传播和工人运动的发展，两大社会运动即工人阶级自发的群众运动和社会民主主义的思想运动开始汇合在一起。1895年在列宁领导下成立的彼得堡"工人阶级解放斗争协会"，正是马克思主义与俄国工人运动相结合的产物，是俄国无产阶级革命政党的萌芽。在它有力的推动下，其他城市和边远地区相继出现了类似的马克思主义组织。1898年3月，召开了俄国社会民主工党第一次代表大会。当时列宁、普列汉诺夫等富有斗争经验的马克思主义者，或被沙皇政府监禁和流放，或流亡国外而未能出席大会。这次大会发表了"宣言"，宣告了俄国社会民主工党的成立。但这只是一次把各地马克思主义组织统一为一个政党的尝试，实际上党并没有建立起来，代表大会没有制定党的纲领和党章，也没有形成中央的统一领导。在大会之后，党内思想上和组织上混乱状态愈加厉害，这同俄国社会民主工党发展的历史特点及伯恩施坦主义的影响有着密切的联系。

在俄国马克思主义者同合法马克思主义者结成暂时联盟，共同反对民粹主义时期，马克思主义在合法刊物上盛行起来，并日益成为一种时髦。于是一些青年知识分子纷纷倾心于马克思主义理论，加入马克思主义组织。但是他们缺乏政治斗争经验，理论修养很差，仅从合法刊物上获得一些马克思主义的知识，而其中大部分是被合法马克思主义者庸俗化了的。在创立了俄国社会民主工党后的一个时期里，这些新起的青年活动家，在社会民主党人中间占了优势，其结果就是在马克思主义组织中，"随着马克思主义的广泛传播，理论水平有了某种程度的降低"②。

在社会主义与工人运动结合的过程中，特别是俄国社会民主党人从小组宣传工作转向广泛的群众鼓动时，为把无产阶级中最落后部分吸引过来，有时把工人的眼前要求和利益提到首位，以便于进一步向他们灌输社会主义思想。党内的"青年派"却过分夸大了党的工作的这一方面，迎合、迁就落后工人的心理，把整个运动归结为争取眼前经济利益，而放弃政治斗争和社会主义的最终目的，再加上俄国社会民主党人在活动初期，

① 《列宁全集》第3卷，人民出版社1984年版，第584页。
② 《列宁选集》第1卷，人民出版社1995年版，第311页。

工作具有分散的手工业方式的特点，也易使那些非马克思主义思潮更加活跃起来。

再则，19 世纪末在西欧泛滥起来的伯恩施坦主义也像瘟疫一样蔓延到俄国。1899 年，伯恩施坦的叛卖性著作《社会主义的前提和社会民主党的任务》发表之后，立刻受到俄国自由主义政论界的热烈响应，沙皇的警察局局长祖巴托夫也极力向工人推荐，以至在 1902 年伯恩施坦的这一著作就出现了三种俄文版本。俄国社会民主党内那些靠合法马克思主义刊物培育出来的"有教养"的青年人，很快便成了伯恩施坦主义的积极追随者。

正是在上述情况下，在俄国社会民主党内形成了一个新的机会主义派别——经济派。1899 年，经济主义者普罗柯波维奇和库斯柯娃发表了一个纲领性文件《信条》（Grcdo），系统地表明了经济主义的基本观点。同时，在国外的《工人事业》杂志（由克里切夫斯基、马尔丁诺夫等任编辑），在国内的《工人思想报》（由塔夫塔列夫等人任编辑）都在时髦的"批评自由"的口号下，利用伯恩施坦主义，把崇拜自发性的狭隘观点提升为一种特别的理论，大肆宣扬"经济主义"。他们醉心于局部的经济斗争和细小的改良活动，完全否认政治斗争在社会发展中的作用，否认革命理论和社会民主党在工人运动中的作用。列宁指出，经济主义就是第二国际伯恩施坦主义在俄国的特殊表现或变种。经济主义的出现和盛行，造成了这一时期俄国社会民主主义运动的混乱和动摇，严重阻碍着工人运动的进一步发展和无产阶级新型革命政党的形成。列宁认为，必须坚决而明确地同经济主义划清界限，只有反对狭隘的"经济主义"和日益流行的伯恩施坦思想，才能保证俄国工人运动和俄国社会民主党的正确发展。

1899 年列宁在流放地收到经济主义者的宣言《信条》后，立即起草并同一些被流放的马克思主义者联名发出《俄国社会民主党人抗议书》，反对经济派的《信条》。随后，列宁又写了《俄国社会民主党中的倒退倾向》、《论〈PROFESSIONDEFOI〉》等重要文章，揭露和批判经济派分子所鼓吹的观点。1900 年，列宁从流放地回来后，就着手创办《火星报》，为全面讨伐经济主义，宣传马克思主义，组织统一的无产阶级新型政党而斗争。1902 年，继《从何着手？》后，列宁又写了《怎么办？》一书，对经济主义进行了全面系统的批判。在批判中，列宁阐明了上层建筑在社会发展中的能动作用，具体论述了经济斗争和政治斗争的辩证关系，论证了革命自觉性对革命实践活动的重大作用，捍卫和发展了马克思主义唯物史观。

二　批判民粹派的主观社会学，捍卫马克思唯物史观的基本观点

列宁在从事工人运动的过程中，一面以马克思主义为指导研究、分析俄国革命问题，一面评论、批判各种反马克思主义思潮，从而传播和阐述了马克思主义及其哲学，民粹派的唯心史观是列宁的最早的批判对象。

（一）批判民粹派"人类天性"论，论述社会历史的客观性和规律性

自由民粹派的理论家米海洛夫斯基，把唯物史观作为马克思主义的基石之一加以攻击时，所依据的是以"人类天性"为出发点的主观社会学。他不是从现实的社会经济关系出发，而是从所谓"人类天性"出发来研究和评判各种社会制度。他说："社会学的根本任务是阐明那些使人的本性的这种或那种需要得到满足的社会条件。"[1] 米海洛夫斯基认为凡是符合人类天性的社会制度便是公平合理的理想社会；反之，就是不公平、不正义的，应当取消。后一种情况之所以会发生，则是"由于人们不聪明，不善于很好了解人的本性的要求、不善于找到实现这种合理制度的条件而在历史上发生过的种种离开'心愿'的偏向和缺陷"[2]。因此，在他看来，资本主义制度既然不能满足人类天性的需要，是不符合公平、正义原则的，所以在俄国就"不应当"发展。他全然无视俄国已经走上资本主义道路的客观事实。他把俄国农民村社加以理想化，认为它体现了公平、正义的原则，满足了人类天性的需要，是比资本主义制度更高、更好的东西，因而农民村社应当是社会主义的基础。总之，米海洛夫斯基把抽象的"人类天性"作为他整个理论的出发点和基本前提，并以此为根据来解释社会生活，说明历史的进步。这实际上是把适合所谓人类天性的社会理想视为社会发展的基础和根本动力，而从根本上否认社会历史的客观性和规律性。

---

[1]　转引自《列宁全集》第 1 卷，人民出版社 1984 年版，第 107 页。
[2]　《列宁全集》第 1 卷，人民出版社 1984 年版，第 107 页。

列宁在批判民粹派的主观社会学的过程中，阐述了马克思关于社会存在和社会意识的原理，论证了社会发展的客观规律性。

马克思在《政治经济学批判·序言》中，对唯物史观关于社会发展的一般规律作了经典的表述。后来，他在《〈资本论〉第一卷第一版序言》中，又对社会发展规律的一般原理作了最简明扼要的概括，指出："我的观点是把经济的社会形态的发展理解为一种自然历史的过程。"① 列宁高度评价了马克思这一极为重要的思想，明确指出，如同达尔文第一次把生物学放在科学的基础上一样，马克思确定了社会经济形态的概念；确定了这种形态的发展是自然历史过程，从而第一次把社会学置于科学的基础之上。正是马克思的这一思想，从根本上摧毁了主观社会学的唯心史观。列宁在《什么是"人民之友"以及他们如何攻击社会民主主义者?》中，对马克思提出的社会经济形态理论作了精辟论述和重要的发挥。

首先，列宁对"社会经济形态"这一唯物史观最基本的概念，作了具体的规定。马克思最初提出这一科学概念时，并未给它以明确的定义，是列宁在回答米海洛夫斯基对《资本论》的攻击时，明确地指出，马克思的社会经济形态是"一定生产关系的总和"。这同马克思所说的"生产关系的总和构成社会的经济结构"② 是一致的。列宁把社会经济形态与社会的经济结构视为同等的概念，把它看作判定社会性质及其发展的根据。

马克思是怎样得出社会经济形态是个自然历史过程这个基本思想的呢？列宁提出并明确地回答了这个问题。他说，马克思得出这个基本思想所用的方法，"就是从社会生活的各种领域中划分出经济领域来，从一切社会关系中划分出生产关系来，并把它当作决定其余一切关系的基本的原始的关系"③。在纷繁复杂的现实社会生活中，交织着各种各样的社会关系，诸如经济关系、政治法律关系、各种思想关系、家庭关系、民族关系以及阶级社会中的阶级关系等。在这些关系中哪一种关系是决定其他一切社会关系的基本原始的关系呢？马克思不同于以往的哲学家和历史学家，他确定了作为一定生产关系总和的社会经济形态的概念，这就把各种各样的社会关系分成社会的物质关系和思想关系，从而在复杂的社会生活的各

① 《马克思恩格斯选集》第2卷，人民出版社1995年版，第101—102页。
② 同上书，第32页。
③ 《列宁选集》第1卷，人民出版社1995年版，第6页。

个领域中划分出经济领域，发现一种不依赖于人们的意识而客观存在的物质关系，即生产关系，它是决定其他一切社会关系的本源和基础。在《民粹主义的经济内容及其在司徒卢威先生的书中受到的批判》一书中，列宁也明确地指出，马克思的理论"以人类任何共同生活中的基本事实即生活资料的谋得方式为出发点，把这种生活资料谋得方式和在它影响下形成的人与人间的关系联系起来，并指出这些关系（按马克思的术语是'生产关系'）的体系是社会的基础，政治法律形式和某些社会思潮则是这个基础的外表"①。而人们的思想关系只是不以人的意识为转移的社会物质关系的上层建筑，是物质关系的反映和表现，是第二性的。社会的物质关系决定思想关系，应当用物质关系来说明思想关系，而不是相反。

其次，列宁进一步指出，社会经济形态发展是有规律性的。他认为只有确立了社会经济形态概念，才可能从根本上解决社会历史发展的规律性问题。社会关系及社会现象错综复杂，其中社会的思想关系则更加复杂．以往的社会学家局限于探究政治法律形式及人的思想和目的，难于分清社会生活中的主要现象和次要现象，"始终不能发现各国社会现象中的重复性和常规性，他们的科学至多不过是记载这些现象，收集素材"，而"一分析物质的社会关系（即不通过人们意识而形成的社会关系：人们在交换产品时彼此发生生产关系，甚至都没有意识到这里存在着社会生产关系），立刻就有可能看出重复性和常规性"②，找到社会生活共同的规律性。列宁指出，只有概括出社会经济形态这个科学概念，才能使社会历史的研究由单纯的记载社会现象转变为科学的分析。比如说，研究一切资本主义国家所共有的东西，找出它们的共同性，便可发现其重复性和常规性，就能指明资本主义制度产生、发展和灭亡的客观规律性。同时，把生产关系从所有的社会关系中划分出来，并把它当作决定其余一切关系的基本的原始的关系，这就提供了一个完全客观的标准，使人们有可能把社会中的主要现象和次要现象，本质的、必然的东西和非本质的、偶然的东西区别开来。一旦抓住了那些主要的、本质和必然的东西，就能弄清各种社会现象之间的内在联系，其重复性和常规性，即社会历史的客观规律性也就呈现在人们面前了。

---

① 《列宁全集》第 1 卷，人民出版社 1984 年版，第 372 页。
② 《列宁选集》第 1 卷，人民出版社 1995 年版，第 8 页。

最后，列宁还指出，"只有把社会关系归结于生产关系，把生产关系归结于生产力的高度，才能有可靠的根据把社会形态的发展看作自然历史过程。"而"没有这种观点，也就不会有社会科学"[①]。这是因为，仅仅把社会关系归结于生产关系，那只是揭示了生产关系在各种社会关系中的决定作用，只是揭示了复杂的社会关系的经济基础，但是，这还不能说明生产关系本身是由什么决定的，它的变化和发展的根源是什么。列宁在《弗里德里希·恩格斯》一文中指出，马克思"用唯物主义观点观察世界和人类，看出自然界中一切现象都有物质原因作基础，同样，人类社会的发展也是由物质力量即生产力的发展所制约的"[②]。这就是说，找到了生产力，也就最终找到了生产关系的物质根源，揭示了人类社会历史发展的根本动力。这两个"归结"，揭示了生产力和生产关系的决定作用，揭示了社会历史发展的基本规律。既然生产力是每一代人既得的物质力量，是不以人的意志为转移的，这就最终说明了社会经济形态不是由人们的意识创造出来的，它的发展如同自然现象一样，是不依人的意志为转移的，这就有可靠的根据把社会经济形态的发展看作自然历史过程。

列宁特别指出，关于社会经济形态的发展是自然历史过程的思想，是马克思的巨大功绩。达尔文推翻了那种把动植物种看作彼此毫无联系的、偶然的、"神造的"、不变的东西的观点，第一次把生物学放在完全科学的基础上。马克思则推翻了那种把社会看作可按长官意志随便改变的、偶然产生和变化的、机械的个人结合体的观点，"第一次把社会学置于科学的基础上"[③]。列宁还指出，马克思在19世纪40年代创立的唯物主义历史观，在当时还只是一个科学假设。他在提出这个假设之后，就在这一假设的指导之下着手研究实际材料，并用了毕生的精力从事《资本论》的创作。他根据大量的实际材料，对资本主义社会形态的活动规律和发展规律做了极详尽的分析。列宁说："这个分析仅限于社会成员间的生产关系。马克思一次也没有利用这些生产关系以外的什么因素来说明问题，同时却使人们有可能看到商品社会经济组织怎样发展，怎样变成资本主义组织而造成资产阶级和无产阶级这两个对抗的（这已经是在生产关系范围

---

①　《列宁选集》第1卷，人民出版社1995年版，第9页。

②　同上书，第91页。

③　同上书，第10页。

内）阶级，怎样提高社会劳动生产率，并从而带进一个与这一资本主义组织的基础处于不可调和的矛盾地位的因素。"① 列宁把这些看作是《资本论》的骨骼，但同时又指出，马克思并不以此为满足，他"又随时随地探究与这种生产关系相适应的上层建筑，使骨骼有血有肉。"② 这也就是说，马克思运用唯物主义历史观的观点和方法，对资本主义这样一个完整的社会形态进行了剖析，从而发现其固有的经济运动规律，揭示资本主义社会形态发生、发展的自然历史过程，证明了唯物主义历史观的正确。因此，列宁说："自从《资本论》问世以来，唯物主义历史观已经不是假设而是科学地证明了的原理"，它表明唯物主义历史观是适合于各个社会形态的"唯一的科学的历史观"③。

列宁在批判民粹派的唯心史观的过程中，捍卫和发展了马克思的唯物史观，论证了社会历史的客观性和规律性，为科学地说明俄国社会的性质及其发展提供了根据，从根本上摧毁了民粹派的主观社会学。

二　批判民粹派"个人创造历史"的唯心史观，论述历史发展的必然性及人民群众和个人在历史上的作用

民粹派的理论家们断言，"历史是由个人创造的"，是"具有自己一切思想和感情的个人"创造的。他们并以此来非难"马克思主义者却谈论什么必然性和不可避免性"，否定个人创造活动的作用，把社会活动家看作"被动者"，是"被历史必然性的内在规律，从神秘的暗室里牵出来的傀儡"，等等。列宁驳斥了民粹派对马克思主义的责难和歪曲。这里涉及两个重要的理论问题：其一，历史发展的必然性与个人创造活动的作用之间关系问题；其二，个人的历史作用同人民群众的历史作用之间的关系问题。列宁在《什么是"人民之友"以及他们如何攻击社会民主主义者?》、《民粹主义的经济内容》等著作中，着重阐述了前一个问题，对后者未作详尽的论述。

列宁在批判民粹派时说："原来关于决定论和道德间的冲突、历史必然性和个人作用间的冲突的思想，正是主观哲学家所喜爱的话题。"④ 事

---

① 《列宁选集》第 1 卷，人民出版社 1995 年版，第 9 页。
② 同上。
③ 《列宁选集》第 1 卷，人民出版社 1995 年版，第 10 页。
④ 同上书，第 26 页。

实上，把社会发展的客观必然性同个人活动绝对对立起来的正是主观社会学家米海洛夫斯基本人。唯物主义历史观在承认社会历史发展的必然性的同时，从未否认个人创造活动的作用，而是认为社会发展的必然性是通过有意识、有目的的个人活动来实现的。列宁明确指出："决定论思想确定人类行为的必然性，推翻所谓意志自由的荒唐的神话，但丝毫不消灭人的理性、人的良心以及对人的行为的评价，恰巧相反，只有根据决定论的观点，才能作出严格正确的评价，而不致把什么都任意推到自由意志上去。同样，历史必然性的思想也丝毫不损害个人在历史上的作用，全部历史正是由那些无疑是活动家的个人的行动构成的。"① 可见，问题首先在于：怎样正确看待个人活动以及个人和社会的关系问题。马克思主义的创始人早已提出人的本质"是一切社会关系的总和"② 的科学论断。列宁继承和发挥了这一思想，认为，离开一定的社会环境，离开物质生产活动和一定社会关系来谈论的个人，只能是抽象的人。主观社会学家们正是从抽象的人出发，突出"有批判头脑的个人"的作用。相反，从一定的社会关系出发，把人与人间的一定社会关系（首先是生产关系）当作自己研究对象的马克思主义，才是具体研究真实的个人，因为这些关系是由个人活动组成的。当马克思主义者研究社会关系为什么是这样形成而不是那样形成的问题时，也正是研究个人怎样创造了和继续创造着自己的历史。

米海洛夫斯基歪曲马克思主义唯物史观，"硬说它怀有不肯顾到社会生活的全部总和的荒谬意图"，列宁回答道："实则完全相反，唯物主义者即马克思主义者是最先提出不仅必须分析社会生活的经济方面而且必须分析社会生活的各个方面这一问题的社会主义者。"③ 列宁还具体指出，马克思在剖析资本主义社会形态时，不以经济关系的分析为满足，而"专门以生产关系说明该社会形态的结构和发展，但又随时随地探究适合于这种生产关系的上层建筑"，"使读者看到整个资本主义社会形态是一个活生生的形态：有它的日常生活的各个方面，有它的生产关系所固有的阶级对抗的实际社会表现，有维护资本家阶级统治的资产阶级政治上层建筑，有资产阶级的自由平等之类的思想，有资产阶级的家庭关系"。④ 人

---

① 《列宁选集》第 1 卷，人民出版社 1995 年版，第 26 页。
② 《马克思恩格斯选集》第 1 卷，人民出版社 1995 年版，第 56 页。
③ 《列宁选集》第 1 卷，人民出版社 1995 年版，第 29 页。
④ 同上书，第 9 页。

们为了满足自己生活的需要而从事物质的生产活动，并在生产活动过程中形成人们之间的物质的生产关系，从而形成人们之间的一切社会关系。当马克思主义唯物史观从分析人们之间的物质生产关系开始，并进而全面说明社会生活的全部总和的时候，也就说明了人的各方面的全部总和，说明了人的本质。列宁还认为，马克思主义是把在每个社会经济形态范围内极为多样的个人活动，归结为在生产关系体系中所处地位、所起作用以及利益上彼此不同的社会集团的活动，在阶级社会中，则归结为各阶级集团的活动。人们不仅通过物质生产活动，而且通过阶级斗争来创造自己的历史，正是这些阶级斗争决定着社会的发展。因此，列宁说："我在研究实际的社会关系及其实际的发展时，也正是研究个人活动的产物。"①

主观社会学家们在谈到"历史必然性和个人作用的冲突"时，总把历史是由"单独进行斗争的个人"创造的这一原理放在第一位。米海洛夫斯基说得更明白："具有自己的一切思想和感情的个人冒着风险成为历史活动家。是他，而不是什么神秘力量提出历史的目标，并突破自然和历史条件的自发力量所设置的重重障碍而推动事变向目标前进。"他们把离开一定社会环境、生活条件和一定生产关系的抽象的个人作为出发点，因此，他们只"满足于历史是由个人创造的这种空洞的论点，而不愿分析这些个人的活动是由什么社会环境决定的，是怎样决定的"。② 他们把社会发展仅仅归结为"给自己提出目标"并"推动事变前进"的个人的活动，这样，他们就根本不可能科学地说明社会及其发展。列宁指出："全部历史本来由个人活动构成，而社会科学的任务在于解释这些活动。"③同那种推崇个人意志自由，否认历史必然性的观点相反，唯物主义历史观完全摒弃所谓历史必然性和个人作用冲突的说法，它承认社会发展的客观规律性，同时又承认个人创造活动的作用。社会历史是人的有意识、有目的的活动创造的，离开人的有意识、有目的活动，就无所谓人类社会及其发展。但是，人们并不是随心所欲地创造历史的，而是在前人创造的既定的生产力和生产关系的基础上继续创造着历史。这样，人们创造历史的活动就必然要受到既定的历史条件和客观规律性的制约。唯物史观是在承认

---

① 《列宁全集》第1卷，人民出版社1984年版，第370页。
② 同上书，第373页。
③ 同上书，第360页。

历史必然性的基础上承认个人创造活动的作用的，或者说，在承认个人创造活动的同时，又强调这一创造活动是受客观规律的制约的。只有当个人的活动同历史必然性相一致时，才会对社会历史的发展起推动作用；相反，个人活动与历史必然性相违背，就会对历史的发展起阻碍作用。因此，唯物史观承认历史的必然性，不仅丝毫不损害个人创造活动的意义，恰恰相反，唯有坚持这一点，才能对个人创造活动的作用作出正确的评价。列宁在批判民粹派的斗争中，阐明了历史必然性与个人在历史上的作用之间的辩证关系，深化了马克思关于历史发展必然性的思想，划清了唯物史观和形而上学宿命论的界限，有力地驳斥了米海洛夫斯基对马克思决定论的歪曲。

列宁在回答如何正确评价个人在历史上的作用的问题时，还进一步阐明了人民群众的历史作用。他指出，历史无疑是由那些有理性的个人的活动构成的，但是，"在评价个人的社会活动时会发生的真正问题是：在什么条件下可以保证这种活动得到成功？有什么保证能使这种活动不致成为孤立的行动而沉没于相反行动的汪洋大海中呢？"① 列宁认为，历史的发展是受客观规律支配的，个人的社会活动只有符合社会历史发展的规律才能获得成功；历史的活动又是群众的活动，历史是由群众创造的，个人的活动只有同进步阶级和广大人民群众结合在一起，为实现客观规律而斗争，才能产生"重大的成果"。列宁在这里阐明了个人在历史上的作用和群众创造历史的关系问题，同时也就正确地阐明了人民群众的历史作用。

列宁关于人民群众历史作用的论述，驳斥了民粹派的只有英雄才能创造历史的唯心史观，为正确解决俄国社会改造的主要力量问题提供了理论根据。正是根据这一原理，列宁在分析俄国社会的性质和特点后，指出了改造这个社会的唯一出路，只能是无产阶级反对资产阶级的阶级斗争，他说："俄国经济制度是资产阶级社会，要摆脱这个社会只能有一条从资产阶级制度本质中必然产生的出路，这就是无产阶级反对资产阶级的阶级斗争。"② 他强调俄国工人阶级是俄国全体被剥削劳动群众的唯一的和天然的代表，表述了无产阶级的革命作用和工农联盟的思想，具体地解决了俄国社会改造的主要力量问题。

---

① 《列宁选集》第 1 卷，人民出版社 1995 年版，第 26 页。
② 同上书，第 27 页。

三　驳斥民粹派对马克思主义辩证法的攻击，阐明辩证法是社会学中的科学方法

民粹主义者米海洛夫斯基等人在社会研究中用折中主义和形而上学对抗唯物辩证法，把唯物辩证法作为马克思主义的"基石"之一加以攻击，诬蔑马克思主义的社会学理论是建筑在黑格尔的三段式上面的。列宁在回答他对马克思主义辩证法的攻击时指出，这位哲学家根本不懂得辩证方法，而完全形而上学地看问题，"认为社会关系不过是这些或那些制度的机械的联合，不过是这些或那些现象的机械的联结"。他从中世纪形式中抽出生产资料属于劳动者的原则，从资本主义形式中抽出"劳动组合""银行贷款"以及自由、平等、教育和文化等等，然后把它们凑在一起，臆造出一个所谓理想的社会。他以为从某种形式中抽出一种现象，可以随意把它移植到任何别的形式中去，就如同从一所房屋上抽出一块砖来砌到另一所房屋上一样。列宁批判了主观社会学家的这种折中主义和形而上学，并指出："马克思和恩格斯称之为辩证方法（它与形而上学方法相反）的，不是别的，正是社会学中的科学方法，这个方法把社会看作处在不断发展中的活的机体（而不是机械地结合起来因而可以把各种社会要素随便搭配起来的一种什么东西）。"① 列宁提出的社会是发展中的活的机体的这一论断，是对马克思关于社会形态思想的进一步发挥，同时也为我们提供了一个正确观察、分析社会现象，认识和掌握社会发展规律的重要科学方法论的原则。用辩证方法研究社会现象，就是要通过客观地分析组成该社会形态的生产关系，揭示该社会形态的活动规律和发展规律，从而把社会看作是在一定条件下，各种社会关系、各种社会现象和要素的有机结合的整体。只有把社会的经济结构看作是一定的生产关系的体系，在此基础上才能揭示出经济现象和其他各种社会现象的实质及其相互关系。列宁还特别强调辩证方法要求我们把社会看作活动着和发展着的活的机体。社会不是静止的、凝固不变的僵死的东西，而是一个历史的发展过程，是有其阶段性的，因而社会又总是一定历史发展阶段上的社会。

列宁主张，必须从特殊的社会形态研究开始，对社会历史现象进行具体的研究，反对抽象的研究方式。他指出了民粹主义者使用的方法和马克

---

① 《列宁选集》第 1 卷，人民出版社 1995 年版，第 32 页。

思主义的辩证方法的根本区别。民粹主义者所运用的基本方法，不是从具体的社会形态研究开始，而是在未能认真地研究事实和客观地分析任何一种社会关系的时候，就抽象地议论所谓"一般社会"和"一般进步"等等。列宁说，从什么是社会，什么是进步等问题开始，就等于从末尾开始。这种纯粹先验的、抽象的议论，是"彻头彻尾的暗淡无光的形而上学"①。这种形而上学的研究方法根本不可能对社会现象及其历史作出科学的分析，除了臆造出毫无结果的一般理论之外，不会有其他结果。马克思则相反。列宁指出："马克思在这方面大大前进了一步：他抛弃了所有这些关于一般社会和一般进步的议论，而对一种社会（资本主义社会）和一种进步（资本主义进步）作了科学的分析。"② 马克思就是从研究资本主义生产关系的事实开始，将其整个社会结构剖析得一清二楚，从中找出资本主义社会产生、发展和灭亡的一般规律。正如马克思自己所说的：资产阶级社会是最发达的和最多样性的历史的生产组织。因此，对那些表现它的结构的理解，同时也能使我们透视一切已经覆灭的社会形式的结构和生产关系③。就是说，通过对资本主义这个复杂机体的完整的解剖，具体地证实了唯物史观这个"唯一科学的说明历史的方法"。马克思和恩格斯把这种方法推广来研究人类社会发展的各个阶段，同样产生了辉煌的成果。这样就为研究全部人类社会历史奠定了科学的基础，有可能使人们获得社会发展的一般规律的认识。

米海洛夫斯基在攻击马克思主义时，诬蔑马克思是把黑格尔的正、反、合三段式作为论证工具，推论出资本主义灭亡的必然性，即从个人所有制——资本主义所有制——个人所有制（个人生活资料的占有），断言马克思完全把未来维系在黑格尔公式的最末一环上。就是说，马克思是借助于黑格尔的否定之否定的公式，证明社会主义公有制代替资本主义私有制的必然性的。列宁指出，这种非难已被资产阶级批评家用滥了，并没有什么新奇，这在杜林攻击马克思的辩证法时就早已做过了，米海洛夫斯基先生不过是从杜林那里剽窃来的。

恩格斯在《反杜林论》中曾经驳斥了杜林对马克思主义辩证法的攻

① 《列宁选集》第1卷，人民出版社1995年版，第11页。
② 同上书，第13页。
③ 《马克思恩格斯选集》第2卷，人民出版社1995年版，第23页。

击，他首先论证了马克思的结论是根据资本主义经济事实的分析，是从资本主义现实过程的研究和探讨中得出来的。他指出，马克思只是作了自己的历史的和经济的证明之后才指出，这还是一个按一定的辩证规律完成的过程。"当马克思把这一过程称为否定的否定时，他并没有想到要以此来证明这一过程是历史地必然的。"① 其次，恩格斯举了许多实例，说明自然界和人类社会是按否定之否定规律发展的，明确肯定否定之否定是一个规律，"它是自然、历史和思维的一个极其普遍的，因而极其广泛地起作用的重要的发展规律"②。

　　列宁在驳斥米海洛夫斯基时，引用了恩格斯对杜林的批判，强调马克思从未想用黑格尔的三段式来"证明"任何东西，马克思的结论不是靠黑格尔的公式推出来的，而是科学地具体地研究了资本主义的现实过程，研究了它的内在矛盾，是对资本主义历史的和经济的现实材料进行科学分析的结果。列宁揭露米海洛夫斯基把马克思辩证法和黑格尔辩证法等同起来，攻击这个理论的起源，企图以此来摧毁这个理论的实质。他指出，马克思的辩证法和黑格尔的辩证法是根本对立的。但是，列宁在当时并不完全认为否定之否定是个普遍规律，尽管他在《什么是人民之友》中也曾提道，"假使说，有时某种社会现象的发展符合于'肯定——否定——否定的否定'的黑格尔公式，那也没有什么奇怪的，因为这在自然界中根本不是稀有的现象"③，但他明确认为它"不过是科学社会主义由以长成的那个黑格尔主义的遗迹，是黑格尔主义表达方式的遗迹罢了"④。列宁对黑格尔的否定之否定三段式采取了较多否定的态度，并以此对米海洛夫斯基进行了驳斥。

　　第一，列宁认为恩格斯在《反杜林论》中立论的重心在于断定唯物主义者的任务是正确地和准确地描绘真实的历史过程；而坚持辩证法，挑选一些自然历史方面和社会方面的例子来证明三段式的正确，并没有想以三段式来"证明"任何东西。"那么'辩证'过程的例子究竟能有什么意义呢？这不过是表露了学说的起源。"⑤ 只是表明辩证法的理论来源于黑

---

① 《马克思恩格斯选集》第3卷，人民出版社1995年版，第477页。
② 同上书，第181页。
③ 《列宁选集》第1卷，人民出版社1995年版，第31页。
④ 同上书，第30—31页。
⑤ 同上书，第31页。

格尔，这里并没有任何"超乎理论起源的东西"。

第二，列宁用米海洛夫斯基自己的例子来反驳米海洛夫斯基。他曾经说过："马克思用实际内容把空洞的辩证公式充实到了这种程度，以至可以把它从内容上取走，犹如把盖子从茶碗上取走一样，不会改变什么。"列宁指出，既然如此，为什么米海洛夫斯基还要如此热心地和这个不能改变什么的盖子周旋，并把它作为科学社会主义的"基石"之一来加以攻击呢？米海洛夫斯基攻击马克思主义的辩证法时，也不得不承认，"辩证公式"对马克思的"实际内容"来说，并不能改变什么。就是说，马克思并不是根据黑格尔的三段式来建立自己的社会历史理论的。

第三，马克思、恩格斯称为辩证方法的，就是社会科学研究中的科学方法，这个方法把社会看作活动着和发展着的活的机体。马克思在《资本论》、恩格斯在《反杜林论》和他们合写的《哲学的贫困》中，阐明辩证法的定义和叙述辩证法时，都根本没有说到黑格尔的三段式，而是把社会经济形态发展看作是自然历史的过程。就是当时资产阶级评论家对《资本论》的评价，如《资本论》第二版《跋》中引证的《欧洲通报》上介绍马克思辩证方法的文章，也没有谈到三段式、三分法，而是说马克思把社会运动看作服从于一定规律的自然历史过程。列宁说："在黑格尔看来，观念的发展，按三段式的辩证规律，决定现实的发展。当然，只有在这种场合才说得上三段式的作用……三段式只能起着使庸人发生兴趣的盖子和外壳的作用。"①

从以上可以看出，列宁对否定之否定、三段式是持否定态度的，认为它是没有完全克服掉的黑格尔的残余、遗迹。的确，黑格尔所讲的否定之否定，即正、反、合的三段式，按其原有的形式，是不能成立的，因为它没有普遍性，黑格尔的唯心主义和严重的形而上学应该完全抛弃。但是，黑格尔的否定之否定也有合理的东西，其中包括着丰富的辩证法因素是不应完全抛弃的。后来列宁的态度有了改变，他在1913年的《卡尔·马克思》，特别是在后来的《哲学笔记》中，对黑格尔的否定之否定学说进行唯物主义改造，吸取了其中的合理因素，他不仅明确肯定否定之否定是客观事物发展本身所固有的规律，而且对这个规律的一般性内容作了具体的规定。

---

① 《列宁选集》第1卷，人民出版社1995年版，第34页。

三 批判"合法马克思主义"的客观主义，阐明历史唯物主义的阶级性和科学性的统一

合法马克思主义打着马克思主义的旗号，标榜"客观主义"，有一定的欺骗性，列宁对它进行了深刻的分析和揭露，对唯物史观的特点作了进一步发挥。

合法马克思主义的代表人物司徒卢威于 1894 年发表了《俄国经济发展问题的评述》一书。该书主要从经济上批判民粹主义者米海洛夫斯基否认社会发展的规律性；否认资本主义在俄国发展的必然性。司徒卢威认为存在着一种"不可克服的历史趋势"，即资本主义在俄国的发展。他在批判民粹派时强调，这种历史趋势不仅应当成为个人和社会集团活动的出发点，而且应当成为这种活动的归宿，"成为这种活动所必须遵守的界限"。列宁在《民粹主义的经济内容及其在司徒卢威先生的书中受到的批评》一书中，揭露司徒卢威在叙述问题时过于抽象，这种只是抽象地议论问题，不是马克思主义，不是历史唯物主义，实际上是站在资产阶级立场，为资本主义辩护。司徒卢威根据新康德主义先验论的观点，把资本主义抽象地描述为以私有者的劳动为基础的个体所有制经过辩证的发展走向社会化的过程，把它归结为改良技术，提高农业生产率，增加生活资料，解决人口过剩的矛盾的社会化过程，而完全撇开剩余价值、危机等表现资本主义阶级对抗的东西，根本抹杀无产阶级反对资产阶级的斗争，从而否认社会主义代替资本主义的必然性。列宁把这种拒绝对历史过程的必然性作具体的阶级分析，片面理解社会发展的客观规律性的观点，从哲学上概括为客观主义，或狭隘客观主义，并进而将客观主义和历史唯物主义作了对比。

列宁指出：客观主义者在谈论历史过程的必然性时，一方面，他们只承认资本主义发展的必然性，而不承认资本主义灭亡的必然性，认为资本主义是不可超越，不可克服的，因而他们只是在资产阶级利益范围内承认资本主义发展的必然性；另一方面，客观主义者总是站到为现有事实做辩护的立场上，只肯定现有的必然性，而不愿揭露现有的阶级矛盾，揭露资产阶级与无产阶级的对抗。他们只抽象地谈论不可克服的历史趋势，而不

愿指出这个趋势的阶级内容。列宁说：司徒卢威的"论断的基本特点是他的狭隘客观主义；只证明过程的不可避免性和必然性，而不尽力揭示这一过程在每个具体阶段上所具有的阶级对抗形式；只是说明一般过程，而不去说明各个对抗阶级，虽然过程就是由这些对抗阶级的斗争形成的"①。历史唯物主义则不同，一方面，它不仅指出历史过程的必然性，并且阐明是什么样的社会经济形态提供了这一过程的内容，是什么样的阶级决定这种必然性，指出在资本主义社会中，无产阶级不斗争就没有出路。这样，它不仅指明资本主义存在和发展的必然性，而且指明了资本主义灭亡的必然性。历史唯物主义也讲客观，它在研究社会问题时，却是深入到"客观"的内部，因而它"贯彻自己的客观主义，比客观主义者更彻底，更深刻，更全面"②。另一方面，历史唯物主义本身就"包含有所谓党性，要求在对事变做任何评价时都必须直率而公开地站到一定社会集团的立场上"③。

客观主义排斥阶级立场而侈谈客观，总是把自己说成是"超阶级"的。资产阶级就经常把自己标榜为客观主义，司徒卢威也正是打着客观主义的招牌，排斥阶级性。与此相反，历史唯物主义则公开承认自己的阶级性。列宁在这里明确提出的历史唯物主义的党性，即阶级性。阶级社会这个"客观"本身是有阶级内容的，存在着一定的阶级，并且正是这些阶级决定着某一社会制度的内容。因而在阶级社会中，历史观总是反映一定阶级的利益，同时又为一定的阶级服务的，它无疑具有鲜明的阶级性。历史唯物主义的阶级性就是无产阶级的阶级性，不仅运用历史唯物主义有阶级性，而且它本身就包含有阶级性。

列宁在揭示历史唯物主义与客观主义的对立和区别时，还进一步阐明了历史唯物主义的科学性和阶级性的统一。历史唯物主义是科学，但它又反映无产阶级的利益，并只能为无产阶级服务。列宁说，唯物主义"不仅指出过程的必然性，并且阐明正是什么样的社会经济形态提供这一过程的内容，究竟是什么样的阶级决定这种必然性"④，就是指历史唯物主义的客观性，即科学性。历史唯物主义所反映的无产阶级的利益，又是同社

---

① 《列宁全集》第 1 卷，人民出版社 1984 年版，第 458 页。
② 同上书，第 363 页。
③ 同上。
④ 同上。

会发展的方向和广大人民群众的根本利益相一致的。唯有坚持无产阶级立场，才能彻底坚持唯物主义，才能深刻揭示社会发展的客观规律，获得真理性的认识。坚持历史唯物主义的阶级性同坚持科学性非但不相矛盾，而且是坚持科学性的一个必要条件。因为历史唯物主义的阶级性本身就要求严格的科学性。反之，唯有坚持历史唯物主义的科学性，才能符合无产阶级和广大人民群众的利益，才能体现为无产阶级服务的阶级性。因此，历史唯物主义的科学性和阶级性不是相互排斥，而是辩证的统一，二者的统一正是体现了马克思主义本身所固有的品质。正如列宁所指出："这一理论对于世界各国的社会主义者之所以具有不可遏止的吸引力，就在于它把严格的和高度的科学性（它是社会科学的最新成就）同革命性结合起来，并且不仅仅是因为学说的创始人兼学者和革命家的品质而偶然的结合起来，而是把二者内在地和不可分割地结合在这个理论本身中。"① 历史唯物主义是科学性和阶级性的统一，在实践中应防止把二者割裂开来的倾向，既不能片面夸大阶级性，忽视科学性，也不能强调科学性，忽视或否定阶级性，而要把它们统一起来，结合起来。

四　批判经济派的自发论，阐明上层建筑在社会发展中的能动作用

如果说合法马克思主义主要在知识分子中流行，那么，经济主义则对工人运动的开展产生了消极的影响，为了正确引导工人运动，列宁对经济主义作了深入的分析，阐明革命理论的重大指导作用。

（一）批判经济派的庸俗经济决定论，阐明政治对经济的反作用

经济派崇拜经济斗争，否定自觉的政治斗争。他们认为，"对每一个卢布工资增加一个戈比，要比任何社会主义和任何政治都更加切实而可贵"，工人运动的座右铭是"为改善经济状况而斗争"。他们论证说："根据马克思和恩格斯的学说，各个阶级的经济利益在历史上起决定作用，所以无产阶级为自己的经济利益而进行的斗争对于它的阶级发展和解放斗争

---

① 《列宁全集》第 1 卷，人民出版社 1984 年版，第 291 页。

应当有首要的意义。"① 在他们看来，"政治始终是顺从于经济的"，他们甚至说什么政治斗争的"计划策略是同马克思主义的基本精神相矛盾的"。

列宁批判了经济派的这种自发论，论述了政治斗争和经济斗争的相互关系以及政治对经济的反作用。政治是阶级对阶级的斗争，它以经济为基础，归根到底为经济所决定，但是政治又表现着阶级的根本经济利益，它对于经济又不是消极的。因此，绝不能由经济的决定作用而得出否定政治斗争的重要作用的结论。列宁明确指出："从经济利益起决定作用的原理中，决不应当作出经济斗争（即工会的斗争）有首要意义的结论，因为一般说来，最重要的、'有决定作用的'阶级利益只能用根本的政治改造来满足；例如，无产阶级的基本经济利益只能经过用无产阶级专政代替资产阶级专政的政治革命来满足。"② 马克思主义认为，经济斗争和政治斗争是无产阶级阶级斗争的两种形式。经济斗争可以为工人暂时改善向资本家出卖劳动力的条件，可以唤起工人群众的觉悟，是无产阶级阶级斗争的必要的斗争形式。但是凭靠经济斗争只能争得国家实行种种措施，从而减轻工人的奴隶地位所固有的困苦，却不能推翻整个旧的社会制度和国家，消灭剥削和压迫本身，不能从根本上改变工人向资本家出卖劳动力的奴隶地位。只有把经济斗争提高到政治斗争，只有通过政治斗争才能实现无产阶级根本的经济利益。

经济主义者也并不绝对否认政治，不过他们是要"赋予经济斗争本身以政治性质"。这只是就这一斗争要求改变工厂法来改善劳动和生活条件而言，实际上它损害不了厂主和政府，"不过是意味着争取经济改良而已"。因此，经济派的所谓政治，只能是工联主义的政治，它否认无产阶级革命，违背了工人的根本利益，绝不是社会民主主义的政治。

列宁在援引马克思的名言——"一切阶级斗争都是政治斗争"之后指出，这绝不是说"工人同业主的任何斗争在任何时候都是政治斗争"，而是说"工人同资本家的斗争随着这个斗争逐渐成为阶级斗争而必然成为政治斗争"。他说："一切经济斗争都必然要变成政治斗争，所以社会民主党应该把这两种斗争紧紧地结合成一种无产阶级统一的阶级斗争。这

---

① 《列宁选集》第1卷，人民出版社1995年版，第333页。
② 同上。

一斗争的首要目的应该是争取政治权利，争取政治自由。"① 因此，"社会民主党的任务就是把工人组织起来，在他们中间进行宣传和鼓动，从而把他们反对压迫者的自发斗争变成整个阶级的斗争，变成一定的政党争取实现一定的政治理想和社会主义理想的斗争。"② 总之，不应把一切阶级斗争仅仅归结为经济斗争，相反，应该使争取改良的局部斗争始终服从于争取政治自由和争取社会主义的整个革命斗争。经济派鼓吹自发论，崇拜争取改良的经济斗争，否定自觉的政治斗争，就是在理论上把马克思主义庸俗化，在实践上把党拉向后退。

列宁在批判经济派的自发论的斗争中，论述了政治斗争和经济斗争的辩证关系，阐发了政治对于经济的反作用，为"革命的根本问题是政权问题"这一马克思主义观点提供了哲学论证，大大提高了俄国工人阶级进行政治斗争的自觉性。

（二）批判经济派的自发论，阐明革命理论和革命政党的能动作用

经济派崇拜工人运动的自发性，轻视革命理论的作用。他们认为工人不需要理论武装，依靠工人的自发运动本身就能"养成"社会主义意识，就会自发地走上社会主义道路，而这种意识和理论的改造、组织和指导作用是"很渺小的"。他们还责难列宁"轻视发展过程中的客观成分或自发成分的意义"，"夸大思想的作用"。同时，经济派还崇拜手工业方式，推崇组织工作的狭隘性，轻视党的作用。

列宁从哲学上批判了经济派的自发论，论述了社会意识的反作用，着重强调了革命理论对于工人运动的重要作用。

列宁认为科学社会主义不可能在工人运动中自发地产生，因为工人运动的经验本身还不是理论，理论是科学，科学社会主义是关于社会发展规律的科学学说，是一种完备而深刻的思想体系，虽然工人阶级所处的地位使他们能比较容易地接受和领会社会主义思想，但科学社会主义只有在具备一定的客观前提的情况下，在批判地继承人类的全部优秀文化的基础上，正确地总结工人运动的经验才能产生。这就需要对人类文化有较深的修养，掌握人类文化的精华，这对于在经济、政治和精神上受奴役的普通

---

① 《列宁全集》第4卷，人民出版社1984年版，第163页。
② 同上书，第166页。

工人来说，是不可能做到的。只有像马克思、恩格斯这样一些经历了世界观彻底转变的先进的知识分子，才能创造出科学社会主义理论，实现从实践到理论的飞跃。仅仅依赖工人的自发性，局限于狭隘的眼前经济利益，只能引向工联主义。"俄国的情况也是一样，社会民主主义的理论学说也是完全不依赖于工人运动的自发增长而产生的，它的产生是革命的社会主义知识分子的思想发展的自然和必然的结果。"① 由此列宁提出一个重要思想，既然自发的工人运动不可能产生社会主义思想，那么社会主义思想必须从工人运动的外部灌输进去，并与工人运动相结合。他说："马克思和恩格斯的主要功绩，就是引导社会主义同工人运动结合起来：他们创立的革命理论，阐明了这种结合的必要性……"② 在这里，列宁突出强调了革命理论的能动作用。他明确提出"没有革命的理论，就不会有革命的运动"，并且说："在醉心于最狭隘的实际活动的偏向同时髦的机会主义说教结合在一起的情况下，必须始终坚持这种思想。"③ 同时列宁还进一步具体指出：1. 当时俄国的党刚刚形成，对各种错误思潮、危险的派别的清算还远没有结束；2. 社会民主主义运动就其本质来说是国际的运动。但在运用别国的经验时，又不能简单地生搬或抄袭别人的经验。必须具有丰富的理论和政治经验，才能用批判的态度来看待这些经验，加以独立的检验，决定取舍；3. 最后，只有以先进理论为指南的党，才能实现先进战士的作用，担负起阶级解放、民族解放的重任。"没有革命理论，就不会有坚强的社会主义政党。"④ 正是在上述情况下，对俄国社会民主党来说，理论的意义就显得更为重要了。这就是说，列宁是针对一定的历史情况和问题，提出"没有革命的理论，就不会有革命的运动"这一重要论断的。列宁的这个重要论断是在社会存在决定社会意识的前提下提出来的。任何运动总是有思想指导的，列宁这里所说的是指马克思主义的理论指导。另外也不是说没有革命理论就没有任何革命运动，而是指没有自觉的革命运动。当然，革命理论归根到底只有在革命运动的实践中才能出现和最终形成，列宁这里讲的是从工人的自发运动过渡到自觉运动的问题，在这一转变过程中，革命理论就起了决定性的作用。这并不是"轻视发

---

① 《列宁选集》第 1 卷，人民出版社 1984 年版，第 318 页。
② 《列宁全集》第 4 卷，人民出版社 1984 年版，第 213 页。
③ 《列宁选集》第 1 卷，人民出版社 1995 年版，第 311 页。
④ 同上书，第 274 页。

展过程中的客观成分"，"夸大思想的作用"，违背了唯物论。恰恰相反，他是在承认实践的决定作用的前提下强调革命理论的能动作用，这正是坚持了辩证唯物论。

其次，列宁在论述革命理论对工人运动的重要意义时，还提出关于思想体系的阶级性问题。他明确指出："既然工人群众自己决不能在他们运动进程中创造出独立的思想体系，那么问题只能是这样：或者是资产阶级的思想体系，或者是社会主义的思想体系。这里中间的东西是没有的……因此，对社会主义思想体系的任何轻视和任何脱离，都意味着资产阶级思想体系的加强。"[①]　这就是说，在阶级对抗的社会中，关于人类社会及其发展问题，不可能有非阶级的或超阶级的思想体系。在现代资本主义社会中，资产阶级思想是占统治地位的思想，它具有巨大的力量来迫使工人接受它的影响，工人运动的自发的发展必然受资产阶级思想体系的支配，在自发运动中形成的工联主义的意识正意味着工人受资产阶级思想的奴役。总之，列宁认为，必须用革命理论来武装工人运动，"从而使已经开始在俄国的土壤上生根的马克思主义社会主义和俄国的工人运动结合成为一个不可分割的整体，使俄国的革命运动同人民群众的自发行动结合起来"[②]。只有这样结合起来，才能使工人从"自在的阶级"变为"自为的阶级"，才能完成俄国无产阶级的历史任务。因此，俄国的党"不仅应当领导工人的经济斗争，而且应当领导无产阶级的政治斗争，它应当时刻不忘我们的最终目的，随时进行宣传，保卫无产阶级的思想体系——科学社会主义学说，也就是马克思主义——不被歪曲，并使之继续发展"[③]。

此外，列宁在指出没有革命理论，就不会有坚强的社会主义政党，就不会有自觉的革命运动的同时，还强调指出，社会主义者对待马克思主义理论，不应是教条式的，而应依据各国的具体情况和实际生活的发展，独立地探讨马克思的理论。他说："我们决不把马克思的理论看作某种一成不变的和神圣不可侵犯的东西；恰恰相反，我们深信：它只是给一种科学奠定了基础，社会党人如果不愿落后于实际生活，就应当在各方面把这门科学向前推进。我们认为，对于俄国社会党人来说，尤其需要独立地探讨

① 《列宁选集》第 1 卷，人民出版社 1995 年版，第 326—327 页。
② 《列宁全集》第 4 卷，人民出版社 1984 年版，第 287 页。
③ 《列宁全集》第 5 卷，人民出版社 1984 年版，第 251 页。

马克思的理论，因为它所提供的只是一般的指导原理，而这些原理的应用，具体地说，在英国不同于法国，在法国不同于德国，在德国又不同于俄国。"①

经济派在组织方面维护和崇拜手工业方式，轻视党的作用。他们认为不需要建立一个全俄统一的党，尤其反对建立一个全俄集中的秘密的革命家组织，污蔑这种组织为"民意主义"，违背民主制等等。他们的这种观点同他们的政治、理论观点有着密切联系，是他们轻视政治斗争和轻视革命理论作用的必然结果，这也是他们否定上层建筑能动作用的又一表现。

列宁批判了经济派的这种自发论，阐明了政党在社会发展中的作用。他指出，摆在俄国马克思主义者面前的一项迫切任务，就是克服分散落后、各自为政的状态，建立一个真正统一的政党，特别是建立一个集中的、秘密的能够领导无产阶级的全部解放斗争的革命家组织。这样的组织应当由先进理论武装起来，"假如没有'十来个'富有天才（而天才人物不是成千成百地产生出来的）、经过考验、受过专门训练和长期教育并且彼此配合得很好的领袖"②，就无法进行坚持不懈的斗争。列宁认为，只有这样的组织，才能够担负起向工人阶级灌输社会主义思想，把工人阶级所进行的经济斗争提高到政治斗争的使命。而如果没有这样的组织，俄国工人阶级就不可能战胜拥有一切斗争工具的沙皇制度，不可能战胜按现代方式组织起来、并由政党来领导的资产阶级。列宁深刻阐明了党在推翻资本主义斗争中的历史作用，深化了马克思关于上层建筑和经济基础相互关系的原理。经济派鼓吹自发论，把社会历史的发展归结为单纯的经济现象变化的过程，形而上学地割裂客观因素和主观因素的辩证关系，把客观因素即经济的决定作用绝对化，完全否认主观因素，特别是政治、理论、政党等上层建筑在社会发展中的能动作用。这种观点与马克思主义关于经济决定作用的理论是根本不同的。自发论绝不是唯物史观，而是对唯物史观的庸俗化。列宁的批判，彻底粉碎了经济主义，并在哲学上充分地阐述和论证了上层建筑在社会发展中的能动作用，发展了马克思的唯物史观，为在俄国建立无产阶级新型政党奠定了思想基础。

---

① 《列宁选集》第 1 卷，人民出版社 1995 年版，第 274—275 页。
② 同上书，第 401 页。

简短的结论

1894—1903 年，是马克思主义在俄国广泛传播，并与工人运动相结合的时期，是俄国马克思主义者为建立无产阶级新型政党和实现资产阶级民主革命而斗争的时期。在这一时期，列宁运用辩证唯物主义和历史唯物主义来分析俄国社会性质，把马克思主义和俄国革命的具体实践结合起来，找到了俄国革命的基本力量和正确途径。他同革命运动中的各种错误思潮进行了尖锐的斗争，并在斗争中捍卫和发展了马克思主义哲学。

在这一时期，民粹派以唯心史观——主观社会学和形而上学观点，攻击马克思唯物史观和辩证法，否定社会存在决定社会意识，否定社会历史的客观性和规律性，夸大个人创造活动在历史上的作用；而经济派在哲学上则鼓吹自发论，以庸俗经济决定论否定社会意识、上层建筑在社会发展中的能动作用，把马克思唯物史观庸俗化。它们从两个极端反对马克思主义的唯物史观。列宁在批判这两种错误思潮的过程中，论述了社会历史的客观性和规律性、物质关系决定思想关系，历史必然性和个人创造活动的辩证关系、人民群众和个人在历史上的作用，阐明了上层建筑特别是革命理论和革命政党在社会发展中的能动作用。

列宁在早期的革命实践和理论著述活动中，注意把理论与实践、历史唯物论与辩证法密切结合起来，从而确立了在新的历史时代坚持和发展马克思主义哲学的基本方向。1903 年俄国社会民主工党内布尔什维克派的出现，标志着列宁主义的诞生，马克思主义哲学的发展开始进入一个新的时期。

第 三 章

列宁论专政和民主

民主，既是人类长期追求的理想，又是当今社会政治生活中最使人敏感的问题。本来，社会主义民主是社会主义制度的本质特征，在一定意义上可以说，没有民主就没有社会主义。然而，自从俄国十月革命胜利后的半个多世纪以来，国际共产主义运动和社会主义实践中的某些严重教训，又常常使人们感到社会主义民主的理想与现实之间的重大差距，人们在关注社会主义的历史命运时，也常常把社会主义民主问题与列宁主义、列宁的政治哲学联系起来思索。专政与民主的问题，历来是西方某些政论家和学者非难列宁主义的一个重要方面。

近几十年来，苏联的社会主义模式和斯大林的错误问题，一直是国际舆论密切关注的中心。一些西方政论家和学者从不同的侧面对苏联模式和斯大林问题进行了研究和剖析。他们把苏联模式和斯大林的严重错误概括为"斯大林主义"，他们的批评和谴责已远远超出体制弊端和斯大林错误的范围。在他们的笔下，"斯大林主义"，几乎成了"专制主义""极权主义""恐怖主义"的同义语。而且，同那种一面贬斥斯大林，一面神化列宁的做法相反，他们往往把斯大林主义的根源归结于列宁和列宁主义。布热津斯基就曾直言不讳地说："斯大林造成的灾难的根源要追溯到列宁"，"列宁不仅仅造就了斯大林，列宁思想上的独断专行，政治上的心胸狭窄，在很大程度上还阻止了任何其他人物的崛起"。[①] 一位流亡西方的苏联学者阿夫托尔汉诺夫也认为斯大林"只不过是沿着列宁的逻辑走到底了而已"。因此，他提出："第一，应当到列宁极端的'权力哲学'中去

---

① 布热津斯基：《大失败——20 世纪共产主义的兴亡》，军事科学出版社 1989 年版，第 38、24 页。

寻找斯大林主义的根源，例如，列宁把'无产阶级专政'说成是一种'新型的'国家；第二，应当到这一专政的组织独裁制度中去寻找斯大林主义的根源，列宁认为，'无产者'本身不能直接实行专政，而只有他的'先锋队'——布尔什维克中央委员会才能实行；……"① 法国学者让·艾伦斯坦写了《斯大林现象史》一书，尽管他认为"列宁现象"与"斯大林现象"不可同日而语，但在民主问题上，仍同许多西方学者一样，把忽视民主的错误归咎于列宁。他认为，由于形势和俄国历史经验的局限，使列宁低估了民主现象的重要性，没有看到自己所说的"专政就是不受限制的、凭借暴力而不是凭借法律的政权"，会对劳动者本身构成一种威胁。虽然，由于西方某些学者各自的立场和见解有所不同，分析、评论的具体结论也就不尽一致，但往往有一个比较相同的趋向，就是从否定"斯大林主义"而否定社会主义的历史，进而否定列宁主义的基本理论。这种倾向，用布热津斯基的话来说，就是要"对造成苏联现实困境的双重渊源——斯大林主义和列宁主义进行真正彻底的制度上的全面否定"②。因此，对于列宁政治思想的评价和态度，我们与西方某些学者存在着重大的原则分歧，分歧的焦点在于，列宁思想的本质究竟是属于民主性、人民性的，还是属于专制性、独裁性的？这就涉及列宁建党思想的民主集中制、列宁关于无产阶级专政的实质、关于社会主义新型民主的基本理论。

一　民主集中制思想的缘由与发展

列宁认为，以马克思主义武装的无产阶级政党的正确领导，是社会主义事业胜利发展的基本保证，但无产阶级政党不仅是无产阶级的先进部队，而且是有组织的部队，它是按照民主集中制的原则建立起来的。民主集中制作为党和无产阶级国家的根本组织原则，它是党能够成为统一的战斗的整体的关键，也是关系到发展社会主义民主的一个基本环节。

关于民主集中制的基本思想，马克思、恩格斯早就有所涉及。在他们亲自参加制定的共产主义者同盟的章程中，就体现出同盟是按民主制的原

---

① 阿·阿夫托尔汉诺夫：《苏共野史》，晨曦等译，湖北人民出版社1982年版，第23页。

② 布热津斯基：《大失败——20世纪共产主义的兴亡》，军事科学出版社1989年版，第58页：

则组织起来的一个统一的整体。恩格斯在追述同盟的历史时曾写道："组织本身是完全民主的，它的各委员会由选举产生并随时可以罢免，仅这一点就已经堵塞了任何要求独裁的密谋狂的道路。"① 后来，在国际工人协会（第一国际）的章程中，不仅体现了民主原则和集中统一原则，而且更完善了。在国家结构问题上，马克思、恩格斯一贯主张中央集权的统一不可分的共和国，在原则上反对联邦制。在 1848 年革命时，他们提出："目前在德国实行最严格的中央集权制是真正革命党的任务，革命活动只有在集中的条件下才能发挥出自己的全部力量。"② 关于未来无产阶级的国家政权，马克思、恩格斯认为它既应当是高度民主的，又应当是高度集中的，即统一的国家。他们多次强调民主共和国"是无产阶级专政的特殊形式"，"是无产阶级将进行统治的现成的政治形式"。总之，在无产阶级政党和国家政权的组织原则上，他们实际上倡导了民主制和集中制，但他们并没有明确提出民主集中制这样一条原则。民主集中制是由列宁和布尔什维克党提出来的。

近几十年来，在总结国际共产主义运动的经验教训，分析斯大林错误和个人崇拜现象产生的根源时，在国际舆论中发生了激烈的争论，争论首先集中在列宁倡导的民主集中制的原则上。有一种观点认为，列宁强调的民主集中制只讲集中不讲民主，共产党内不允许有不同观点的集团或派别存在，并以严格的组织纪律来维护这种集中，认为这就是斯大林时期实行专制与独裁的根源。有的西方学者极力攻击由列宁提出，在俄共（布）十大通过的不允许党内派别活动的决议，认为这违反了党内的民主和自由。

应当看到，列宁确定的民主集中制，有一个酝酿、形成的过程。在俄国建党初期，首先提出的是"集中制"。1898 年召开俄国社会民主工党第一次代表大会，宣告了党的成立。这是把各地分散、独立的马克思主义小组和地方组织统一为一个政党的尝试。实际上并没有形成中央的统一领导，没有建立一个统一的政党。代表大会之后，党中央即遭破坏，党的各地方组织仍处于分散状态。针对这一情况，列宁提出，彻底摆脱地方的分散性、狭隘性，组成统一的党是社会民主党人的最迫切的任务。1899 年

---

① 《马克思恩格斯选集》第 4 卷，人民出版社 1995 年版，第 200 页。

② 《马克思恩格斯选集》第 1 卷，人民出版社 1995 年版，第 373 页。

他在《我们的当前任务》中指出："社会民主党地方性活动必须完全自由，同时又必须成立统一的因而也是集中制的党。"① 这是列宁第一次明确提出建立"集中制的党"。

在 1903 年俄国党的第二次代表大会上，列宁尖锐地批判了按照联邦自治制原则来组织党的主张，再次强调了集中制原则。他说："联邦制之所以有害，是因为它把独特性和隔阂合法化，使之它提高为原则，提高为法律。""集中制要求中央和党的最遥远、最偏僻的部分之间没有任何壁障，……我们的中央将得到直接了解每一个党员的绝对权力。"② 根据列宁的思想所制定的党章中规定："除已由党代表大会批准的组织外，其他一切党组织由中央委员会批准。中央委员会的一切决议，各级党组织必须执行。"同时还规定："党内的所有组织自由地处理专门同它所主管的党的工作有关的一切事宜。"这实际上初步确立了党的集中原则和自主原则。然而，第二次代表大会最后分裂为布尔什维克和孟什维克，即多数派和少数派。会后，党内斗争更加尖锐、激烈。孟什维克千方百计地企图破坏党的决议，夺取党的权力。他们以拥护自治制来反对列宁的集中制原则，宣称党的各部分不应该服从整体，部分在决定自己对整体的关系时应有自治权。他们攻击、诬蔑集中制为"官僚主义"，把少数服从多数说成是粗暴地硬性压制党员的意志和自由。面对这一情况，1904 年初，列宁强调指出："为了保证党内团结，为了保证党的工作的集中化，还需要有组织上的统一，而这种统一在一个多少超出了家庭式的小组范围的党里面，如果没有正式规定的党章，没有少数服从多数的原则，没有部分服从整体的原则，那简直是不可想象的。"而那种拥护自治制，反对集中制的倾向，"是组织问题上的机会主义所固有的根本特征"。③

当时，德国社会民主党的罗莎·卢森堡也参与了俄国党内关于组织问题的这场争论：西方"列宁学"的一些著作在研究和评述列宁主义的发展史时，总要涉及列宁与卢森堡的分歧与争论。克拉科夫斯基认为争论的焦点之一，就是卢森堡的"自发论"与列宁的"极端集中主义"的对立。在总结斯大林错误的教训时，许多人联系到列宁当年与卢森堡的争论。有

---

① 《列宁全集》第 4 卷，人民出版社 1984 年版，第 167 页。
② 《列宁全集》第 6 卷，人民出版社 1986 年版，第 248—249 页。
③ 《列宁选集》第 1 卷，人民出版社 1995 年版，第 499，507 页。

一种观点认为，在这场争论中，正确的一方是卢森堡，而不是列宁。这是值得分析的。卢森堡于 1904 年 7 月，发表了《俄国社会民主党的组织问题》一文，对列宁在《进一步，退两步》中所阐述的建党思想，特别是关于集中制原则提出了批评。卢森堡认为，在俄国要建立统一的集中制的党这一点上，她同列宁是一致的，并不存在任何怀疑，主要的分歧是"关于集中程度的大小和集中化的更准确的性质问题"。她指责列宁所主张的是"极端的集中主义"、"无情的集中主义"，"是实行严格的纪律和中央机关对党的地方组织生活的各个方面实行直接的、决定性的和固定的干预"，其结果，"中央委员会成了党的真正积极的核心，而其他一切组织不过是它的执行工具而已"。①

　　两个月后，列宁又写了《进一步，退两步——尼·列宁给罗莎·卢森堡的答复》一文，回答了卢森堡的批评。现在看来，从理论上说，卢森堡的意见中不无可取之处，包含着合理成分。然而，她却未从俄国的具体历史条件出发，忽略了俄国党内斗争的实际情况。因此，列宁批评卢森堡违背了"没有任何抽象的真理，真理总是具体的"这一辩证法的基本原理，大谈一些无法认真讨论的问题。当时，俄国党内已经分裂为两派，一部分人反对按照集中制原则制定的组织章程，党的正常工作已无人问津，社会民主党的威信下降，全党的士气极端涣散。这时最迫切的任务就是实现党的统一。列宁认为，整个争论的中心不在于集中程度大小的问题，分歧主要是要不要执行党代表大会多数派方针的问题，即要不要集中统一的问题。列宁在回顾了俄国党内斗争的事实之后指出："只要认真研究一下我们党内斗争的第一手材料，就会很容易认识到，罗莎·卢森堡同志所说的什么'极端集中制'，必须逐步实行集中制等等，具体地说，从实际上说，是对我们代表大会的嘲笑，抽象地说，从理论上说（如果这里可以谈到理论的话），是把马克思主义庸俗化，是对马克思的真正辩证法的歪曲，等等。"②

　　的确，列宁在《怎么办》和《进一步，退两步》等著作中使用的是"集中制"，而不是"民主集中制"的概念。但列宁绝不是主张"极端集中主义"。当时他所讲的集中制，是与自治原则或分散、自主原则相对而

　　①《卢森堡文选》，人民出版社 1984 年版，第 501、504 页。
　　②《列宁全集》第 9 卷，人民出版社 1987 年版，第 45 页。

言的。他在讲到集中时，不但不排斥、否定自治制，而且是以自治制为前提的。在处理部分和整体的关系上，列宁在强调集中制的同时，也认为各地方组织对所属范围内的问题，应当有自主的权力，中央机关不应有过多的干涉。这是区别于官僚主义集中制的一个根本标志。因此，卢森堡指责列宁主张什么"极端集中主义"，表现为一种"不顾一切的集中制"，是不符合历史事实的。当然，不可否认，列宁针对当时俄国党内存在着的组织上的涣散状态，确实着重强调的是集中制。从列宁所阐述的集中与分散的关系来看，他着重强调的也是如何实行集中制的思想。不过，从1899年到1904年，列宁在党的组织原则方面所强调的集中，都是与分散、自主、自治相对而言的。卢森堡对党的领导作用的认识也经历了一个逐渐明确和深化的过程。大致说来，在1905年革命后就逐渐加强了认识，而在俄国十月革命和德国十一月革命后，她成为德国共产党的主要创始人，在党的领导作用问题上，就更加与列宁主义趋向一致了。

现在来回顾列宁与卢森堡当年的争论，应当看到，这属于两位无产阶级革命家的内部意见分歧。分歧的实质不在于是否承认集中制是无产阶级政党的重要组织原则，在这方面两人的基本观点是一致的，都是在探索如何使党内政治生活健全，把党建设成一支富有战斗力的革命先锋队。分歧的发生，是双方各自强调的重点不同，而这又与当时本国的社会条件、党内斗争情况密切相关。

实际上，到1905年11月，由于俄国革命形势的好转，列宁就力求按照民主集中制原则来改善党的建设了。他说："现在，当党愈来愈公开进行活动的时候，可能而且应该最广泛地实行这种监督和领导，不仅受党的'上层'的监督和领导，而且要受党的'下层'，受全体加入党的有组织的工人的监督和领导。"[1] 1905年12月，列宁在自己主持召开的俄国党的第一次代表会议上，在《党的改组》的决议中就提出"确认民主集中制原则是不容争论的"。[2] 这是在俄国党的历史上第一次提出"民主集中制"的概念。1906年，俄国社会民主工党第四次代表大会通过的党章中，明确规定"党的一切组织是按民主集中制原则建立起来的"。[3] 他还强调，

---

[1] 《列宁选集》第1卷，人民出版社1995年版，第678页。
[2] 《苏共决议汇编》第一分册，中国人民大学出版社1983年版，第119页。
[3] 《苏共决议汇编》第一分册，中国人民大学出版社1983年版，第165页。

民主原则仅限于选举代表和领导机关还是不够的，还"必须让该组织的全体党员在选举代表的时候，同时就整个组织所关心的有争议的问题都能人人独立地发表自己的意见"。① 同时，列宁又指出，按照党章规定，地方组织在当地的活动中是独立的（自治的），中央委员会统一和指导党的全部工作，但没有权利自上而下地干涉地方组织的成分，否则就"完全违反整个民主制，违反整个党章"。② 可见，这时列宁已把自治原则或自主原则纳入整个民主制之中。从列宁的论述中可以看出，民主集中制包含两条基本原则：一是集中制原则，即解决部分和整体关系的集中制。少数服从多数，下级服从上级，部分服从整体是集中制的基本原则。二是民主制原则，即党员按照党章规定享有平等的权利；党内各级组织的领导机关均由民主选举产生，领导人随时可以撤换；党内有讨论自由、批评自由，允许发表不同意见的自由；各地方组织所属范围内的问题，有自由处理的权力。党的组织原则包括集中制和民主制，二者是并行不悖的。党必须是一个集中统一的党，同时它又是按民主原则组织起来的党。十月革命前，在俄国沙皇政府的专制统治下，党处于地下的秘密状态，实际上，民主原则不可能得到充分贯彻的。

十月革命胜利后，俄国党成为执政党，党的民主集中制得到进一步贯彻，民主原则更加完善了。1919 年第八次党代表大会通过的党章中，进一步明确规定："每个党组织的最高领导机关是党员大会、代表会议或代表大会"，"党员大会、代表会议或代表大会选举党委员会，党委员会是它们的执行机关，领导当地组织的日常工作。"但是，在国内战争年代里，由于严酷的战争环境，经济上的极端困乏，又使得列宁更加强调党的集中原则。在战时共产主义体制下，党在组织上也实行军事化，"党的工作方法总的说来趋向于战斗命令制"。

在从战时共产主义向新经济政策的转变时期，列宁和布尔什维克党又开始了扩大党内民主的进程，但是却又受到接踵而来的党内派别活动的严重干扰和影响。鉴于这种形势，列宁又再次强调，在共产党执政的条件下，党在思想上和组织上保持高度的统一，是无产阶级国家强大和巩固的最重要条件。1921 年，俄共第十次代表大会，在批判工团主义和无政府

---

① 《列宁全集》第 14 卷，人民出版社 1984 年版，第 249 页。
② 同上书，第 257 页。

主义的基础上，通过了《关于党的统一》、《关于党内工团主义与无政府主义倾向》的决议。指出任何派别活动都会削弱党，都是有害的，是决不能容许的。宣布毫无例外地解散一切按某种纲领组成的派别（如"工人反对派"、"民主集中派"等），并责令立即执行。凡是不执行代表大会这项决议的，应立即无条件开除出党。代表大会授权中央委员会，对派别活动可以采取党内一切处分办法，直到开除出党，并规定了对中央委员和中央监察委员采取这种极端措施的批准程序。①

综上所述，列宁在俄国党的建立和发展过程中，先后提出了集中制、民主集中制的组织原则，奠定了布尔什维克建党的组织基础。总的说来，他对民主集中制原则的阐述是全面的，并指出它同官僚主义集中制、无政府主义是有根本区别的。但是，相对地说，列宁更多的是强调集中，重点放在论述集中制方面。这是因为：第一，建党所处的特殊条件。在俄国沙皇黑暗的专制统治下，无任何政治自由，党处在地下状态，不可能在党内实行充分的民主制；第二，由于夺取政权后又处于严酷的国内战争环境，党组织必须高度集中统一，有铁一般的纪律，才能适应特殊形势的需要；第三，建党之后，由于小资产阶级自发势力的侵袭等原因，党内突出的问题是组织极端涣散，小组织习气盛行，缺乏集中统一，而党内又始终存在着派别活动，一些人忽视党的集中和纪律、力图保持涣散状态，这又严重地影响和削弱了党的团结统一。正是在这些特殊的社会环境和条件下，列宁不得不更多地强调集中制，而对发展党内民主问题却论述得不够具体和充分。应当说，当时列宁突出强调集中制是必要的、正确的。同时，正因为列宁强调集中制是由俄国当时的具体条件决定的，它又带有某种特殊性，或者说，有其一定的历史局限性。因此，既不能脱离当时的具体历史环境，认为列宁在思想理论上也是片面的。看不到列宁思想本身有一个变化发展的过程，而指责他只讲集中、不讲民主是不公允的。因此，我们不能由于卢森堡批评过列宁的观点，不作历史的分析，就把列宁倡导的民主集中制看作排斥民主的"极端的集中制"；同时也不能忽视列宁着重于强调集中制有其历史局限和不足的一面。至于某些后继者不分析具体条件的变化，把列宁在特定历史条件下的论述和做法绝对化，而一味强调集中，忽视民主，甚至破坏党的民主制，其后果自然是不能归咎于列宁的。斯大

---

① 参见《列宁选集》第 4 卷，人民出版社 1995 年版，第 471—472 页。

林的某些严重错误，实质上不是由于实行了列宁所确定的民主集中制，而正是由于违背和破坏了民主集中制的原则。

当然，斯大林问题的发生，与列宁建党思想中的某些不足的方面，与党内民主生活的长期不健全，不能说没有联系；有的西方学者批评列宁所建立的党的组织系统和层次，类似于等级锥体，缺乏对最高领导者的监督机制，缺乏对个人专制和个人崇拜的免疫力，这种看法不能说没有包含合理成分。列宁所确定的民主集中制的理论内容，也是需要在实践中不断完善和发展的。

实际上，在列宁的最后著述中，在要求进行政治制度改革、推进社会主义的新型民主时，他首先对自己的建党思想和党内的政治制度，进行了理论反思和重新认识，他认为民主化改革要从执政党自身做起。为此，他提出了一系列重要的改革措施：

1. 改组党中央机关，强调集体领导。打破由少数职业革命家组成党的领袖集团的传统格局，把中央委员会扩大到几十人甚至一百人，吸收几十名普通工农群众参加中央委员会，以利于检查、改善和加强党的领导机构。

2. 认真评论党的领袖人物的缺点和不足，要求把党的领袖集团置于全党群众的监督之下，并建议调离斯大林的总书记职务，防止党的总书记和主要领袖搞个人专权、滥用权力。

3. 要求来自普通工农的中央委员和工农检查院内外结合，共同监督党的中央机关和领袖人物，防止党的领袖集团脱离群众、滋长官僚主义。

4. 划清党与苏维埃国家机关的职权范围，实行党政分工。俄共（布）十一大为此曾作出决议。列宁要求加强党对国家机关的"总的领导"，克服那种"过分频繁的、不正常的、往往是琐碎的干预"。[①]

这些重大措施，意味着党的政治制度的重大革新，以扩大党内民主为重心，要求健全党的民主集中制，尽力克服和防止高度集权体制所产生的某些弊病；并以党自身的民主化为动力，推进整个社会主义的政治体制的民主进程。在这里，列宁的建党思想和民主集中制学说，是以新的方式，要求解决三个层次的重大关系：党内关系、党政关系、党群关系。针对布尔什维克党成为执政党之后内部滋长的官僚主义集权化的倾向，列宁着重

---

① 参见《列宁全集》第 43 卷，人民出版社 1987 年版，第 64 页。

强调了党内民主这个侧面，要求党在政治制度民主化方面实行重大变革。遗憾的是，由于列宁的过早逝世，他的设想和措施未能实现。

二　无产阶级专政的实质

无产阶级专政的实质问题，是列宁关于无产阶级专政理论的核心。在为建立和巩固无产阶级政权的斗争中，在同资产阶级和机会主义者的斗争中，列宁全面、深刻地揭示了无产阶级专政的实质，在理论上丰富和发展了马克思主义的政治学说。而在列宁逝世之后的无产阶级专政的实践，又的确有许多教训值得总结。因此，无产阶级专政实质问题也就成为西方某些学者批评列宁思想的焦点之一。

什么是无产阶级专政？究竟怎样评价列宁关于无产阶级专政实质的论述？我们认为，对这个问题应当作全面的、历史主义的分析，采取科学的、实事求是的态度。列宁在不同的历史时期，关于无产阶级专政的内容和实质，有不同侧重方面的多种论述。我们不能离开具体的历史过程，对列宁的某一论断，作出孤立的、断章取义的解释，否则就难以作出公正的评价。

早在 1905 年革命前后，列宁和布尔什维克党就论述了专政问题，尤其是 1906 年，列宁在著名小册子《立宪民主党人的胜利和工人政党的任务》中，总结了 1905 年革命的经验，并针对资产阶级法学家及立宪民主党人提出的人民革命不能破坏现行法律，反对革命人民运用暴力的谬论，明确指出："专政的科学概念无非是不受任何限制的、绝对不受任何法律或规章约束而直接依靠暴力的政权"[1]。

1918 年，考茨基写了一本题为《无产阶级专政》的小册子，篡改马克思的无产阶级专政学说，反对无产阶级革命暴力，把无产阶级专政解释为从纯粹民主中产生的一种"统治的状态"。针对考茨基的荒谬论断，列宁在《无产阶级革命和叛徒考茨基》一书中，给无产阶级专政作了一种界说，即"无产阶级的革命专政是由无产阶级对资产阶级采用暴力手段来获得和维持的政权，是不受任何法律约束的政权"。[2]

---

[1]　《列宁全集》第 12 卷，人民出版社 1987 年版，第 289 页。
[2]　《列宁选集》第 3 卷，人民出版社 1995 年版，第 594 页。

不少西方学者引证列宁的以上两段论述，把列宁的思想说成是抹杀民主、崇尚暴力的，并认为这是斯大林搞肃反扩大化，无视法纪，滥用权力的根源。

这里应当指出，第一，无论是 1906 年，还是 1918 年，列宁都仅从专政的镇压职能方面来说明无产阶级的革命专政，都在于强调使用暴力是无产阶级专政的基本标志。事实上，不仅是无产阶级专政，历史上一切革命和专政也无不如此。"先进国家的资产阶级也是经过一系列起义、内战，用暴力镇压国王、封建主、奴隶主及其复辟企图才取得政权的"①。马克思在 1848 年革命过程中，不断教育资产阶级民主派，也是要他们依靠人民，用革命的力量去战胜反动派，建立人民专政。他说，"在革命之后，任何临时性的国家机构都需要专政，并且需要强有力的专政"，为的是"粉碎和清除旧制度的残余"，而决不能让被打垮的政党"在官僚机构中和军队中巩固他们的阵地，甚至敢于在各处展示公开的斗争"。②

对无产者来说，这也是用巴黎公社英雄们的鲜血换来的革命真理。正如马克思和恩格斯所指出的，巴黎公社失败的教训之一，正是由于公社过于心慈手软，没有及时采取对付敌人的措施，没有对武装的反革命分子的抵抗和破坏活动予以镇压，造成一种革命的恐怖。

十月革命的历史经验证明，由于阶级斗争空前残酷、尖锐和复杂，决定了无产阶级革命胜利后，必须建立无产阶级专政。无产阶级和劳动群众只有采取暴力手段，粉碎反革命暴力，镇压剥削者的反抗，才能维护革命人民的权威和权力。正如列宁所说："专政是一个大字眼，一个严峻的、血腥的字眼，它表示出两个阶级、两个世界、两个世界历史时代的你死我活的无情斗争。"③

有的西方学者就苏维埃政权初期采取的所谓"红色恐怖"手段的问题对列宁进行攻击，甚至指责列宁直接指示杀害了末代沙皇尼古拉二世及其一家。姑且不论这种攻击和指责有无确切根据，问题在于首先要分清专政、镇压的阶级性质，不能一提"专政"、"镇压"就是搞恐怖主义。有的人在今天仍重弹当年考茨基的"苏维埃俄国主要是一个恐怖主义的国

---

① 《列宁选集》第 3 卷，人民出版社 1995 年版，第 693 页。
② 《马克思恩格斯全集》第 5 卷，人民出版社 1957 年版，第 475 页。
③ 《列宁全集》第 38 卷，人民出版社 1986 年版，第 144 页。

家"，"共产主义政权依靠着恐怖主义"的滥调，认为列宁创建的苏维埃国家，从一开始就是恐怖主义的国家，那只能表明他们的一种政治偏见和对历史的歪曲。

再者，俄国无产阶级使用非常手段，镇压少数剥削者的反抗，实行红色恐怖，首先是被迫的。当苏维埃国家刚刚诞生不久，称霸世界的资本大国就不择手段，勾结俄国反动势力对年轻的共和国大举联合武装进攻，企图把它扼杀在摇篮里。列宁说："假如我们对军官们的白卫军的这些行动不予以无情的回击，那我们连两天都不能支持，这也就叫做恐怖，但这是协约国的恐怖手段逼出来的。"① 在半个多世纪后的今天，和那种把列宁主义与法西斯主义相提并论的观点不同，法国的历史学者让·艾伦斯坦坚持认为，"列宁时代的红色恐怖是用来对付白匪分子以及他们的社会支柱和政治支柱的，是白色恐怖逼出来的"②。这一评论是对历史的尊重，是很公正的。

第二，列宁所说的无产阶级专政"是不受任何法律的约束的政权"，是指统治阶级的旧法律，指资产阶级法律。这一点，早在1906年列宁就已作了非常清楚的说明。他说："现代俄国社会运动的主要形式依旧是广大人民群众的直接革命运动，它要废除旧法律，摧毁压迫人民的机关，夺取政权，创立新法制。"又说，人民的专政，即"人民，无组织的、'偶然'聚集在该地的居民群众，亲自登上舞台，亲自执行审判，使用权力，创造新的革命的法律"。③ 十月革命前后，列宁又反复强调专政是直接凭借暴力而不受任何法律约束的政权，说的都是一个意思。如果约束在资产阶级法律的范围内，那就根本谈不上无产阶级革命，更谈不上建立无产阶级政权。革命就是要破坏旧的法律，废除一切妨碍革命利益的法律。这是打碎资产阶级国家机器的一个重要组成部分。当无产阶级和劳动群众起来革命，夺取政权时，凭借的不是法律，而是暴力，是实力——人民群众的力量和革命行动，绝不可能先制定出新的法律，再去行动。"政权的本源不是由议会预先讨论和通过的法律，而是人民群众在各地从下面发起的直接行动……就是直接的'夺取'"④。

---

① 《列宁全集》第38卷，人民出版社1986年版，第110页。
② 让·艾伦斯坦：《斯大林现象史》，方光明译，时事出版社1986年版，第46—47页。
③ 《列宁全集》第12卷，人民出版社1987年版，第317、289页。
④ 《列宁选集》第3卷，人民出版社1995年版，第19—20页。

　　资产阶级民主革命也是一样。在 1848 年革命和公开内战时期，马克思曾因资产阶级民主派迷恋于"宪制幻想"，而斥责了他们。他说，法兰克福议会像小学生做作业似的在议会制度上兜圈子，对各邦政府的行动听之任之，"就算这个学术会议在充分讨论之后能制定最好的议事日程和最好的宪法吧，但是，如果德国各邦政府在这个时候已经把刺刀提到日程上来，那么，最好的议事日程和最好的宪法又有什么用呢？"后来，当反革命对革命人民实行暴力镇压，进行屠杀和残害时，马克思又指出："仅仅这种反革命的残酷野蛮行为就足以使人民相信，只有一个方法可以缩短、减少和限制旧社会的凶猛的垂死挣扎和新社会诞生的流血痛苦，这个方法就是实行革命的恐怖"①。

　　列宁关于专政是直接凭借暴力而不是凭借法律，对于统治阶级的旧法律，对于资产阶级法律，不仅不受其限制，而且要破坏它的思想，同马克思的思想是一致的，是无可非议的。

　　第三，列宁强调无产阶级专政不受任何法律约束的暴力因素，是在夺取政权的"革命风暴"时期（或 1905 年的"革命旋风"时期）及斗争最激烈的国内战争时期。也就是说，是在革命的非常时期，才采取革命的非常手段。

　　十月革命后的头几年，国内外敌人联合武装进攻，反革命分子的破坏十分猖獗，共产党员、大批工人、和平居民被杀害。经济遭到严重的损害，粮食、燃料匮乏，投机倒把活动已达到骇人听闻的地步。苏维埃共和国面临严峻的军事和经济威胁，处在生死存亡的紧急关头。正是在这种情况下，列宁亲自起草了《社会主义祖国在危急中！》等一系列法令，规定对所有奸细、暴徒、反革命煽动者以及投机倒把商人，一经发现，一律就地枪决。在当时，如果不采取这类非常的恐怖手段，就将一事无成，许多人就会被饿死，年轻的共和国就会灭亡。列宁说：如果"认为不用强迫手段，不用专政手段，便可以由资本主义过渡到社会主义，那就是极其愚蠢和最荒唐的空想主义"②。

　　然而，这只是在特定时期所采取的一种特殊的斗争手段，并非在任何情况下都适用。早在 1918 年 4 月，列宁就已指出："随着政权的基本任务

---

① 《马克思恩格斯全集》第 5 卷，人民出版社 1957 年版，第 45、543 页。
② 《列宁选集》第 3 卷，人民出版社 1995 年版，第 496 页。

已经逐渐由武力镇压转到管理工作，镇压和强迫的一般表现也会逐渐由就地枪决转到法庭审判"①。在经过 3 年艰苦卓绝的斗争，取得国内战争胜利之后，列宁又及时提出，"使用暴力是为了要镇压剥削者，镇压地主和资本家；这个问题一解决，我们就不再使用任何非常措施"②。

　　总之，我们认为，列宁在特定的历史时期，首先从镇压职能方面，给无产阶级专政所作的解说是必要的、正确的。而某些西方学者断言，"列宁的定义极为坦率地强调了独裁者随意利用法律的无限制的权力"，是列宁"权力哲学"的一条主导原则，则是毫无根据的。

　　从无产阶级所肩负的伟大历史使命来讲，以暴力手段无情镇压剥削者的反抗，并不是无产阶级专政的全部任务，亦不是它的全部含义，那种把无产阶级专政同暴力等同起来的观点，也是片面的。早在十月革命前夕，列宁在《国家与革命》中就明确指出："无产阶级需要国家政权，集中的强力组织，暴力组织，既为的是镇压剥削者的反抗，也为的是领导广大民众及农民、小资产阶级和半无产阶级来'调整'社会主义经济"③。当革命胜利后的最初一段时期，工农革命政权尚未巩固，剥削者还在拼死反抗的时候，列宁特别强调无产阶级专政是阶级斗争在新形势下的继续，这个专政必须对剥削者、对阶级敌人实行无情的暴力镇压。同时他也指出，只有在革命发展的一定时期，只有在一定的特殊的条件下，革命暴力才是必要的和当然的革命手段。1919 年，当无产阶级政权已比较稳固，工作重心开始转向经济改造和经济建设时，列宁则强调无产阶级专政的实质主要不是暴力，而在于建立一个比资本主义"更高的社会劳动组织"。他说："专政固然非有暴力不可，但它不只是暴力，而且是比先前的组织更高级的劳动组织。"④ 又说："无产阶级专政的实质不仅在于暴力，而且主要不在于暴力。它的主要实质在于劳动者的先进部队、先锋队、唯一领导者即无产阶级的组织性和纪律性。"⑤ 无产阶级专政的实质是由无产阶级专政的目的及其历史使命决定的。无产阶级专政的目的是要建成社会主义，最终消灭一切阶级，使社会全体成员成为劳动者，消除一切人剥削人的制度

---

　① 《列宁选集》第 3 卷，人民出版社 1995 年版，第 498 页。

　② 《列宁全集》第 38 卷，人民出版社 1986 年版，第 110 页。

　③ 《列宁选集》第 3 卷，人民出版社 1995 年版，第 131 页。

　④ 同上书，第 830 页。

　⑤ 《列宁选集》第 3 卷，人民出版社 1995 年版，第 835 页。

的基础，这一历史任务是绝不能单靠暴力完成的。在这里更主要更根本的，是要领导、组织无产阶级和广大劳动群众进行经济建设，大力发展社会生产力。新的生产关系和社会制度的建立、巩固和发展，最终都取决于生产力的发展水平。为此，就要建立"更高的社会劳动组织"，使无产阶级具有高度的组织性和纪律性。尤其是在一个原先经济、文化比较落后的国家，彻底改造小生产者，改变他们旧的传统和习惯，消灭工农差别，更是无比艰巨和长期的任务。这一任务是不能靠暴力、强制来完成的，而只能采取说服、教育、和平改造的方式，靠发展社会化的大生产和文化建设来实现。

当然，在无产阶级专政的一定历史条件下，只有对形形色色的破坏社会主义的敌对分子、坏分子实行专政，才能有一个稳定的政治和社会环境，才能保障社会主义经济建设的顺利进行。但是，从建成社会主义的历史使命来讲，无产阶级专政的国家政权，更重要的是领导和组织社会主义的经济建设和文化建设，对整个社会进行彻底的改造。

三　社会主义民主的理想与现实

建立和发展社会主义的新型民主，是列宁一生政治活动的理想目标。人们在研究、评价列宁的政治思想时，总要涉及这一问题。西方学者中不少人把列宁关于无产阶级专政的论述与社会主义民主对立起来，批评列宁把论述的重点放在专政、集中上，忽视了民主；有的人认为列宁的理想是要建立一个由人民群众直接管理国家的高度民主的政治体制，但实际上所建立的，却是一个高度集权的，具有官僚主义严重缺陷的政治体制。列宁在晚年看到了这一明显的矛盾，但已感到无能为力。究竟怎样看待列宁思想中专政与民主的关系，社会主义民主的理想与现实的矛盾呢？

列宁在《国家与革命》及十月革命后的许多著作、文章和演讲中，都直接（或间接）地论述了社会主义民主问题。在列宁看来，民主是一个政治方面的范畴，"民主是国家形式，是国家形态的一种"①。任何民主，作为一种国家形态，都体现了国体和政体的统一，或者说，作为一种国家政治制度，民主也是专政的一种形式，民主总是和一定阶级的专政密

---

① 《列宁选集》第 3 卷，人民出版社 1995 年版，第 201 页。

切联系在一起的。这里有决定意义的，首先是国家政权掌握在哪个阶级手里，它决定着国家的阶级本质，同时也就决定了民主的阶级性质。资产阶级夺取政权之后，出现了与专制独裁政体相对立的完整的民主国家形式，列宁认为它"同中世纪制度比较起来，在历史上是一个大进步"①，对资本主义社会的发展起了推动作用。然而，资本主义国家的民主制，并不能改变其资产阶级专政的本质。资产阶级总是以全体公民享有法律面前人人平等的形式标榜他们是"民主国家"，以此来掩盖其资产阶级专政的实质。事实上，资产阶级民主仍是剥削者少数人享有的民主，是资产阶级维护本阶级统治，镇压无产阶级和劳动人民的工具和手段。统治阶级的民主就意味着对被统治阶级的专政。正是在这个意义上，列宁说，民主是"一个阶级对另一个阶级、一部分居民对另一部分居民有系统地使用暴力的组织"②。

无产阶级专政的国家，同样包括民主与专政两个方面，是民主与专政的统一。它与资产阶级国家的根本区别，除了专政的阶级性质发生了根本变化，由资产阶级专政变为无产阶级和广大劳动人民对少数剥削者的专政之外，社会主义的民主已不再是供少数剥削者所享用的、残缺不全的民主，而是破天荒第一次供广大劳动群众、多数人享受的民主，无产阶级专政也即无产阶级民主制。正如列宁所说的，无产阶级国家是"新型民主的（对无产者和一般穷人是民主的）国家和新型专政的（对资产阶级是专政的）国家"③。

社会主义本质上是民主的，这是由社会主义的经济基础所决定的。列宁说："任何民主，和任何政治上层建筑一样……归根到底是为生产服务的，并且归根到底是由该社会中的生产关系决定的。"④ 社会主义社会消灭了剥削制度，建立了以生产资料公有制为主体的经济制度，广大劳动群众获得了真正的解放，成为社会生产资料的占有者，成为社会和国家的主人。这就决定了社会主义的政治制度必须是民主的政治制度，体现人民真正当家作主。同时，只有社会主义民主，才能更有力地维护社会主义经济制度，充分调动人民群众的社会主义的积极性，发展社会主义经济和文

---

① 《列宁选集》第 3 卷，人民出版社 1995 年版，第 601 页。
② 同上书，第 184 页。
③ 同上书，第 140 页。
④ 《列宁选集》第 4 卷，人民出版社 1995 年版，第 405 页。

化，从而推动整个社会主义事业的发展。从政治本身来说，建立了无产阶级专政的国家，如果忽视了社会主义民主建设，人民不能真正当家作主，管理自己的国家，不能有效地监督国家机关的领导人，在这种情况下，就可能使一些阴谋家、野心家有机可乘，以售其奸，使无产阶级专政蜕化变质，从而出现使整个社会主义制度和平演变的危险。因此可以说，没有社会主义民主，就没有社会主义。

社会主义民主是社会主义社会的重要特征之一，社会主义本质上应当是民主的。但是，并非无产阶级国家政权一旦建立，社会主义民主问题就全部解决了，通过什么形式和途径，实现人民真正当家作主，参与国家各项事业的管理，使民主原则成为无产阶级国家的根本原则，建设高度的社会主义民主，还需要付出极大的气力。列宁指出："彻底发展民主，找出彻底发展的种种形式，用实践来检验这些形式等等，这一切都是为社会革命进行斗争的基本任务之一。"①

十月革命前后，列宁根据马克思、恩格斯总结巴黎公社经验而提出的社会主义民主的基本原则，把"所有的人都参加管理"作为社会主义新型民主的理想目标。并且以为可以按照新型民主的原则立即建设新型民主的国家。他认为，在资本主义大生产的基础上，国家管理"已被资本主义简化到了极点，而成为一种非常简单、任何一个识字的人都能胜任的监督和登记手续"。② 在社会主义社会，这种日益简化的职能，将为所有的人轮流行使，并很快会成为一种习惯而不要任何特殊阶层来管理。他还强调："这些职能现在只要有一般市民水平就能胜任，行使这些职能只需付给'工人工资'就完全可以了。"③ 列宁的这一理想目标是在《国家与革命》这部文献中提出来的，当时还没有任何社会主义的实践经验，只是在理论上提出的一种设想。那时列宁还没有考虑到，巴黎公社只在一个资产阶级国家首都的城市存在了72天，巴黎公社经验的具体形式，对于刚刚建立起来的无产阶级专政的国家来说，是否都具有普遍的现实意义（当然，它的基本民主精神和实质，对一切无产阶级专政的国家都是适用的）。十月革命后的最初年代，列宁坚持他的新型民主的设想，并把它作

---

① 《列宁选集》第3卷，人民出版社1995年版，第181页。

② 同上书，第202。

③ 同上书，第153页。

为苏维埃政权的当前任务，加以具体实施。他在俄共（布）第七次代表大会的报告中提出，"对我们来说，重要的就是普遍吸收所有的劳动者来管理国家。这是一项艰巨的任务。但是，社会主义不是少数人，不是一个党所能实施的。只有千百万人学会亲自做这件事的时候，他们才能实施社会主义。我们认为，我们的功劳就在于竭力帮助群众立即去做这件事情……"①接着列宁又在《苏维埃政权的当前任务》中写道："我们的目的是要吸收全体贫民实际参加管理工作，而实现这个任务的一切步骤——愈多样化愈好——应该详细地记载下来，加以研究，使之系统化，用更广泛的经验来检查它，并且定为法规，……过渡到这一点特别困难，可是只有实现这种过渡才能保证社会主义彻底巩固起来。"② 看来，这时列宁已开始感到实现人民群众广泛地、直接地参与国家管理，是十分艰巨和困难的，但他坚持大胆实验，并认为它是巩固社会主义的重要保证。后来的实践结果证明，列宁原来的设想是不切实际的，理想与现实之间、理论观点的完善性和现实条件的局限性之间存在着巨大的矛盾。这主要是因为俄国的资本主义很不发达，还没有达到资本主义大生产所创造的经济水平，国家职能也没有简化到可以由"监督和计算"来代替的程度。其次，当时俄国无产阶级和劳动人民的文化水平很低，文化素质很差，还缺乏足够的能力来管理国家。在这种经济、文化落后的历史条件下，要做到人人参加国家管理，实际上是不可能的。列宁并没有回避现实的矛盾，而是尖锐地指出："苏维埃政权在原则上实行了高得无比的无产阶级民主，对全世界做出了实行这种民主的榜样，可是这种文化上的落后性却限制了苏维埃政权的作用并使官僚制度复活。说起来苏维埃机关是全体劳动者都可以参加的，做起来却远不是人人都能参加，这是我们大家都知道的。"③ 正是基于对国情的不断深入认识，列宁认为在俄国经济文化落后的条件下，只能实现间接民主制。1919 年列宁在俄共（布）第八次代表大会上关于党纲的报告中指出："由于文化水平这样低，苏维埃虽然在纲领上是通过劳动群众来实行管理的机关，而实际上确是通过无产阶级先进阶层来为劳动群众实行管理而不是通过劳动群众来实行管理的机关。"④

---

① 《列宁全集》第 34 卷，人民出版社 1985 年版，第 49 页。
② 《列宁选集》第 3 卷，人民出版社 1995 年版，第 505 页。
③ 同上书，第 766 页。
④ 同上书，第 770 页。

有人认为，列宁新型民主的理想目标是空想主义，后来在现实面前，不得不完全放弃这种空想主义。我们认为，列宁原来关于新型民主的设想，按照直接民制的原则来建设苏维埃政权是有不切实际的一面，把马克思主义创始人依据欧洲发达资本主义国家的现实状况而总结的原理，完全搬用于俄国，不免带有某些空想的成分。但是，作为理想的目标，列宁却始终没有放弃。从列宁的整个思想来看，他认为社会主义民主的实现是一个过程。有的西方学者认为，列宁否定整个文明世界共同采用的议会体制，坚持建立苏维埃制度，是一种幻想，列宁曾多年生活在国外，而对西方的议会制度如此不感兴趣是令人费解的。其实，尽管在列宁看来，苏维埃制度只能以间接的方式，即通过选举代表来行使管理国家的职能，但它在实行真正的而不是纸上的民主方面，在吸收工农参加管理方面所做的事情，是世界上最好的资产阶级民主共和国在几百年内没有做到而且不能做到的。"同资产阶级议会制比较起来，这是在民主发展过程中具有全世界历史意义的一大进步"[1]。因为苏维埃制度与历史上存在过的一切国家政权根本不同，它与人民群众有着密切联系，并且有可能把议会制的长处与直接民主制的长处逐渐地结合起来。然而，列宁并不认为苏维埃制度就一劳永逸地解决了人民民主的所有问题。他认为，无产阶级民主制即当时的苏维埃民主制具有社会主义民主的性质，但还不是完全的社会主义民主制，而是从资产阶级民主"向社会主义的民主制和使国家能开始消亡的条件的过渡"[2]。苏维埃民主制只是社会主义民主制的开端，随着社会主义经济、政治、文化的高度发展，社会主义民主也将不断发展和完善。当社会主义民主发展到最广泛、最充分、最直接，全体居民都享受民主，人人都既是劳动者，又是管理者的时候，也就为专政的消亡，作为国家政治制度的民主消亡创造了条件，即为达到自由王国开辟了道路。

在当时俄国经济文化落后的历史条件下，不可能一下子实现人民群众的直接民主，尤其是在整个战时共产主义时期，只能实行间接民主制，即建立高度集中的、高效率的政治和经济体制，来实施对国家的管理，以适应特殊客观形势的需要。这种间接民主制的特点，即是人民通过无产阶级政党，通过党领导的苏维埃机关来管理国家。后来，列宁发现这种间接民

---

①　《列宁选集》第 3 卷，人民出版社 1995 年版，第 296 页。

②　同上书，第 504 页。

主制、苏维埃机关本身存在着许多弊端，主要是严重的官僚主义，人民群众的直接监督作用受到极大的削弱。在这种情况下，特别是为适应新经济政策时期的新形势，列宁一直在探索如何把间接民主与直接民主结合起来，保证人民群众真正当家作主。为此，列宁一方面提出改善和改造苏维埃制度，进一步完善间接民主制的要求，他说："今后在发展生产力和文化方面，我们每前进和每提高一步，都必定要同时改善和改造我们的苏维埃制度"①。另一方面则要求大大强化人民监督制。他在《怎样改组工农检察院?》一文中，不仅建议以特殊的方式扩大中央监察委员会，从工人和农民中选出新的中央监察委员，并使他们享有中央委员一样的权利，以便更有效地发挥监察机构在国家政治民主化过程中的作用；而且还建议扩大工农检察院的权力，把工农检察院和中央监察委员会结合起来，为的是通过"工农中的优秀分子同真正的广大群众联系起来"②，能够对国家机关及其工作人员进行广泛的、有效的监督，以便保证苏维埃政权的无产阶级性质，防止官僚化和蜕化变质的发生。总之，既要实行代表制民主，又要实行人民的直接民主，把间接民主与直接民主、苏维埃代表制与人民监督制、党的领导与人民群众的监督管理这二者有机地结合起来，并从现有条件出发，逐步扩大直接民主，这便是列宁所揭示的建设和发展社会主义新型民主的重要途径，也是他关于社会主义民主的独特的理论创造。列宁的这一思想，至今对于那些原先经济文化比较落后的社会主义国家来说，仍有着重要的现实意义。

列宁关于社会主义民主的理想到现实的反思，给了我们一条重要的理论启示，那就是社会主义民主的发展必须与经济文化水平相适应。列宁早在《国家与革命》中就已明确指出："任何单独存在的民主制度都不会产生社会主义，但在实际生活中民主永远不会是'单独存在'，而总是'相互依存'的，它也会影响经济，推动经济的改造，受经济发展的影响等等。这是活生生的历史的辩证法。"③十月革命后的实践，证实了列宁这一马克思主义的论断是完全正确的。社会主义民主，从本质上说，它是人类历史上"最高类型"的民主，比资本主义民主"高出百万倍"。但是，

---

① 《列宁选集》第 4 卷，人民出版社 1995 年版，第 613 页。
② 同上书，第 780 页。
③ 《列宁选集》第 3 卷，人民出版社 1995 年版，第 181 页。

并不是社会主义民主制度一经建立，人民的民主问题就自然而然解决了，就会达到尽善尽美的程度。那种把社会主义民主理想化，以为在一个早上就能彻底实现广大群众直接管理国家的各项事务的观点，或者离开社会主义经济的发展，孤立、片面地要求扩大民主，都是不切实际的幻想。它没有看到社会主义民主从不完善到完善是一个发展过程，社会主义民主化的程度将取决于社会主义经济文化发展的水平。当然，这也不是说，只要社会主义经济文化提高到一个新的水平，就会自然而然地达到高度民主化。这还需要无产阶级政党及广大人民群众作出极大的努力才行。尤其是某些经济文化比较落后的国家，虽然在一定的历史条件下，可以先于发达国家进入社会主义，但是这些国家在一个相当长的历史时期内，面临着异常艰巨、复杂、繁重的社会主义建设任务，同时在发展社会主义民主，实现高度民主化方面也更加艰难。这些国家不仅由于经济文化落后，而且往往缺乏民主传统，缺乏由资产阶级民主所造成的民主的习惯和素养，以及封建主义残余影响的存在等等，建设高度社会主义民主的任务也就十分繁重。这就要求我们随着社会主义物质文明和精神文明建设的发展，更自觉地、不断地去探索发展社会主义民主，实现高度民主化的途径、形式和方法。在以间接民主为主的条件下，逐步扩大人民的直接民主，使社会主义民主更加完善，从而充分调动广大人民群众的积极性、创造性，推动社会主义各项事业的蓬勃发展。

第 四 章

1947 年苏联哲学
讨论会述评

苏联共产党领导苏联人民经过 4 年的浴血奋战，英勇、顽强地抗击了法西斯的侵略，终于在 1945 年取得了伟大胜利，以德意日法西斯的彻底失败，宣告了第二次世界大战的结束。苏联在经济、政治、思想（包括哲学）各领域都揭开新的一页。

一 1945—1953 年苏联哲学发展概况

1945—1953 年是苏联战后恢复和发展国民经济的时期。苏联党和人民很快医治好战争的创伤，在恢复国民经济的基础上，用较短的时间，使苏联工业总产值超过了战前水平，社会主义建设再度走上了迅速发展的道路。这个时期，从经济到政治、思想各个领域，出现了许多新问题，需要苏联的马克思主义者作出回答。

第二次世界大战结束后，在东欧和亚洲社会主义国家成片的出现，世界社会主义运动从一国胜利向多国胜利的发展，使整个世界形势发生了明显的变化，形成了以苏联为核心的社会主义阵营与资本主义阵营对峙的格局。战场上的军事斗争结束了，一场新的战争——"冷战"又开始了。在两大营垒之间，不仅政治、经济、外交领域，而且在意识形态领域中，社会主义与资本主义的对立和斗争，也比以前更为激烈。

战后苏联面临的首要任务是恢复和发展社会经济，利用当时有利于社会主义而不利于资本主义的世界形势，加速推进国内社会主义建设事业。另一项重要任务就是针对意识形态领域的复杂情况，清除资产阶级思想的消极影响，开展反对资产阶级意识形态的斗争。事实表明，前一项任务初期解决得比较顺利，而在解决另一项更为复杂、艰巨的任务的过程中，却出现了偏差，造成了一些不良后果。

战后，苏联哲学正是在上述情况下，经过最初的恢复阶段而逐渐发展的。在卫国战争期间，哲学研究工作尽管受到战争的影响，但并未完全中断，只是工作的重心转向为战争服务的轨道。哲学家们除了撰写揭露和批判法西斯主义及其理论基础的文章之外，还进行世界哲学史及俄国哲学史方面的研究工作。由亚历山大洛夫等人主编的《哲学史》，1941 年出版了第 1、2 卷。该书为苏联科学院哲学研究所的集体著作，原计划出 7 卷。这是历史上第一部以马克思主义观点系统阐述哲学史的著作。

1943 年出版了《哲学史》第 3 卷，这一卷以叙述 18 世纪末、19 世纪初德国古典哲学为主要内容。该书出版后不久即受到了苏共中央的批评。1944 年 5 月 1 日苏共中央作出了《关于哲学方面的科学工作的缺点》的决议。党的机关刊物《布尔什维克》1944 年第 7—8 期发表了社论《论在解释 18 世纪末 19 世纪初德国哲学史方面的缺点和错误》。该书被指责为"在叙述与估计德国哲学上犯了严重的错误"，夸大了它的意义，抹杀了黑格尔哲学体系与方法之间的矛盾，没有批判德国哲学家们的反动社会政治观点，例如，对德国哲学颂扬普鲁士君主政体国家、宣扬德国人为"特选"民族、蔑视斯拉夫民族、为战争和殖民地侵略战争政策辩护等等，默不做声，不进行批判。[①] 苏共中央在对《哲学史》第 3 卷作了批判之后，宣布了两条决定，即撤销 1943 年决定授予该书的斯大林奖金；该书必须重写。

第二次世界大战后，苏共中央一再强调开展肃清资产阶级思想残余的斗争，开展对资产阶级哲学和社会科学的斗争。1946 年 8 月苏共中央接连发布了关于《星》和《列宁格勒》杂志、关于话剧剧院剧目的决议，批判宣传工作的无思想性、不问政治、"为艺术而艺术"，以及"崇拜西欧资产阶级文化"的倾向和种种表现，不断强化反对资产阶级意识形态的斗争。

从 1947 年至 1952 年在苏联社会科学领域中发生了几件大事：一是1947 年就亚历山大洛夫的《西欧哲学史》而召开的苏联哲学讨论会；二是 1950 年就马尔的语言学观点开展的关于语言学问题的讨论；三是 1951

[①] 　参见《苏联哲学问题》，华东新华书店 1950 年版，第 99—113 页。

年就苏联经济学家集体编写的《政治经济学教科书》未定稿而召开的经济学问题讨论会。斯大林直接或间接地参与上述几次重大的讨论，并写了论文和复信，后汇集成斯大林最后的两部重要著作，即《马克思主义与语言学问题》和《苏联社会主义经济问题》。尽管这两部著作不是专门的哲学著作，但有很大部分是谈哲学问题的，尤其对历史唯物主义的一些基本原理，结合社会主义的实践作出了一定的发挥。受历史条件和其他方面的局限，有些问题并未谈清楚，甚至有不少错误。但斯大林的一些思想理论观点，对苏联和其他国家的社会主义实践和理论工作，在相当长的一段时期里都产生过重要影响。因此，将斯大林的哲学思想和著作作为这段时期哲学史的内容来加以研究，作出实事求是的科学的分析和评价还是十分必要的。

斯大林存在着严重的教条主义和形而上学思想，由于他脱离群众，脱离实践，导致思想僵化、教条化。在他的理论中有相当浓厚的形而上学思想，缺乏从实际出发的历史感和辩证法的灵活性。他的形而上学和教条主义思想影响广泛。在取得伟大卫国战争胜利之后，对斯大林的个人崇拜愈演愈烈。其结果，一是把斯大林神化，说他如何发展了列宁主义，而且只有他有权"发展"，他的一切理论著作和观点都被奉为绝对真理；二是在党内和人民中间造成思想僵化，"注释哲学"盛行，人们只能解释和鼓吹斯大林的思想和言论，这就窒息了理论工作者的生气勃勃的主动性和创造性，严重地束缚和阻碍了苏联理论思想的发展。这种情况的典型事例，就是在1947年哲学讨论会之后，在苏共中央的直接干预下，由苏联科学院哲学研究所组织编写的《辩证唯物主义》和《历史唯物主义》两本教科书。它们深受斯大林哲学思想的影响，轻视对列宁哲学思想遗产的研究和阐发，教条主义气息极为严重。尤其是亚历山大洛夫主编的《辩证唯物主义》一书，完全按照斯大林的哲学体系、基本观点和风格来编写，把辩证唯物主义归结为斯大林的哲学观点加上自然现象与社会生活实例的简单罗列。

本来，社会主义制度和国家政权的支持为马克思主义哲学的研究、传播和发展，创造了前所未有的有利条件。但由于苏联高度集中的政治体制和民主、法制不健全，由于党和政府往往用行政命令的手段来解决意识形态的问题，甚至科学研究中的学术问题，由于个人迷信和教条主义盛行，理论工作者不敢触及和联系现实问题，不敢提出自己的独立见解，不敢进行自由讨论，否则就会被视为离经叛道。其结果是，在这一时期，苏联哲学界对一些本该研究的哲学问题根本不敢涉及，更谈不上认真研究，如当时欧美各国已研究很多的马克思的早期著作中关于人的问题、"异化"问题等等。苏联哲学界对历史文化遗产采取虚无主义态度，把现代西方哲学都一概视为反动的、颓废的，只是一味批判，简单否定，而未能科学地加以研究和分析。总之，在当时的形势下，哲学家们不可能进行自由的、创造性的研究，致使在哲学领域，许多重要的哲学问题都未能展开真正的科学研究。然而，在这一段时期里，苏联的马克思主义研究工作还是有一定进展的。苏联哲学家们在极其艰难的条件下，仍然做了大量的工作。首先，在马克思主义经典著作的出版发行方面，取得了很大成绩，至1947年马克思恩格斯全集已全部出齐。50年代，又开始出50卷的马克思恩格斯全集新版。马克思恩格斯的一些重要哲学著做出了更新、更好的译本。他们的各种手稿在《马克思恩格斯文库》中陆续问世。35卷本的《列宁全集》第4版也于1946—1950年出版。与此同时，苏联理论工作者们在阐释和宣传马克思主义哲学方面，也做了不少工作，出现了一批较有影响的普及性哲学原理著作。在1950—1952年间还进行了辩证逻辑与形式逻辑关系问题的大讨论。一些哲学史学者对古代和中世纪哲学史进行了研究，还特别集中研究了17—19世纪西欧哲学史中的唯物主义传统。这些对马克思主义哲学的传播和研究工作都起了很大的作用。同时，理论工作者们的大量实际工作，也为1953年后在哲学各个领域展开全面深入研究，为新时期哲学的发展打下了基础。

二　1947年苏联哲学讨论会

1947年6月就格·费·亚历山大洛夫的《西欧哲学史》一书而召开的讨论会，是苏联历史上规模最大的一次哲学讨论会，也是苏联当代哲学发展史上最重要的事件之一。

（一）哲学讨论会的概况

《西欧哲学史》一书的作者，格·费·亚历山大洛夫是苏联著名的哲学家、哲学博士、科学院院士，是当时苏联哲学界主要代表人物之一。

亚历山大洛夫1908年3月生于列宁格勒，1928年加入苏联共产党，

1932 年毕业于莫斯科历史哲学文学学院，同年开始在莫斯科史哲文学院从事哲学史教学工作，1936 年担任教授，1938 年获哲学博士学位。1940—1947 年任苏共中央宣传鼓动部部长，1947—1954 年担任苏联科学院哲学研究所所长、苏共中央社会科学院哲学史教研室主任。他的重要著作有《亚里士多德的自然哲学观点》、《亚里士多德》、《西方近代哲学史概论》、《西欧哲学史》等。亚历山大洛夫是斯大林奖金和列宁勋章、劳动红旗勋章等多种荣誉的获得者。

1945 年出版的《西欧哲学史》是亚历山大洛夫根据他 1932—1944 年先后在莫斯科大学、莫斯科史哲文学院和高级党校讲授西欧哲学史时的讲稿编写而成的，是一部较为系统的哲学史著作。该书于 1946 年又出了经过补充的第二版，并被苏联高等教育部审定为大学和高等学校人文科学系的教科书，它在当时是一部在理论界颇有影响的著作。《西欧哲学史》发表后，受到许多人的热烈赞扬，许多报刊发表文章和评论，称赞它是"一部卓越的西欧哲学史著作"，"是一部用马克思列宁主义观点阐述西欧哲学史的、有严格体系的著作"，具有"高度的理论水平，内容深刻，叙述清楚"，"运用具体材料描述了唯物主义同唯心主义、辩证法同形而上学的斗争"，并对哲学史的分期和哲学与自然科学的联系问题，进行了深入的研究等等。苏联科学院哲学研究所曾以哲学家集体的名义，建议给《西欧哲学史》颁发斯大林奖金。

然而，当时苏共中央不同意科学院哲学研究所的评价，并责令研究所对《西欧哲学史》进行讨论。1947 年 1 月哲学研究所召开了一次有 15 人参加的哲学讨论会。会上《西欧哲学史》几乎受到与会者的一致赞扬，受到了很高的评价。可是苏共中央审查了讨论会的总结，认为这次会议未按照中央的要求去做，"无论是讨论会本身的组织工作，还是它进行总结的方式，都是不能令人满意的"。于是"中央委员会决定组织一次新的讨论会"。①

苏共中央政治局委员、书记处书记日丹诺夫按照党中央和斯大林的指示，于 1947 年 6 月亲自主持召开了举世闻名的全苏哲学讨论会。出席这次讨论会的，有来自苏联各个地区的哲学工作者 90 余人。这次会议的基调与 1 月召开的哲学讨论会截然相反，《西欧哲学史》由一本好书突然变

---

① 日丹诺夫在《西欧哲学史》一书讨论会上的开幕词，参见《哲学问题》1947 年第 1 期。

成了一本坏书，而且讨论已不只局限于对这一著作的评价，而变成关于哲学一般原则性问题及整个哲学界存在的缺点和错误的讨论。看来，召开这次讨论会的真正原因，并非像日丹诺夫所说的，是中央委员会对1月哲学所召开的讨论会的组织和讨论方式不满，而是有其更深刻的原因。

在讨论会上共有47人发言，另有36人写了书面发言稿。与会者认为《西欧哲学史》一书存在的主要缺点是，缺乏无产阶级党性，对马克思以前的旧的哲学体系和流派，只作了客观主义的叙述，对其阶级根源和社会根源没有进行充分的分析等。他们还对哲学界存在的教条主义、书呆子习气、回避现实问题等缺点和错误，进行了尖锐的毫不留情的批评。日丹诺夫在最后作了长篇总结发言，他的发言分为两个部分。第一部分题为"论亚历山大洛夫所著教科书中的缺点"，所列的主要缺点有：

第一，作者始终没有给哲学史下一个总的确切的定义，书中所说"哲学史就是人类对于周围宇宙的知识之前进、上升、发展的历史"，实质上是不正确的。

第二，作者将哲学发展过程描写成由于数量变化而发展的平稳进化过程，当作是各种哲学派别的逐渐更替，只着力于马克思主义哲学与以前哲学的联系，而未强调马克思主义哲学的产生是哲学史上的重大革命，使哲学变成科学。

第三，书中没有包括俄国哲学发展史，客观上降低了俄国哲学的作用，这是原则性错误。

第四，作者背离唯物主义的阶级性和党性，把客观主义的观点贯穿《西欧哲学史》全书，"在批评某个资产阶级哲学家以前，总是颂扬他们的功绩，向他们焚香顶礼"[①]。这是美化剥削阶级思想家，为资产阶级学院派的哲学传统效劳。

第五，作者在叙述各种哲学体系时，与社会物质生活条件，即具体历史环境和社会阶级根源相脱节，滑到"哲学思想发展具有独立性和超历史性的观点上去了，而这样的观点就是唯心主义哲学具有的特别标志"[②]。

日丹诺夫的最后结论是"这本教科书很坏，需要根本改造"[③]。

---

① 《苏联哲学问题》，华东新华书店1950年版，第17页。
② 同上书，第22页。
③ 同上书，第32页。

日丹诺夫在其题为"论我国哲学战线的状况"的第二部分发言中，对整个哲学战线的工作提出了极为严厉的批评，他说："如果亚历山大洛夫这本教科书得到了我国大多数负领导责任的哲学工作人员的赞扬，把它提交给了斯大林奖金委员会，希望获得斯大林奖金，把它推荐为教科书，并且获得了无数赞扬的评论，那么其他的哲学工作人员也显然都同意亚历山大洛夫的错误观点，这就表明我国理论战线上有了严重的病态。"① 可见，对亚历山大洛夫《西欧哲学史》的批评是针对整个哲学理论战线的。

日丹诺夫最主要的是批评苏联哲学界缺乏布尔什维克的战斗精神和战斗作风，未能向国外敌对的思想及苏联人的意识中的资产阶级思想残余进行全面的进攻，在哲学工作中表现出无原则性，奴颜婢膝地崇拜资产阶级哲学。他批评哲学界没有形成由许多战斗哲学家组成的队伍，根本不成其为"一条真正的战线"，"它也许更像一潭死水或者是一个离开战场很远的安静的宿营地"②。

围绕这一主要错误，日丹诺夫还批评哲学界不敢大胆创造，不敢发展马克思主义，哲学家们"害怕在许多新问题上，现实问题上试试自己的力量，害怕在解决实践中每天对哲学家提出的，而哲学家也必须回答的那些问题中试试自己的力量"③。

日丹诺夫认为造成哲学战线落后的原因，完全不在客观方面，而在主观方面，具体地说，即在亚历山大洛夫等哲学界的领导人物过高估计了自己的力量，任人唯亲，不能广泛团结、依靠广大哲学工作者，哲学活动为少数哲学家集团所垄断，致使整个哲学战线缺乏布尔什维克的批评与自我批评精神。他号召哲学家们揭发并克服哲学界存在的错误，提高战斗力，向资产阶级思想展开进攻。

亚历山大洛夫的《西欧哲学史》，作为较早的一部系统阐述哲学史的著作，固然存在着某些缺点和错误，但作者还是力图用马克思主义的观点论述西欧哲学史的各种问题的。而日丹诺夫说它是一部"很坏"的教科书，则未免言过其实，有失公正。当然，日丹诺夫和其他与会者的发言，对《西欧哲学史》所提出的批评，有些是有道理的，确实是指出了该书

---

① 《苏联哲学问题》，华东新华书店1950年版，第36页。

② 同上。

③ 同上书，第40页。

存在的不足之处，例如，对马克思主义哲学的产生是哲学史上根本性革命变革重视不够，论述不充分等。然而，也有些意见是明显不符合实际和牵强附会的，如指责该书只对西欧哲学史进行片面的论述，"没有包括俄国哲学发展史"，这样做"客观上降低了俄国哲学的作用"，这是"人为地把哲学史分成西欧哲学史和俄国哲学史"，"肯定了资产阶级把文化划分为'西欧'和'东方'文化的观点"，并且"把马克思主义看成'西欧'的地方性思潮"。① 其实，亚历山大洛夫在该书的序言中早已说明，当时苏联大学文科各系讲授哲学史是按西欧哲学史和俄国哲学史两大部分来进行的，西欧哲学史是整个哲学史课程的第一部分。不顾这种分工而责怪"西欧哲学史"没有讲俄国哲学史，显然是不公正的。批评者还认为它没有"叙述最近一百多年的哲学历史，当然不能算作教科书"②。这是一种求全责备，作为西欧哲学史只叙述到马克思主义哲学的产生，也无可非议，这也是一个学科分工问题，而非思想内容问题。

更为重要的是，日丹诺夫在发言中，对哲学史方法论问题、马克思主义哲学理论的原则问题所提出的一系列观点，在相当一段时期里对苏联以及中国和其他社会主义国家的哲学发展，都发生了巨大影响，并带来许多消极后果。对这些问题应该作出科学的评论。

（二）关于哲学史的对象

一门学科首要问题是它的对象问题，对象决定它的内容。自然，哲学史也是如此。日丹诺夫认为，哲学史教科书的第一个起码条件就是给这门学科下一个确切的完整的科学定义，而亚历山大洛夫却没有这样做。实际情况是，亚历山大洛夫在《西欧哲学史》一书的导言中，就给哲学史下了如下的定义："哲学史是世界文化史的重要部分"；"它的对象是哲学思维的历史"；"哲学史是人们的世界观的历史"；"哲学史——这是人们社会思想活动的特殊领域的历史"；"哲学史就是人对于其周围宇宙知识之前进、上升、发展的历史"；"哲学史也是许多现代思想发生和发展的历史"，并且他还提出"马克思列宁主义的哲学史，是在历史的必然发展中，在哲学上两个基本派别——唯物主义和唯心主义的斗争中，研究认识

---

① 《苏联哲学问题》，华东新华书店1950年版，第13页。
② 同上。

哲学史的"，它"归根到底是社会发展的某一阶段人们的经济和政治生活的反映"，等等。①

日丹诺夫从上述定义中取其两个定义，进行了批判，一是"哲学史就是人对于其周围宇宙知识之前进、上升、发展的历史"；二是"哲学史也是许多现代思想发生和发展的历史"。日丹诺夫认为第一个定义实质上是不正确的，因为把哲学史的对象说成是与一般科学史相符合，而使哲学变成了科学的科学，"这种观点是马克思主义老早已经驳斥过了的"。他认为，就第二个定义而言，也是不正确的，因为在这里把"现代"这一名词的概念与"科学"这一名词的概念混为一谈。

的确，亚历山大洛夫从各种不同的角度给哲学史下了许多定义，显得有些零碎，有的过于宽泛、笼统，但从总的方面来看，它与马克思主义关于哲学史对象的观点，基本上是一致的，并无原则性的错误。

单就哲学史是"人对周围宇宙知识之前进、上升、发展的历史"这一提法本身来说，过于宽泛，是不确切的。但亚历山大洛夫同时又讲了哲学史是世界文化史的一部分，作为特殊的知识部门，它是研究哲学思维的历史，是人们世界观的历史。这又把哲学史的对象作了较为明确的限定，指出了这门学科的特殊性，即它是整个认识史的特殊组成部分。而这些提法同列宁在《哲学笔记》中所提出的，哲学史、各门科学史、儿童智力发展史、语言史等等，构成整个认识史②，总的精神是一致的。并且同恩格斯在《反杜林论》旧序中的说法，锻炼理论思维能力，"除了学习以往的哲学，直到现在还没有别的手段"，"关于思维的科学，也和其他各门科学一样，是一种历史的科学，关于人的思维的历史发展的科学"③，也是一致的。同时，亚历山大洛夫也指出哲学史是从唯物主义和唯心主义的斗争中研究认识的历史，并且"归根到底是社会发展的某一阶段人们经济和政治生活的反映"。因此，总的来说，他的许多说法还是符合马克思主义的基本原则的。

日丹诺夫从批判亚历山大洛夫的定义出发，给哲学史下了这样一个定义："科学的哲学史，是科学的唯物主义世界观及其规律的胚胎、发生和

---

① 《西欧哲学史》，商务印书馆1989年版，第3—18页。

② 参见《哲学笔记》，中共中央党校出版社1990年版，第394页。

③ 《马克思恩格斯选集》第4卷，人民出版社1995年版，第284页。

发展的历史。唯物主义既然是从与唯心主义派别斗争中生长和发展起来的，那么，哲学史也就是唯物主义与唯心主义斗争的历史。"① 日丹诺夫的哲学史定义，突出了唯物主义在哲学史中的重要地位，强调了唯物主义与唯心主义两条路线的斗争，这个定义有其合理性，对改变以往哲学史研究中贬低甚至否定唯物主义在哲学史中的地位，给人们划清与资产阶级哲学史观的界限，有一定积极作用。然而，这个定义仅仅将哲学史归结为唯物主义的发展史，规定为唯物主义与唯心主义斗争的历史，却不足以概括哲学思想发展十分丰富而复杂的内容，有些把问题简单化了。因为在哲学史上不仅有唯物主义和唯心主义的矛盾，而且有辩证法和形而上学的矛盾，它同唯物主义与唯心主义的矛盾一样，是哲学认识中最普遍、最根本的矛盾。在哲学认识的发展中它们总是交织在一起，并存在于哲学认识的一切方面，贯彻于哲学发展史的始终。而且，从认识史的广阔视角来考察，唯物主义和唯心主义、辩证法和形而上学的矛盾，不仅有斗争的一面，还有统一的一面，二者之间既在一定条件下相互对立和相互依存，又在一定条件下相互渗透、相互转化，它们的关系是极为微妙复杂的。

再者，在哲学发展史中，唯物主义和唯心主义、辩证法和形而上学的矛盾，很少以赤裸裸的单纯形式出现，它们往往是潜藏在其他问题的内部，或以与其他问题密切相联系的方式出现的，或者说，哲学基本问题在不同的时代对于不同的哲学体系，有着不同的表现形式。这就决定了矛盾的多样性和复杂性，决定了哲学认识的发展有着极其丰富的内容。在哲学史上不仅有唯物与唯心的矛盾，而且还有可知论和不可知论、经验论和唯理论的矛盾。不仅存在"世界本原是物质还是精神"的争论，同时还存在着"本原是一还是多"，"一般和个别何者更实在"，"正确的认识起源于感觉经验还是来自人心固有的天赋观念"，"世界是有限的还是无限的"，"人的认识是绝对的还是相对的"等等问题的争论，从而形成各种哲学派别和倾向。当然，这些问题的争论不可能离开哲学基本矛盾而独立进行，它们归根到底也是哲学基本矛盾的一个方面。但是，种种不同的哲学派别和倾向之所以在这些问题的争论中产生，又各自有其特殊的社会历史根源和理论认识根源。这种情况不仅在马克思主义哲学产生之前存在，就是在马克思主义产生以后，乃至未来时期仍将以不同的形式继续存在下

---

① 《苏联哲学问题》，华东新华书店1950年版，第5页。

去。可见，日丹诺夫的哲学史定义，仅仅把哲学史说成是唯物主义与唯心主义斗争的历史，既不能全面地科学地反映哲学发展史的本质内容，也不能概括围绕哲学基本矛盾而展开的，无比生动、无比丰富的矛盾运动，显然是片面的。

实际上，日丹诺夫的定义在苏联并未被完全遵循过。50 年代中期以后，苏联哲学界便对这一定义提出了异议和批评，并重新探讨了哲学史研究的对象问题。

1956 年 6 月底，在苏联科学院哲学研究所召开的全苏哲学研究工作协调会议上，讨论最热烈的问题之一，便是哲学史的对象问题。恰洛扬在发言中指出，日丹诺夫的定义"把哲学史归结为唯物主义史，从而从哲学史中删去了所有的唯心主义，但是如果不通晓唯心主义的历史，就不会有完整的哲学史，也不会对唯物主义有正确的认识"[①]。

1957 年，敦尼克主编的《哲学史》提出："科学哲学史的对象是：社会发展各阶段上的哲学思想的发展史，首先是哲学的基本派别即唯物主义和唯心主义孕育、形成、发展以及它们相互间的斗争的历史"，而且"也包括辩证法和形而上学孕育、形成、发展以及它们相互间斗争的历史"。[②]

1959 年约夫楚克在《哲学史的若干方法论问题》一文中，批评了日丹诺夫的定义，强调哲学史的对象是有关存在和认识的一般规律的各种哲学概念的发展的历史。包括各个不同哲学体系的思维方法的形成和发展的过程，哲学史的内容是极其丰富和复杂的。

70 年代以后，苏联哲学界对于哲学史的对象仍在进一步探讨，试图作出新的解释。例如，1973 年，格里高里扬在《关于人的本质的哲学》一书中认为，哲学史不仅是两个基本哲学派别形成和斗争的历史，还应被看作是人对世界和自身存在的理论认识的历史。哲学史同时也就是思维对存在的关系问题"应用于整个世界、人和社会中不同解决的历史"[③]。

总之，苏联学者在批评日丹诺夫的哲学史定义的同时，他们或者从本体论的角度，或者从逻辑和认识论的方面，或者从综合的观点，重新探讨了哲学史研究的对象问题，其中也有许多学者仍然坚持认为唯物主义和唯

---

① 参见《哲学问题》1956 年第 4、6 期，转引自《苏联当代哲学》，人民出版社 1986 年版，第 487 页。

② 《哲学史》第 1 卷，生活·读书·新知三联书店 1957 年版，第 2、3 页。

③ 《关于人的本质的哲学》，生活·读书·新知三联书店 1984 年版，第 26 页。

心主义、辩证法和形而上学的矛盾，是哲学认识发展的基本矛盾和基本内容。关于哲学史研究对象问题，至今仍是学者们探讨的重要课题之一。

（三）关于哲学的党性原则

日丹诺夫批评亚历山大洛夫的《西欧哲学史》"拒绝马克思列宁主义所固有的哲学中的党性原则"，犯了客观主义的错误。然而，他基于对哲学党性原则的错误理解所提出的批评，是不符合实际的，是简单化的。

哲学党性原则是列宁提出来的。早在1894年，列宁在批判"合法马克思主义"的客观主义时，曾谈到过历史唯物主义的党性。后来，在批判马赫主义的过程中，列宁于1908年在《唯物主义和经验批判主义》中，明确表述了哲学的党性原则，它的首先和基本的含义是指哲学的派别性，即唯物主义和唯心主义是哲学上的两条基本路线、两个基本派别。其次，才指它的阶级性，即哲学上两个基本派别的对立"归根到底表现着现代社会中敌对阶级的倾向和思想体系"[①]。在第一次世界大战期间，列宁在《哲学笔记》中，又进一步肯定唯物主义与唯心主义之间不仅存在着相互对立和斗争，而且在一定条件下相互依存、相互渗透和转化，并从人类认识的辩证过程中，分析了唯心主义产生的认识论根源，注意批判地吸取唯心主义体系中所包含的某些合理因素。这就把对唯心主义的科学分析和斗争艺术，把马克思主义哲学党性原则的学说提到一个更高的水平。可以说，这是列宁提出哲学党性原则的大概历史过程，也是其本来含义之所在。

坚持哲学党性原则，坚持唯物主义，并非对一切唯心主义哲学家及其哲学思想只是单纯的批判和简单的否定，而是必须从具体的历史条件出发，作出实事求是的具体分析，从而恰如其分地给它以应有历史地位。亚历山大洛夫大体是这样做的，他并未忽视唯物主义与唯心主义的对立和斗争，而只是对历史上出现的众多的哲学体系进行了比较客观的介绍和分析。其中，尽管某些分析和评价不一定都很准确、恰当，但这样做可以使人们看清每位哲学家思想的本来面目，对其在当时的社会条件下所起的作用，在人类认识发展史中有什么意义，作出正确的评价。应该说，这种客观的实事求是的态度是正确的，这绝不是什么客观主义，脱离马克思主义

---

① 《列宁选集》第2卷，人民出版社1995年版，第240页。

哲学党性原则的表现。

日丹诺夫指责亚历山大洛夫"把客观主义的观点一贯到底地贯串全书的内容"，"在批评某个资产阶级哲学家以前，总是颂扬他们的功绩，向他们焚香顶礼"，"对所有一切旧哲学都找到了机会说几句恭维话，对于名声越大的资产阶级哲学家也就恭维得越厉害"，成为"资产阶级哲学史家的俘虏"，对资产阶级献媚，夸大他们的功劳，剥夺我们哲学家的战斗进攻精神，脱离了唯物主义的阶级性和党性。[①] 日丹诺夫甚至把空想社会主义者统统归之于资产阶级思想家的范畴，把《西欧哲学史》中傅立叶关于人类发展的学说是社会哲学中的最大成就的论断作为客观主义的典型，斥之为"连一点马克思主义分析的影子都没有"[②]。其实，亚历山大洛夫不仅指出，关于人类发展的学说是傅立叶社会哲学的最大成就，"就当时那个时代来说，这一理论却是一个重大的进步"，"对资本主义社会的批判，对发展社会主义思想起到了很大的作用"，而且，他还指出了傅立叶学说的不彻底和空想性质，并引证列宁的言论论证了空想社会主义与科学社会主义之间的根本区别。[③] 况且这些说法同恩格斯关于空想社会主义的一系列论断是一致的，如他认为空想社会主义是"作为现代无产阶级的多少发展了先驱者的那个阶级的独立运动"的"理论表现"；"傅立叶最伟大的地方是表现在他对社会历史的看法上"；"傅立叶是在正确地认识了过去和现在之后才按照自己的看法想象未来的"。可见，日丹诺夫的责难是毫无根据的。

在当时两种制度、两种意识形态激烈斗争的历史条件下，强调哲学的党性和战斗性，这是可以理解的，也是必要的。然而，日丹诺夫所坚持的党性原则却把唯物主义与唯心主义的对立绝对化，否定一切唯心主义哲学家及其哲学思想；把唯物主义和唯心主义之间的对立直接地、简单地与阶级斗争联系起来，把哲学的党性原则和哲学的阶级性混为一谈。在讨论会上，有的人（如加克）甚至提出了一个公式：唯心主义是反动的，唯物主义是进步的。这种对哲学党性原则简单化、绝对化的歪曲理解，显然是错误的。

---

① 参见《苏联哲学问题》，华东新华书店1950年版，第17、19页。

② 同上书，第18页。

③ 《西欧哲学史》，商务印书馆1989年版，第332—333页。

在阶级社会中，哲学作为整个上层建筑的一部分，作为一种意识形态，总要反映一定阶级的根本利益和要求，并为一定阶级服务。哲学要完全摆脱阶级斗争的旋涡是不可能的。一般地说，唯物主义反映、适合进步阶级的根本利益，唯心主义反映、适合反动阶级的根本利益。但是，另一方面，哲学作为远离经济基础的意识形态，又具有相对独立性，它同社会经济、阶级利益的关系又往往是间接又间接的。列宁说："哲学上的党派斗争……归根到底表现着现代社会中敌对阶级的倾向和思想体系。"所谓"归根到底"，就表明哲学与阶级关系的联系是间接的、曲折的。哲学与阶级二者之间有着内在的密切的联系，但它们又是发生在不同的生活领域，具有各自不同的特点，并不就是一回事。因此，哲学的党性包含阶级性，但不等同于阶级性，或直接归结为阶级性。简单地把唯物主义与唯心主义同政治的进步与反动画等号，认为凡是唯物主义都是进步的，凡是唯心主义都是反动的，这是不符合历史事实的。

在历史上和现实生活中有着许多复杂的情况。马克思主义不是从原则出发，而是从实际出发，实事求是。历史上的进步力量不一定都是唯物主义的，唯心主义也不一定都起反动作用。18世纪末和19世纪初的德国古典唯心主义哲学，竟成为德国新兴资产阶级革命的先导。宗教唯心主义在开始时，曾成为农民革命的灵魂和旗帜，中国历史上的农民起义，例如太平天国运动就以宗教唯心主义作为它的思想武器。同一个阶级在上升时期可以站在唯物主义的立场上，赞同、宣传唯物主义，而在没落时期却倾向唯心主义。而且就是一个阶级内部，不同的阶层或集团，是主张唯物主义还是唯心主义，也往往是各不相同的。至于说到个人，情况则更为复杂。对一个人来说，除了阶级的影响之外，也还有其他各种因素的影响，其政治立场与世界观有时并不都是一致的，这是完全可能的。在俄国的革命历史上就有过这种情形，当时普列汉诺夫在政治上倾向于孟什维克机会主义，而在哲学上却坚持着唯物主义的立场。在政治上属于布尔什维克的波格丹诺夫、卢那察尔斯基等人，却是俄国经验批判主义的代表人物。因此，一种哲学代表哪一个阶级，是进步还是反动的，不能仅仅靠推论，而应该把它放在一定的历史地位上，用马克思主义的观点、方法，进行具体的分析和研究，作出符合实际的、客观的历史评价。

日丹诺夫对哲学党性原则的歪曲解释，曾在苏联、中国以及其他社会主义国家产生消极的影响，造成哲学史研究中的公式化、简单化毛病，有的人把哲学党性原则作为僵死的公式到处乱套，甚至以"贴标签"的方法代替具体的科学分析。这种简单化的"左"的倾向，曾一度严重妨碍了哲学本身的发展，其历史教训是极为深刻的。当然，我们在总结历史的经验教训，反对简单化的"左"的倾向时，也不能走向另一个极端，根本否定哲学党性原则。

（四）关于批判与继承问题

关于哲学遗产的批判继承问题，这是日丹诺夫批评《西欧哲学史》的又一重要问题。

亚历山大洛夫的《西欧哲学史》的确比较注重哲学思想发展的继承性，力图把每一哲学体系都放在整个人类认识发展史的链条中，放在一定的历史地位上，借以阐述它的形成和发展，力图表述欧洲哲学的有连续性的、有规律性的历史过程。马克思主义哲学正是在这种发展中形成的，没有继承也就无所谓变革。这样，人们从马克思主义哲学与前人的研究成果的联系中，就会看到它们之间的根本区别，就更易于理解马克思主义的产生。亚历山大洛夫在书中，确实偏重于继承性的方面，较多地强调了马克思和恩格斯所建立的新的世界观"是他们对世界科学和哲学成就进行批判的研究和利用的结果"，"是在总结了所有知识领域的大量科学资料的基础上产生的"。[①] 相对地说，亚历山大洛夫对马克思主义哲学所实现的革命变革，以及这个变革是如何实现的，却阐述得不够深入、具体，这不能不说是一个缺陷。

日丹诺夫在批评《西欧哲学史》的这一缺点时，强调马克思主义哲学的创立是哲学中的革命，似乎无可非议。但他对待批判与继承问题上，如同对待哲学党性原则一样，陷入了片面性。尽管他也提到"否定并不是简单说个'不'字，否定的本身包含有继承性"。而实际强调的却只是否定、批判。日丹诺夫将马克思主义哲学的产生，"就是旧哲学的终结"加以绝对化，认为"旧时期的哲学只是个别人们的事情，只是少数哲学家及其门徒所组成的哲学学派专有的财产。这班人都是脱离实际生活，脱离人民，与人民毫不相干的"，它们"决不能成为实践上影响世界的工

---

① 《西欧哲学史》，商务印书馆 1989 年版，第 444 页。

具，也决不能成为认识的工具"。① 那些早已被推翻的哲学观点和哲学思想"用不着多去注意它"。

日丹诺夫的这种观点，既不符合历史事实，也是违背马克思主义的。在马克思主义看来，哲学是时代精神的精华，各种哲学都是一定时代、一定阶级的意识的理论表现，它们绝不只是个别人的、少数哲学家的事情，也不是彼此孤立、毫无联系的。哲学的发展具有相对独立性和继承性。每一重要的哲学思想对后世都会产生一定的影响。每一代人都是"在完全改变了的环境下继续从事所继承的活动"②，每一代的哲学，不论它反映的社会条件、阶级基础如何，都同前人提供的思想资料有着密切联系，都体现人类认识进程的一个阶段。固然，以往的哲学都是过去时代的产物，不可避免地具有历史的和阶级的局限性，总是有这样或那样的缺陷。但我们不能用今天的标准苛求于前人，正如列宁所说的，判断历史的功绩，不是根据历史活动家没有提供现代所要求的东西，而是根据他们比他们的前辈提供了新的东西。那种坚持认为过去的哲学都是个别人的、属于少数剥削阶级的意识形态，或者认定只有唯物主义才是好的，值得继承，而一切唯心主义都是坏的、反动的，必须抛弃的观点，不是什么批判继承，而是一概否定。

马克思主义哲学的产生是人类认识史上的伟大变革，然而它的产生并没有离开人类文明发展的大道，它是人类先进思想文化的继续和发展。恩格斯曾说："我们德国社会主义者却以我们不仅继承了圣西门、傅立叶和欧文，而且继承了康德、费希特和黑格尔而感到骄傲。"③ 马克思主义之所以强大有力，是因为它没有否定（抛弃），而是直接继承了人类认识史上一切优秀的文化成果，是因为马克思主义同任何形式的宗派学说都是格格不入的，它永远不把自身封闭在一种僵死的、凝固不变的体系中，而是开放的。即使在同敌对观点的斗争中，它也从不忽视吸收和借鉴敌对营垒中的每一有价值的成就，并在实践中不断加以丰富和发展。当然，马克思主义所说的继承是批判的继承，剔除其糟粕，吸收其值得借鉴的合理因素，并不是不分精华与糟粕的兼容并包。日丹诺夫为了强调革命性、战斗

---

① 《苏联哲学问题》，华东新华书店1950年版，第11、10页。
② 《马克思恩格斯选集》第1卷，人民出版社1995年版，第88页。
③ 《马克思恩格斯选集》第3卷，人民出版社1995年版，第692页。

性，往往只讲批判而很少注意继承。实际上，日丹诺夫的批判继承具有全盘否定文化遗产的性质，他的这种观点导致苏联理论界在相当一段时期里对其他国家的文化遗产采取虚无主义的态度，造成了苏联哲学的贫乏。

与继承问题直接有关并更为突出的是对德国古典唯心主义哲学的评价问题，这也是这次讨论会上批评的重点之一。

亚历山大洛夫在《西欧哲学史》中对德国古典哲学的评价，基本上是根据马克思、恩格斯和列宁的评价作出的。他在分析几位古典哲学家的主要观点时，充分肯定了他们的进步方面，指出他们在当时历史条件下所起的进步作用。但是，作者在分析他们的学说的某些保守方面时，却常常言过其实，甚至加上"反动""反动特征"之类的评语。例如，亚历山大洛夫说，"康德学说中的反动特征在他的世界观中占据愈来愈大的地位"[1]，康德的道德观是反映了"最反动的资产阶级的政治和伦理要求"[2]。黑格尔哲学中包含着"进步的和保守的、反动的两个方面"，"经常是互相渗透着的，其中保守方面占据优势"，等等。显然，这是由于受到当时苏联流行的"左"的观点影响所致。

尽管如此，《西欧哲学史》仍然受到日丹诺夫的指责，特别是在对黑格尔的评价问题上。他认为亚历山大洛夫"把敌对哲学斗争描写成黑格尔本身内在的反动原则与进步原则的斗争，这种证明方法不仅是客观主义的折中论而且显然是替黑格尔粉饰。因为这样就是证明在黑格尔哲学中的进步方面和反动方面是一样多的"。日丹诺夫当时提出要反对教条主义，就是要反对经典作家对黑格尔的一些正确评价。他用以指责亚历山大洛夫的唯一根据便是斯大林关于"德国古典哲学是对法国革命和法国唯物主义的'贵族的反动'"的论断，并据此宣称，"关于黑格尔的问题是早已解决了的，重新把它提出来，没有任何根据"[3]。而根据斯大林的论断不可避免地得出全盘否定德国古典唯心主义哲学的结论。正是为斯大林观点所左右，在这次讨论会上，除少数与会者坚持要正确地对待德国古典哲学之外，大多数人对德国古典哲学持全面批判、全面否定的态度，甚至认为德国古典哲学不存在什么继承性问题。这在米丁和斯维特洛夫等人的发言

---

①　《苏联哲学问题》，华东新华书店1950年版，第20页。
②　敦尼克主编：《哲学史》第6卷，生活·读书·新知三联书店1976年版，第466页。
③　《苏联哲学问题》，华东新华书店1950年版，第35页。

中表现得尤为突出。在米丁看来，肯定资产阶级哲学中有某些合理和进步的东西，都是卑躬屈膝的行为。他们认为，既然斯大林把德国唯心主义哲学确定为贵族对法国革命和法国唯物主义的反动，那么只简单地断言德国哲学家有保守方面是不够的。埃姆金甚至提出，不仅德国的唯心主义是反动的，而且德国唯心主义的方法也是反动的。还有人说，不仅黑格尔的唯心主义体系具有保守的性质，就连他的辩证法也是被用来保卫当时德国的反动现实的；黑格尔的辩证法是德国资产阶级中一部分反动分子的世界观。从阶级根源上说，黑格尔代表的是资产阶级，其利益是同贵族阶级相一致的，是同世界反动势力反人民群众的利益一致的。黑格尔哲学的实质是普鲁士地主阶级的意识形态，是贵族的意识形态。斯维特洛夫认为，法国革命及其思想并未引起黑格尔的兴趣，"黑格尔从青年时起直至逝世都始终不渝地是对德国封建君主制的国家制度表示最恭敬的忠臣"①，黑格尔不仅是保守的，而且是反动的，无继承性可言。

斯大林和日丹诺夫等人的观点，既违背历史事实，也违背马克思、恩格斯和列宁对德国古典哲学的正确评价。

第一，就德国古典哲学唯心主义同法国唯物主义的关系而言，从在哲学的发展中以唯心主义取代唯物主义的地位来看，或许可以说，这是一次唯心主义的复辟，或视为对法国唯物主义的"反动"，但正如马克思曾指出的，德国古典唯心主义的出现和发展，乃是一次富有内容的复辟。德国古典哲学在唯心主义的基础上，系统发挥了辩证法思想，把辩证法引入认识论，发挥了能动性等等，这样，它又为哲学的发展提出了许多新问题，增添了丰富的新内容，从这个意义上来说，它又是人类认识史上的一个重大发展。其中，黑格尔的辩证法思想更是欧洲两千年来辩证法思想的总汇，是德国古典唯心主义哲学的最积极的成果，对人类辩证法思想的发展起了积极作用，并为马克思主义哲学的创立提供了直接的理论前提。

第二，德国古典唯心主义哲学还是德国近代史上一次具有反封建性质的哲学革命，它同法国哲学革命的差别，主要是形式上的，不是实质性的，就其反封建的、进步的资产阶级实质而言，两者是一致的。和英法哲学相比，德国古典哲学在形式上较为保守，但在内容上则较为丰富和深刻。德国古典唯心主义同法国唯物主义的对立，从阶级根源上看，并不是

---

① 转引自《苏联当代哲学》，人民出版社 1986 年版，第 498 页。

两个阶级的对立，而是同一社会阶级——资产阶级发展和成熟程度不同的反映。它们之间的斗争，主要是两个国家不同的具体历史条件造成的。和法国唯物主义是法国大革命的理论准备一样，这次德国哲学革命的意义，正如恩格斯指出的，乃是德国资产阶级革命的导言。显然，用法国唯物主义来贬低、否定德国古典唯心主义，把两者绝对对立起来，是错误的。

黑格尔哲学思想中的保守方面是显而易见的，然而在他迂腐晦涩的言辞背后又隐藏着革命的因素。可以说，在他的思想中，到处都充满着矛盾，单就他的政治思想来说，他一方面为君主制作了大量的辩护，另一方面又对腐朽的封建制度和基督教会极端反感，对它们一贯采取批评的态度。他一方面支持现存的国家制度，另一方面又论证现状是必然要改变的。黑格尔对法国革命采取热烈同情的态度，然而他的这种态度却完全是德国式的。他曾深刻意识到法国革命好似"光辉灿烂的黎明"，标志着"一个新时期的降生"，但到后来，只是抽象地肯定法国革命的原则，实际上成为落后德国状况下要求改变社会的改良派。

黑格尔哲学中的矛盾，正是当时德国资产阶级矛盾性格的反映，他的保守方面也正体现了德国资产阶级先天不足的软弱性和妥协性；反之，正是德国资产阶级所固有的软弱性和妥协性，才使得黑格尔这个"奥林匹斯山上的宙斯"也无法完全脱去德国的庸人气味，才使得他这个法国革命的拥护者，竟会提出君主立宪制这样一种极其温和的政治主张。在新兴资产阶级与封建地主阶级的斗争中，黑格尔总是站在新兴资产阶级一边，他的思想始终都表达着新兴资产阶级的根本利益和愿望。1821年出版的《法哲学原理》可说是黑格尔哲学中最富于保守性的著作，恩格斯却曾这样说过："当黑格尔在他的《法哲学》一书中宣称君主立宪是最高的、最完善的政体时，德国哲学这个表明德国思想发展的最复杂但也最准确的指标，也站到了资产阶级方面去。换句话说，黑格尔宣布了德国资产阶级取得政权的时刻即将到来。"黑格尔提出君主立宪的政治理想，是要通过有限的温和的改良道路来实现资产阶级的间接统治，以利于资本主义的发展。可以说，这是非常典型的"法国革命的德国理论"。在政治上黑格尔虽有其保守性的一面，但从根本上说来则是革命的、进步的。以当时被看作为普鲁士王朝辩护的"凡是现实的都是合理的，凡是合理的都是现实的"这一命题来说，本身就包含了两重性，一方面是对现状的肯定，另一方面又包含着对现状的否定。看来是保守的，但正如恩格斯所指出的，它本身就包含着革命的意义。应该说，黑格尔的保守性只在于他不敢把他的真正意图公开表示出来，而只是偷偷地向世人暗示，在公开场合却往往为普鲁士王朝的合理性作辩护。所以，黑格尔并不是一个代表容克地主阶级利益的保守分子，更不能说他是一个反动分子。他的哲学同整个德国古典哲学一样，绝不是"德国贵族对于法国革命的一种反动"。

日丹诺夫等人对亚历山大洛夫的批评是完全违背历史事实的。他们对德国古典哲学，尤其是对黑格尔哲学全盘否定的做法，从根本上否认了德国古典哲学是马克思主义的重要理论来源之一。他们对历史文化遗产完全采取反历史主义的虚无主义态度，曾给苏联哲学的发展带来了极为严重的消极后果。

（五）哲学讨论会的影响及其后果

1947 年哲学讨论会由于是在斯大林和苏共中央的领导下进行的，受到了苏联全国的关注，产生了强烈而深远的影响，带来了一系列消极后果。其影响不限于哲学界，而且波及文学艺术及自然科学等诸多领域。

讨论会实际上是以《西欧哲学史》为靶子而展开的，这是对国内外"资产阶级思想"展开主动的全面进攻的开始，极大地改变了苏联哲学发展的方向。在哲学的阶级性和马克思主义哲学的战斗性被过分夸大的情况下，哲学领域的真正的科学研究就更加困难了。哲学讨论会后苏联哲学界的境况，从《哲学问题》杂志及其第一主编凯德洛夫的遭遇可见一斑。凯德洛夫曾在哲学讨论会上提出创办哲学杂志的建议，后经党中央批准，哲学家们在会后创办了一份专门哲学杂志《哲学问题》。然而，杂志刚刚出了第 2 期便遭到厄运，主编凯德洛夫受到围攻和批判。原因是在该杂志上发表了几篇有争议的文章。杂志编辑部因"没有贯彻正确路线，没有把物理学家们和哲学家们引向日丹诺夫同志在讨论亚历山大洛夫的书时所指出的道路"，而受到严厉的批评，《哲学问题》第 2 期被禁止发行，凯德洛夫被撤销职务。其后不久，不仅凯德洛夫在《哲学问题》上发表的文章，而且他在 1947 年和 1948 年发表的几部著作。如《论自然界的质量变化》、《恩格斯和自然科学》、《论自然科学发展的道路》和《化学元素概念从门捷列耶夫到今天的发展》等，都受到了批判。他被指责忽视了科学斗争、哲学斗争与阶级斗争、社会集团斗争之间的联系，忘记了社会主义文化和资本主义文化之间的斗争，犯了客观主义的错误。甚至科学院哲学研究所也因没有及时对凯德洛夫展开批评而受到责备。正是在这种日益紧张的气氛下，1949 年 7 月，在莫斯科召开了"全苏马列主义与哲学教研室主任会议"，大会一致通过的给斯大林的致敬电表示："我们将不断地以您的伟大指示为指南……严格遵守理论与实践、哲学与政治的统一，要严格遵守理论的布尔什维克党性原则。……保证要在反对唯心主义的反动学说的斗争中起主导的作用……对于资产阶级客观主义与世界主义的任何表现，抱有布尔什维克的警惕性与不容忍的态度。我们要经常地不倦地为反对英美帝国主义反动思想而斗争"①。

1948 年召开了苏联音乐工作者会议，对《星》和《列宁格勒》两杂志发表讽刺作家左琴科和诗人阿赫马托娃的作品进行批评。日丹诺夫指责他们犯了鼓吹和崇拜西方腐朽的资产阶级文化的形式主义而贬低俄国文化传统的错误。日丹诺夫把这种错误称为"世界主义"。会议之后，随即在苏联掀起了批判"世界主义"的运动。先是在戏剧、文学、电影、音乐和美术各领域进行批判，紧接着就是批判哲学中的"世界主义"。米丁于1949 年 3 月在《文学报》上发表了《论苏联哲学中的世界主义"理论"》一文，认为哲学界也有一个"欺宗灭祖的世界主义者"集团，其代表人物就是凯德洛夫及其追随者。米丁批评说，日丹诺夫在《西欧哲学史》讨论会的发言中已指出哲学家们没有看到奴颜婢膝地崇拜外国资产阶级哲学的事实，然而凯德洛夫等人仍然"忽视阶级斗争的国际性和阶级斗争在哲学中的反映"，强调"世界哲学是全人类的思想"，而"抛弃俄罗斯社会思想发展的一切民族性和独创性"，"对俄罗斯民族文化抱虚无主义态度"，等等。日丹诺夫发动的批判"世界主义"运动，造成了严重的后果。在哲学上，否定一切现代西方哲学流派，而不作具体的分析和研究，把自己完全封闭起来。从而使得当时的苏联哲学界不仅对历史文化遗产采取虚无主义的态度，而且把现代资产阶级所有哲学流派都一律视为颓废的、反动的，斥之为"帝国主义反动派的哲学"，"科学和进步坏透了的敌人"，而一概加以否定。这就把哲学研究仅仅局限在马克思主义本身狭窄的范围之内，加之在个人崇拜的影响下，"注释哲学"盛行，哲学家们唯一能做的事情就是注释、解释、重复斯大林著作中的一些观点。这就必然会导致马克思主义哲学的教条化、简单化。

---

① 《苏联哲学问题》，华东新华书店 1950 年版，第 94 页。

1947 年哲学讨论会还带来一个危害和影响，那就是它开了一个用最高行政命令这种方式解决理论学术是非的恶劣先例。早在 30 年代初，批判德波林学派时，就曾发生过类似情况，而现在情况则越发严重了。

1947 年哲学讨论会的影响也波及许多自然科学。日丹诺夫在讨论会的发言中，在罗列了"资产阶级科学"的种种表现之后，立即指出，"这里是哲学家活动的巨大领域"，这实际就是向哲学家们发出在自然科学领域开展批判斗争的动员令。

列宁于 1922 年在《论战斗的唯物主义的意义》这篇名著中，提出的关于"哲学家与自然科学家联盟"的思想，得到了哲学家和自然科学家们的赞同。因此，早在 20 和 30 年代，苏联哲学界即开始重视同自然科学联盟，注意现代自然科学中哲学问题的研究。一些自然科学家也开始自觉地运用辩证唯物主义哲学来指导自己的科学研究工作。但与此同时，也出现了错误地开展自然科学领域中的哲学批判，否定现代自然科学的新成就，甚至用行政手段压制反对派的倾向。第二次世界大战后，尤其在哲学讨论会的影响下，这种错误倾向便愈演愈烈。生物遗传学可以说是最早受到粗暴批判的学科之一，这个事件具有一定的代表性。

早在 20 年代，苏联就存在生物遗传学的两个派别——摩尔根学派和米丘林学派。1935 年米丘林去世后，李森科成为米丘林学派的代表人物。两派从 30 年代起开始学术上的争论。虽然李森科凭借行政干预的支持，完全否定美国遗传学家摩尔根的基因遗传理论，给它扣上"不可知论"和"烦琐哲学"的帽子，但直到卫国战争结束，摩尔根派仍可独立开展科学研究工作，在学校里也还可以公开讲授摩尔根生物遗传学。到了 1948 年，情况发生了根本的变化。

1948 年 7 月，李森科在列宁全苏农业科学院大会上作了题为《论生物学现状》的报告，总结生物学领域米丘林派与摩尔根学派之间的斗争，向摩尔根主义展开新的进攻。他说这一天是"对摩尔根主义的完全胜利的伟大节日"。这次大会得到苏共中央的有力支持，斯大林会前亲自修改了李森科报告的草稿。会议期间《真理报》几乎刊登了会议的全部文件，并发表社论公开支持米丘林学派，哲学家米丁也在大会上作了支持李森科的发言。

李森科在报告中提出有两种对立的生物学，即所谓唯物主义的、苏维埃的、米丘林主义者的生物学和反动的、唯心主义、形而上学的魏斯曼—

摩尔根主义的生物学。他宣布摩尔根主义这种"现代反动遗传学是烦琐哲学"。这次会议使李森科为首的米丘林学派在苏联生物学界取得了垄断地位。而一大批摩尔根学派生物遗传学家则被打成反动的、反科学的魏斯曼—摩尔根主义者。摩尔根遗传学被宣布为"伪科学","为帝国主义种族主义服务"的"优生学"。大会之后,持摩尔根派观点的研究所被撤销,有关细胞遗传学的实验室被关闭,有关文献和教科书被销毁,教师被赶出了学校。摩尔根遗传学在苏联遭到了毁灭性的破坏。

这次会议在当时被认为具有普遍的意义。会议刚一结束,党的机关刊物《布尔什维克》立即发表了《为争取进步生物科学的繁荣而斗争》的社论。这篇社论指出,得到党中央赞同的李森科的报告不仅对生物学家十分重要,而且对其他领域的科学家也具有重要意义。社论还提出,所有的学者、科学家都面临着同样的任务,即为争取进步科学的发展、争取苏联科学的繁荣和领先地位、争取克服反动的资产阶级理论的敌对影响和克服在资产阶级文化面前的奴颜婢膝而斗争。在当时那种批判"世界主义"、反对"资产阶级客观主义"的气氛之下,一场扫除"反动资产阶级影响"的批判运动便很快在物理学、化学、控制论、心理学、生理学等领域广泛开展起来,从而严重地阻碍了苏联科学的进步和发展,在一些现代自然科学领域拉大了与国际先进水平的差距。

这次对摩尔根派遗传学的批判和处理,对苏联遗传学来说是一场灾难,其历史教训是极为深刻的,给人们留下不少值得反思的问题。其一,不适当地强调、夸大哲学对自然科学的指导作用。本来哲学对自然科学的指导作用,是由马克思主义哲学本身的性质决定的,即作为世界观、方法论,给人以总的科学方法论的指导。从这个意义上说,哲学对具体自然科学研究有指导作用,并没有错。但如果把哲学放到不适当的位置上,夸大它的作用,使哲学成为裁决自然科学领域中学术争论是非的标准,按照哲学党性原则去简单地裁决不同观点、不同学派,断定哪个是唯物主义的、正确的、进步的,哪个是唯心主义的、形而上学的、错误的、反动的,那是危险的(当然,所谓哲学指导更不是某些哲学家个人去指导)。这种做法的后果是严重的,它不仅会阻碍自然科学的进步和发展,而且会败坏马克思主义哲学本身的威信。其二,对具体自然科学问题采取行政干预,以行政手段、政治批判取代学术争论,甚至由党中央来宣布自然科学中学术争论的是非,甚至断定哪一方是进步或是反动的,这是完全违背科学发展规律的。具体自然科学的成果、结论正确与否，根本上说来，是要靠科学实验，靠实践来检验，而不是靠哪一级行政组织甚至靠某个人来裁决。这种做法是完全反科学的，错误的，它给自然科学的发展所带来的消极后果是极为严重的。

下　篇

第五章

恩格斯《家庭、私有制和国家的起源》对唯物史观的发展

在资本主义"和平"发展时期，各国党内的右倾机会主义者都公开吹捧资产阶级民主，美化资产阶级国家，鼓吹资产阶级反动政府能够"按照全体人民的利益"办事，只要无产阶级能争得更多的选票和席位，资本主义就能"和平"地长入社会主义。一些资产阶级学者也极力粉饰资本主义制度，将资产阶级国家说成是超阶级的、永恒的、人类不可缺少的东西，妄图以此抵制马克思主义的巨大影响，把无产阶级引向资产阶级改良主义道路，放弃推翻资产阶级国家政权的斗争。尽管这些"理论"毫无科学根据，但却迷惑了一部分人。正如恩格斯后来指出的："在德国，来自哲学的对国家的迷信，已经进入到资产阶级甚至很多工人的一般意识之中"[①]。这种对国家的迷信，势必导致否认国家的阶级本质，给无产阶级事业带来严重的危害。

为了捍卫马克思主义的国家学说，批判资产阶级的国家观，反对工人运动内部的机会主义，提高各国无产阶级政党的马克思主义水平，就需要进一步揭示国家的本质和国家的起源，这就必然涉及原始社会史问题。恩格斯的《家庭、私有制和国家的起源》出色地完成了这一任务。

一 论原始氏族社会的基本特征和发展规律

恩格斯把唯物史观运用于史前时期的研究，揭示了原始氏族社会的基本特征和发展规律，建立了马克思主义关于原始社会的理论。

---

① 《马克思恩格斯选集》第3卷，人民出版社1995年版，第13页。

　　1877 年，美国民族学家和原始社会史学家路·亨·摩尔根（1818—1881 年）的《古代社会》一书出版了。这是一部具有重大意义的科学著作。摩尔根从 1840 年开始，前后用了近 40 年的时间，对美洲印第安人易洛魁部落进行了深入的考察和研究，揭开了原始社会的秘密。恩格斯曾高度评价摩尔根的学说，指出："摩尔根在美国，以他自己的方式，重新发现了 40 年前马克思所发现的唯物主义历史观，并且以此为指导，在把野蛮时代和文明时代加以对比的时候，在主要点上得出了与马克思相同的结果"①。

　　《古代社会》一书出版后，受到马克思的重视，并被介绍给恩格斯。马克思于 1881—1882 年专门研读了《古代社会》，作了十分详细的摘录，并加了许多重要的补充和评语，在有些问题上，还指出了摩尔根的观点错误或不确切之处。马克思曾打算写一部关于原始社会的著作，用唯物史观"来阐明摩尔根的研究成果"，但遗憾的是，他的这一心愿未及实现，便与世长辞了。他遗留下来的《〈古代社会〉一书摘要》就成为恩格斯后来写作《家庭、私有制和国家的起源》一书的重要根据。

　　恩格斯于 1884 年初集中精力从事原始社会史的研究。他同样十分重视摩尔根的《古代社会》一书，认为它证实了马克思和他所提出的唯物史观，以及他们对原始社会的看法。恩格斯于 1884 年 3 月—5 月，完成了《家庭、私有制和国家的起源》一书的写作。恩格斯认为，这一著作的完成，在某种程度上是执行马克思的"遗言"，补偿了"亡友未能完成的工作"②。

　　在这部著作中，恩格斯不仅运用了他自己过去对古希腊、罗马及日耳曼民族等历史的研究成果，以及新发现的有关家庭史、原始社会史的大量材料，而更重要的是，他运用了历史唯物主义观点，对摩尔根等的研究成果进行了批判的探讨，对许多实际材料和结论都作了新的解释和发挥。

　　1845 年，马克思和恩格斯在其合写的《德意志意识形态》中，就已探讨了原始社会的所有制和社会结构问题。当时确认原始时代的所有制形式是"部落所有制"，即肯定了原始社会是建立在公有制和血缘关系的基础之上的。在这里，他们还提出了物质生活资料的生产和人口的增殖这两

---

① 《马克思恩格斯选集》第 4 卷，人民出版社 1995 年版，第 1 页。
② 同上。

种生产的观点。到了 60 年代，马克思在《资本论》中又论述了许多有关原始社会史的重要问题。但上述这些对原始社会的探讨，只是初步的，仅限于父权制氏族社会，而对氏族的起源与发展，以及父权制以前存在着母权制氏族社会等一系列问题，还不可能作出系统的理论分析。

恩格斯在《家庭、私有制和国家的起源》中，根据摩尔根的材料和研究成果，系统地、科学地阐明了原始时代的氏族的起源、发展和基本特征。氏族的起源和发展是与婚姻、家庭的起源和发展相联系的，因此，恩格斯系统地阐述了家庭的产生和发展的历史。与那种认为一夫一妻制家庭自古有之的传统观念相反，恩格斯认为，家庭作为社会生活的组织形式之一，是随着社会生产发展而不断变换自己的形式的，每一家庭形式都是与社会生产发展的一定阶段相适应的。在原始社会初期，不曾有过任何家庭形式，而存在着杂乱的性交关系。婚姻、家庭关系是从人类开始由风俗所规定的两性间性生活受到某种限制的时候产生的。

原始社会的第一种家庭形式是血缘家庭，它是群婚制的第一个阶段。在这种家庭形式中，仅仅排除祖先与子孙之间、父母与子女之间的婚姻关系，同一辈的男女互为兄弟姐妹，也互为夫妻。第二种家庭形式即普那路亚家庭，它是群婚制的高级发展阶段。在这种家庭形式中，同胞兄弟姐妹之间的婚姻关系也被排除了。恩格斯指出：氏族制度，在绝大多数场合都是从普那路亚家庭中直接发生的。因为在这种家庭中排除了兄弟姐妹间的通婚，实行外婚制，就必然形成两个集团，从而引起氏族的建立。氏族就是在一个共同的女祖先率领下组成的、任何男女不通婚的女系血缘亲属集团，一个氏族的男人们只能是另一个氏族的女人们的丈夫。"氏族的任何成员都不得在氏族内部通婚。这是氏族的根本规则，维系氏族的纽带"①。这也就是氏族的本质。

恩格斯根据摩尔根的材料，以易洛魁人的氏族为典型例证，阐明了原始氏族社会制度的基本特征。在群婚制的条件下，子女只知其母不知其父。这时，世系只能按母亲方面来确定。因此，氏族社会的第一个发展阶段就只能是母系氏族社会。当时，妇女从事农业，而农业又是氏族的主要生活来源。因此，妇女在共产制家庭经济中占主要地位。这种"母权制"，在原始社会发展的相当长的时期内，占着统治地位。在自然选择原

————————————

① 《马克思恩格斯选集》第 4 卷，人民出版社 1995 年版，第 84 页。

则的作用下，禁止通婚的规则和习俗越来越多，越来越细，这就导致一种新的家庭制度——"对偶家庭"的出现。它是与群婚并行，并在群婚制范围内，排斥他人的婚姻关系，即在或长或短时期内成对配偶。在这种家庭中，一男一女共同生活，但婚姻关系也很容易撕破，子女仍然只属于母亲。随着生产的发展，财富的增加，男子在生产中和家庭经济中占有越来越重要的地位。在对偶家庭后期，开始出现了家庭私有财产，并且子女已能认识自己的生父，父亲便要求其子女继承他的财产，于是引起了"母权制"的溃崩，逐渐过渡到"父权制"氏族阶段。氏族经历了两个不同的发展阶段，即母系氏族社会和父系氏族社会。

原始氏族社会的基本特征可以概括如下：这个以血缘关系为纽带的氏族社会制度建立在原始公有制的基础之上，没有私有制和剥削，土地乃是全部落的财产，仅仅小小的园圃归家庭暂时使用。这时，没有阶级和压迫，也没有国家和法。由氏族、胞族、部落构成了一套相当完备的社会组织形式。然而这一原始氏族制度的存在是以生产极不发达为前提的。

恩格斯根据原始社会的发展，对唯物史观作了重大补充和发挥。他明确指出："根据唯物主义观点，历史中的决定性因素，归根结底是直接生活的生产和再生产。但是，生产本身又有两种。一方面是生活资料即食物、衣服、住房以及为此所必需的工具的生产；另一方面是人类自身的生产，即种的繁衍。一定历史时代和一定地区内的人们生活于其下的社会制度，受着两种生产的制约：一方面受劳动的发展阶段的制约，另一方面受家庭的发展阶段的制约。劳动愈不发展，劳动产品的数量、从而社会的财富愈受限制，社会制度就愈在较大程度上受血族关系的支配。"①

物质生活资料的生产决定着社会的性质和发展方向，毫无疑问，原始社会的发展也同样是由生产力的性质和水平决定的。但是恩格斯发现，在母系氏族社会生产力极不发达的情况下，有许多问题仅仅用物质生产因素还不能得到充分的说明。如由于生产力水平低下，人类最初必然过着群体生活，必然是群婚，但是，群婚的具体发展道路又是怎样的呢？为什么婚姻关系的范围逐渐缩小呢？为什么家庭的发展呈现从最初的原始群进入血缘家庭、普那路亚家庭和对偶家庭这一顺序呢？这些问题需用生活资料的生产以外的因素来说明。这时家庭的发展，不仅受生活资料的生产因素的

① 《马克思恩格斯选集》第 4 卷，人民出版社 1995 年版，第 2 页。

制约，同时还受人口的繁殖、增长以及"自然选择"所制约。总之，在原始社会，人口的繁衍，家庭的发展，同物质生活资料的生产一起，在历史发展中起着决定性的作用。

但是，从对偶家庭到一夫一妻家庭的过渡，"自然选择"已不再起决定作用了，而是为新的因素——所有制的变化所决定。私有财产和财产继承权的出现，与按母系计算世系的制度发生了矛盾，矛盾的解决，必然导致父系氏族社会的出现。就是说，一夫一妻制家庭是适应私有制经济的要求而产生的，此后，家庭制度就从属于所有制关系了。在新的条件下，种的繁衍，人口的增长，作为社会物质生活的必要条件之一，也还是社会发展不可缺少的因素，对社会的发展起着加速或延缓的作用。

恩格斯关于原始社会两种生产的理论，不仅与历史唯物主义的一般原理不相矛盾，而且恰恰是这一原理的具体化，是对历史唯物主义原理的重大补充和发展。有了这一新的发展，才使原始社会史建立在真正的科学基础之上。

二　论私有制和阶级的起源

恩格斯论述了氏族制度解体的一般经济条件，从而揭示了私有制和阶级的起源，科学地阐明了人类由无阶级社会向阶级社会过渡的规律性。

恩格斯着重从生产、社会分工和交换的发展来论证私有制的产生，而私有制则是"阶级矛盾的根源和破坏古老公社的杠杆"[①]。

在原始社会初期，由于生产极不发达，分工只存在于两性之间，这是由生理上的原因造成的，还谈不到社会分工。后来人们在长期游牧生活中，逐渐学会了驯养牲畜；到野蛮时代中级阶段，游牧部落便从其余的野蛮人群中分离出来。这是第一次社会大分工。这一分工使经常性的交换成为可能。当畜群逐渐转为家庭、个人的"特殊财产"的时候，个人之间的交换就代替了部落之间的交换而成为唯一的形式。生产日益提高，个人的劳动能够生产出超过维持其本身所必需的产品，生产有了剩余，便出现了剥削的可能性，也有了吸收新的劳动力的需要和可能，于是战争的俘虏变成了奴隶。"从第一次社会大分工中，也就产生了第一次社会大分裂，

---

① 《马克思恩格斯全集》第36卷，人民出版社1957年版，第143—144页。

分裂为两个阶级：主人和奴隶、剥削者和被剥削者"①。到了野蛮时代高级阶段，由于铁器等金属工具的使用，提高了生产效率及产品的多样性，就又发生第二次社会大分工，手工业与农业分离了。这时，奴隶的使用已成为普遍现象，成批的奴隶被赶到地里和工场里劳动。奴隶制成为社会制度的本质的组成部分，私有财产更加扩大，土地由分给家庭使用而逐渐过渡为家庭的私有财产。交换的进一步扩大，出现了以交换为目的的商品生产。交换、贸易、货币的发展，又引起了整个社会的分化——贫富两极分化，氏族成员中一部分也变成了奴隶。进入文明时代初期，出现了第三次社会大分工，一个只从事交换而不从事生产、却又掌握生产大权的商人阶级，从工农业中分离出来。恩格斯认为，这次分工是有决定意义的重要分工。货币借贷、高利贷及土地买卖、抵押制的出现，加剧了新的阶级分化。财富集中于一个人数很少的阶级手中，人民大众日益贫困化。由于贫民，特别是奴隶人数大大增加，"奴隶的强制性劳动成了整个社会的上层建筑所赖以建立的基础"②。氏族制度终于被分工及其后果即社会之分裂为阶级所炸毁。

总之，随着生产力和分工的发展，生产的共同性逐步向个体性过渡，私有制便逐渐产生和发展起来。起初是畜群、畜产品及奴隶的私有，而后是土地及货币财富的私有。生产水平的提高，私有财产的出现，使由分工引起的交换更加发展，交换的发展又进一步促进了私有制的确立，从而导致奴隶主阶级和奴隶阶级的形成。

关于私有制、阶级的产生，马克思、恩格斯早已有过论述。在《德意志意识形态》中，他们就提出过私有制是从"部落所有制"产生的思想。1852 年马克思在给魏德迈的信中，明确提出"阶级的存在仅仅同生产发展的一定历史阶段相联系"，并把它作为自己的新贡献之一。在《反杜林论》中，恩格斯在批判杜林关于暴力产生阶级的谬论时，进一步论述了阶级及统治关系的产生的两种途径。恩格斯在《家庭、私有制和国家的起源》中，以丰富的实际材料，系统地阐明了私有制、阶级的起源。正是上述思想的进一步论证和发展，给了无产阶级以强大思想武器，同时也使那种鼓吹"私有制永恒性"的唯心史观彻底破产。

---

① 《马克思恩格斯选集》第 4 卷，人民出版社 1995 年版，第 161 页。
② 同上书，第 168 页。

三　论国家的起源和本质

　　恩格斯系统论述了国家的起源和本质，从而进一步丰富了马克思主义的国家学说。

　　国家是在氏族制度的废墟上建立起来的。引起氏族制度瓦解的私有制和阶级的出现，是国家产生的基本前提。原始社会后期，在经济关系发生重大变革、阶级集团逐渐形成的情况下，氏族制度就逐渐变得软弱无力了。具体说来：一是异族的杂居，使得氏族组织的成员无法集合起来处理自己的公共事务。由经济发展而形成的新的集团，则要求有新的机关来保护它们的利益和社会权利。二是氏族制度是从那种没有任何内部对立的社会中生长出来的，除了舆论之外，它没有任何强制手段。而当阶级的分工和对抗达到尖锐地步时，氏族组织就再也维持不下去了。由于社会无法解决阶级对抗，于是就要求第三种力量来“压制它们的公开的冲突，顶多容许阶级斗争在经济领域内以所谓合法形式决出结果来”[①]。这似乎站在各阶级之上的第三种力量即国家终于代替了氏族组织。

　　恩格斯根据希腊人、罗马人和日耳曼人的古代历史，详细考察了国家产生的具体过程，并总结概括了国家产生的三种形式（即雅典的国家、罗马的国家和德意志的国家），其中雅典的形式是最纯粹、最典型的形式，它是直接从氏族社会本身内部发展起来的阶级对立中产生的。

　　恩格斯作了上述历史的分析之后，便从国家的起源中概括了国家的本质，指出：国家决不是从外部强加于社会的一种力量。它是社会一定发展阶段上的产物。“国家是承认：这个社会陷入了不可解决的自我矛盾，分裂为不可调和的对立面而又无力摆脱这些对立面。而为了使这些对立面，这些经济利益互相冲突的阶级，不致在无谓的斗争中把自己和社会消灭，就需要有一种表面上驾于社会之上的力量，这种力量应当缓和冲突，把冲突保持在‘秩序’的范围以内；这种从社会中产生但又自居于社会之上并且日益同社会相异化的力量，就是国家。”[②] 恩格斯的这一结论，清楚地说明了阶级与国家的关系，国家从它一产生起就是一个阶级压迫另一个

　　[①]　《马克思恩格斯选集》第4卷，人民出版社1995年版，第169页。
　　[②]　同上书，第170页。

阶级的暴力组织。

　　恩格斯进一步将国家与氏族制度加以比较，从二者的区别中，阐明了国家不同于氏族制度的两个基本特征：（一）国家按地区划分它的居民，不再按血缘关系划分居民；（二）公共权力的设立，这是与居民自动武装相对立的，它已不代表全社会，而为某一个阶级所掌握。构成公共权力的不仅有特殊武装的人，而且有物质的附属物——如监狱等各种强制机关。这是国家最本质的特征，它清楚地表明了国家的阶级实质，国家是阶级统治的暴力工具。

　　恩格斯还指出："由于国家是从控制阶级对立的需要中产生的，同时又是在这些阶级的冲突中产生的，所以，它照例是最强大的、在经济上占统治地位的阶级的国家，这个阶级借助于国家而在政治上也成为占统治地位的阶级，因而获得了镇压和剥削被压迫阶级的新手段。"① 历史上存在过的国家，不论是古代的奴隶制国家、封建国家，还是现代的资产阶级国家，都是剥削阶级压迫、奴役劳动者的机关。因此，无产阶级、劳动群众要求得解放，就必须首先用暴力推翻剥削阶级国家。

　　《家庭、私有制和国家的起源》是马克思主义的基本著作之一。正如恩格斯自己所说："这本书对我们的整个世界观将具有特别重要的意义。"② 它根据大量的实际材料，科学地论证了家庭、私有制和国家的起源，深刻地揭示了国家的阶级本质，补充和丰富了唯物史观的基本原理。它同马克思、恩格斯的其他经典著作一样，为全世界无产者的解放斗争提供了无比锐利的思想武器。

---

① 《马克思恩格斯选集》第 4 卷，人民出版社 1995 年版，第 168 页。
② 《马克思恩格斯书信选集》，人民出版社 1957 年版，第 414 页。

第 六 章

《家庭、私有制和国家的起源》导读

一 历史背景

《家庭、私有制和国家的起源》（以下简称《起源》）一书，是恩格斯 1884 年 3 月至 5 月底，两个月内写成的，于同年 10 月在苏黎世出版。

那时正是 1871 年巴黎公社失败后，资本主义世界进入了一个新的时期——"和平发展"的时期。

1873 年爆发的世界经济危机，标志着欧美资本主义开始由自由竞争的阶段逐步向垄断的阶段过渡。这时，资产阶级在政治上占了绝对统治的地位，已开始从进步走向反动。

这一时期的特点是：在西方，资产阶级革命时代已结束，而在东方还没有成熟到资产阶级革命；另一方面，无产阶级革命的时机也尚未成熟，处在聚集力量，准备迎接未来革命的阶段。因此，这一时期没有发生重大的革命和战争，带有相对和平发展的性质。

巴黎公社失败后，欧美工人运动经历一个短暂的低落，到了 80 年代前后，又重新发展起来，出现了新的高涨。在十几个国家里，都先后成立了社会主义工人政党，如德国社会民主党（1875 年），美国社会工党（1877 年），法国社会党（1880 年），意大利工党（1882 年）等等。由于这些党在理论上和政治上还不成熟，又主要是在和平发展的环境里，利用资产阶级民主进行合法斗争，再加上资产阶级以超额利润收买工人贵族，这就易使工人运动内部的机会主义的东西又滋长起来。

当时，马克思、恩格斯与机会主义斗争的主要问题之一，即关于国家的问题，也就是如何对待资产阶级国家的问题。拿当时的德国来说，拉萨尔早就鼓吹国家是"全体人民的共同体"。主张依靠普鲁士国家的帮助，建立生产合作社，通过争取普选权，和平发展到社会主义，建立"自由人民国家"。后来德国社会民主工党即爱森纳赫派与拉萨尔派合并时，李卜克内西、倍倍尔等人却在这些根本问题上，做了无原则的让步，把拉萨尔机会主义的观点写进了党的纲领草案。为此，马克思于1875年写了《哥达纲领批判》一书，对拉萨尔主义进行了清算。但是拉萨尔派的观点对德国党和工人运动的影响较深，到了1879年又出现了个"苏黎世三人团"。这就是赫希伯格、施拉姆和伯恩施坦等三人在瑞士的苏黎世办了一个反党刊物。他们屈服于俾斯麦的"反社会党人法"的压力，极力宣扬投降主义路线。在他们抛出的《德国社会民主党的回顾》一文中，说德国党不打算走暴力流血的革命道路，决定与资产阶级合作，走合法改良的道路。这无疑就是要保存德意志帝国。与此同时，在法国党内也出现了所谓"可能派"，以马隆、布鲁斯为代表。他们主张把工人运动限制在共和国法律，即资产阶级许可的"可能的"范围内，用和平方法取得政权。总之，他们都是吹捧资产阶级民主、美化、崇拜资产阶级国家，认为只要争取到更多的选票和议席，就可以"和平"地长入社会主义。

其实，机会主义思潮不过是资产阶级意识形态在党内的反映，在国家问题上也同样是如此。最初，在资产阶级革命时期，一些资产阶级学者，曾经宣扬过"契约论"。他们认为人类生活最初是处于"自然状态"，还未形成社会，自然也还没有国家。后来由于某种需要，人们才订立了"契约"，才出现了社会和国家。他们对国家的产生的解释，虽然是唯心主义的，但他们还是猜到了人类社会有一个时期没有国家，国家是后来才形成的。而到了后来，当资产阶级的统治确立之后，资产阶级及其学者为了维护、粉饰资本主义制度，就制造了种种"理论"，把国家说成是超阶级的。国家是从来就有的，永恒的，人类不可缺少的东西，如"社会分工论"，就把社会看作如同人的有机体的分工一样，国家就是人的头脑部分，它要指挥一切，总之，他们极力散布对国家的迷信。同时，又由于人们从小就习惯于社会的公共事业都要通过国家和官吏来处理，对国家的崇拜也就更易生根。

与上述问题相联系的，资产阶级社会学家们也把私有制说成是永恒的。而且认为从原始人所使用的第一块石头、第一根木棒起，私有制就产生了，这便是资本的起源。私有制也不能消灭，没有私有制（土地和资本），就不可有任何劳动，就不能进行生产等等。

正是在这种情况下，为捍卫马克思主义的国家学说，批判资产阶级的国家观；为在社会主义、国家和革命问题上反对机会主义，提高各国党的马克思主义水平，就需要马克思主义经典作家对国家问题作一全面系统的阐述。其中一个重要问题，就是要探讨国家的起源问题，而这必然又涉及对原始社会史的研究。同样，在人类历史上，最初很长时间没有私有制，私有制是后来产生的。对此要进行科学的说明，也涉及对原始社会的研究。

以上讲的是恩格斯写《起源》一书时的一般历史环境，以及在当时条件下提出解决的主要问题的一个总的情况。

下面我们进一步具体说说《起源》一书写作的直接背景、原因和写作的简单过程。

早在19世纪40年代，即从马克思、恩格斯创立马克思主义的时期起，他们就一直十分重视对原始社会的研究。在马恩合写的早期著作《德意志意识形态》中，就探讨了原始社会的所有制和社会结构的问题，认为原始时代的所有制形式是"部落所有制"。肯定原始社会是建立在公有制（集体所有制）和血缘关系的基础之上的。但那时，对于原始社会的具体情况，对部落与氏族的关系都是不清楚的。因为在19世纪中叶以前，民族学、考古学等学科的发展，尚处在幼年时代，还缺乏足够的实际材料可供研究。"在1847年，社会的史前史、成文史以前的社会组织，几乎还完全没有人知道"①。

就是说，当时还没有人能真正解开原始社会这个谜。因此，在以后的几十年间，马克思、恩格斯继续搜集和研究有关原始社会史的材料，并写了一些专门著作或在其他重要著作中涉及对原始社会的研究。如：

50年代的《资本主义以前的各形态》。这是1857—1858年为准备《资本论》而写的，其中进一步论证了原始社会的经济特征。

60年代的《资本论》（1867年）及《爱尔兰的历史》（1869—1870年）。《爱尔兰的历史》只写了第1章自然条件，第2章古代的爱尔兰，因实际斗争而中断了写作。

70年代的《反杜林论》（1877—1878年）。书中在批判杜林的"暴力论"时，论述了关于私有制的产生，阶级和统治关系形成的两种过程，

---

① 《马克思恩格斯选集》第1卷，人民出版社1995年版，第272页。

以及国家的起源等观点。

80 年代初的《马尔克》（1882 年）。恩格斯在致倍倍尔的一封信中说："这是几年来我研究德国历史的第一个成果。"书中讲的是德国古代的社会制度——村社制度。

从这个粗略的线索中，我们可以看到马克思、恩格斯是从根本的战略眼光来考虑问题的。为了教育国际无产阶级懂得本阶级的伟大历史使命，就不仅要使他们了解现在，而且还要使他们了解人类社会的过去。马克思几乎花了毕生的精力写了《资本论》，解剖了资本主义。但是，还需要剖析一下原始社会，搞清楚人类是怎样从无阶级的社会发展过来的，私有制、阶级和国家究竟是怎样产生的，只有这样才能把问题讲透。马克思、恩格斯从来都是用科学来为无产阶级事业服务的。因此，他们一直十分注意史前社会的研究。可以说是做了好几十年的充分准备。恩格斯原想通过对德国及英国古代史的研究这一途径，来解决这一重大课题，并且也写了一些著作。马克思、恩格斯根据当时所提供的材料，靠他们理论逻辑的力量，已经形成了自己的关于原始社会的基本观点。但由于还缺乏足够的材料，问题还未得到最后的解答。正在这时，美国学者摩尔根的《古代社会》一书发表了。

19 世纪中叶以后，随着民族学、考古学及人类学的发展，逐步展开了对原始社会的科学研究，接连出现了一些论述原始社会史、家庭史的著作。尽管在这些著作中提供了不少有价值的参考资料，但好多重要问题仍未搞清楚。1877 年摩尔根《古代社会》一书的出版，为原始社会史的研究开辟了一个新的时期。后来恩格斯对《古代社会》十分推崇，评价很高，称它为"划时代的著作"。

路易斯·亨利·摩尔根 1818 年生于美国纽约州，童年时期就对家乡附近的易洛魁人（印第安人的一支）的生活状况比较熟悉。摩尔根大学毕业后，于 1842 年当了律师。但他对原始社会史很感兴趣，特别研究了易洛魁人的社会经济、风俗习惯等，并组织了一个研究易洛魁人的学会，叫作《大易洛魁社》，以研究印第安人的风俗习惯为其宗旨。摩尔根在易洛魁人中间搞了许多调查研究，他还以律师的资格为印第安人作辩护。这样，他在 1847 年被易洛魁人破例收养为义子，享有和氏族成员同样的权利和义务，这就使他掌握了为一般人所不易了解到的有关易洛魁人习俗的情况。《古代社会》一书中有关印第安人的情况，大部分都是第一手材料。他花了近40年的心血，通过各种方式进行严肃认真的实地调查，从大量的实际材料中得出可靠的结论，从而揭开了原始社会的秘密。

概括地说，摩尔根的主要贡献有以下几点：

1. 确定了原始社会发展由低级到高级，简单到复杂的顺序和主要阶段，并以生产工具的创造发明作为各时期划分的标志，即实际上认为原始社会的分期是由生产力的发展所决定的。

2. 对原始社会的氏族制度作了大量研究，揭露了氏族制度的本质，指出了氏族是原始社会的基本组织。证明和确立了最初的氏族是母系氏族，从母权制到父权制是一个历史发展过程。这一重要发现，"对原始历史的意义，正如达尔文的进化理论对于生物学和马克思的剩余价值理论对于政治经济学的意义一样"。① 它为原始社会史研究奠定了一个牢固的基础。

3. 研究了原始社会的家庭史，为家庭形态的发展确定了一个合理（即合乎实际）的顺序。从而认定家庭是一个历史范畴，它是随社会的发展而发展的。

4. 用财产关系的变化来说明氏族制度的解体，并对国家的产生提出了一些有价值的看法。

此外，摩尔根还有许多可取之处，如在《古代社会》中，还"对现代社会的基本形式进行了批评"，并且直接提出了共产主义的要求。

最为难能可贵的是他在原始社会史的领域中，根据自己的研究，以自己的方式，独立地重新发现了马克思的唯物史观，与40年前马克思、恩格斯的最伟大的发现不谋而合，"在主要点上得出了与马克思相同的结果"。②

当时研究原始社会史的主要是英国人。在《古代社会》一书出版后，他们对摩尔根的伟大发现却不予承认。他们一方面既不评论也不介绍，以沉默来贬低《古代社会》一书的价值，也有在个别细节上吹毛求疵的；另一方面他们却又抄袭、剽窃它，将摩尔根的研究成果掠为己有。其原因是这些英国学者带有一种沙文主义的情绪，由于摩尔根是美国人，便遭到如此冷遇。同时又因为摩尔根在书中批评了现代社会，并直接提出了共产

① 《马克思恩格斯选集》第4卷，人民出版社1995年版，第14—15页。

② 同上书，第1页。

主义的要求。

正是由于上述这样一种情况，所以 1877 年在美国出版的《古代社会》，当时在欧洲却毫无所知。直到 1881 年马克思才在一位俄国学者柯瓦列夫斯基那里得到这本书，并把它推荐给恩格斯，而这一年也正是摩尔根去世的一年。

与资产阶级学者相反，马克思一经发现此书就非常重视它，喜欢它。在 1881—1882 年专门研究了《古代社会》一书，作了十分详细的摘要，并加了许多重要的补充和评语，还指出摩尔根的观点错误和不确切之处。从书的结构来看，马克思的《摩尔根〈古代社会〉一书摘要》（以下简称《摘要》）也与摩尔根的《古代社会》有个很大的不同。摩尔根的《古代社会》一书共分为四编：

第一编：由于发明及发现而来的理智的发展。讲的是原始社会的分期问题，亦即原始社会生产发展的历史。

第二编：管理观念的发展。讲的是氏族制度的起源和发展，以及国家的产生。

第三编：家族观念的发展。讲的是原始家庭的发展史，即婚姻、家庭的起源和发展。

第四编：财产观念的发展。讲的是私有财产和继承权的起源和发展的历史。

马克思改变了摩尔根原书的结构，他在《摘要》中，在摘录了第一编之后，接下去就先讲了家庭的产生和发展，再讲财产的继承问题，而把氏族的产生和发展放到最后讲。因为氏族的产生是与家庭直接联系在一起的，历史上也是先有家庭，而氏族的瓦解又与财产的发展有关。因此，马克思这样的安排更顺当，叙述起来更为方便。后来恩格斯在写《起源》时便采用了马克思的叙述顺序，与《摘要》的结构是一致的。

从上述的情况看，当时马克思是准备写一部关于原始社会的专门著作，用唯物史观来阐明摩尔根的研究成果的。遗憾的是他的这一志愿未来得及实现，就与世长辞了。《摘要》就成为了恩格斯后来写作《起源》的重要根据。

最初，恩格斯并未打算写《起源》这本书。前面说过，他曾多年研究古爱尔兰史、德国古代史及其他古代史的问题，关于原始社会制度，家庭及国家的起源等问题已形成自己的观点。1883 年马克思逝世后，恩格斯在整理马克思的书籍、文件、手稿时，发现了《古代社会》一书的《摘要》。恩格斯看了之后，确信《古代社会》一书，为马克思和他的观点提供了新的证明，认为很有必要作进一步的发挥和充分的总结。这样，恩格斯才决定来完成这件由马克思所开始的工作。当时马克思使用过的《古代社会》的原书没有留下，恩格斯还是费了好大劲儿，才在旧书商那里搞到了《古代社会》这本书。恩格斯把写作《起源》看作是在某种程度上执行马克思的遗言，是对马克思应尽的义务。因为若有马克思的手稿留下来，相对地说还较容易整理出版。但连手稿也没有，只是个《摘要》，如果恩格斯不写出书来，马克思的遗愿就很难实现了。因此，尽管恩格斯当时正在紧张地进行《资本论》第2卷的整理、出版工作，他还是挤时间赶写出了《起源》这本书。由此我们可以看到恩格斯对事业的高度责任感以及恩格斯与马克思之间的伟大的友谊。

《起源》一书出版后，不少资产阶级学者、评论家认为这本书只是"摩尔根的书的提要"，是对摩尔根观点的通俗阐述，只不过是做了一些注释和补充而已；也有的仅仅把《起源》说成是"家庭史概论"，极力曲解、贬低该书的意义。

我们认为《起源》是运用了摩尔根的实际材料和研究成果，但是《起源》并非简单地重复摩尔根的结论，而是一部创造性的马克思主义唯物史观的著作，在许多地方都远远地超出了摩尔根。具体说来有以下几个方面：

1. 凡是《古代社会》中有价值的资料、科学的结论，恩格斯在《起源》中都加以吸收，讲明这是摩尔根的观点，不仅承认它，并且给予很高的评价。

2. 恩格斯运用历史唯物主义观点，对摩尔根的研究成果进行了"批判的探讨"，对许多材料和结论都作了新的解释和发挥。正像恩格斯在一封致考茨基的信中所说的，"如果只是'客观地'叙述摩尔根的著作，对它不作批判的探讨，不利用新得出的成果，不同我们的观点和已经得出的结论联系起来阐述，那就没有什么意义了。这对我们的工人不会有什么帮助。"① 下面举两个例子：

关于原始社会的瓦解，摩尔根作了一些经济分析，但不够充分，正是

① 《马克思恩格斯全集》第36卷，人民出版社1957年版，第144页。

在这一点上，恩格斯远远超过了摩尔根。恩格斯说："经济方面的论证，对摩尔根的目的来说已经很充分了，对我们的目的来说就完全不够"①。《起源》的最后一章，对于原始社会发展及氏族制度解体的一般经济条件，作了精辟的分析，这是《古代社会》中所没有的，完全属于恩格斯的。

又如，《起源》一方面它是专门的学术著作，而另一方面它又是科学社会主义的重要著作。因而在家庭史的研究上与摩尔根不同，恩格斯用了十几页的篇幅来揭露私有制下的一夫一妻制的家庭实质，可以说，那是写得淋漓尽致的。

3. 凡是摩尔根书中材料不充分、牵强的地方，恩格斯都加以改造，并加进了他自己过去研究古希腊、罗马及日耳曼历史的成果。对摩尔根的缺点，如德意志人氏族的材料利用了第二手材料，好多地方引证的是资产阶级的渗了假的材料；另外，在对澳洲的群婚的材料还不十分清楚的情况下，下结论过早等等，都一一加以指出。

还有一个问题，即在摩尔根的《古代社会》中，还有不少唯心主义的痕迹。这就引起了对摩尔根及其《古代社会》如何评价的不同意见的分歧。

在苏联和我国都有人认为摩尔根是历史唯心主义的，基本上是站在传统的唯心主义基础上，强调从"理性"出发，甚至讲到神、上帝的启示等等。

我们认为摩尔根的研究，从材料到研究方法以及结论，总的来说是历史唯物主义的，基本的方法是历史唯物主义的。他是从实际材料出发的，基本的东西是他自己亲自调查来的，而并不是从抽象的理性出发。但他还不是一个自觉的历史唯物论者，而是自发的。因此，还反映出资产阶级的观点、偏见对他的影响，在有些地方，或在个别问题上陷入了唯心论，带有唯心主义观点的痕迹。如《古代社会》的每一编的题目，都用的是什么"理智"、"观念"的发展。书中也不止一次提到"天才与理智"、"理智的产物"等等。特别是在全书的最后结尾，又突如其来地讲到了"上帝"，而在前面从未提到过，这里这么讲很不自然，显得很不协调，似乎是硬贴上去的。

---

① 《马克思恩格斯选集》第4卷，人民出版社1995年版，第3页。

史前各文化阶段概况表

文化时期	蒙昧时期			野蛮时期			文明时期
时期 阶段	低级	中级	高级	低级	中级	高级	
开始标志	分节语产生	用火、捕鱼	发明弓箭	发明制陶	发明铜器（青铜）	铁矿冶炼	文字的应用，铁器的普遍使用。商品生产普遍发展。
技术和发明 生产发展状况	木棒和原始石器。生食（采集天然果实、根茎为食） 无分工、自然分工	旧石器的使用（打制的石器）。开始使用火。食用鱼类。开始符猎。不定居 自然分工	中、新石器（磨制的石器）。符猎成为经常的劳动部门。手工纺织。开始定居。氏族间偶然交换的出现 自然分工	新石器。开始动物的驯养，植物的种植。手工业开始发展（陶器、纺织）（偶有剩余）氏族间偶然交换 自然分工 是学会经营畜牧和农业的时期。是学会靠人类的活动来增加天然的产物的方法的时期。	金石并用。发达的畜牧业和园艺农业出现。东大陆：驯养家畜。西大陆：种植植物，用灌机织品、金属矿冶炼。个人间交换开始发展。第一次社会大分工	铜器开始使用铁器（铁犁、斧）。农业发展（田野耕作）发达的手工艺。商品生产开始。文字的发明。交换发展，海外贸易，金属货币的出现。第二次社会大分工	第三次社会大分工
	以采集现成的天然产物为主的时期人类的制造主要用作这种采集的辅助工具。						是学会对天然产物进一步加工的时期，是真正的工业与艺术产生的时期。

续表

文化时期	蒙昧时期			野蛮时期			文明时期
时期　阶段	低级	中级	高级	低级	中级	高级	
开始标志	分节语产生	用火，捕鱼	发明弓箭	发明制陶	发明铜器（青铜）	铁矿冶炼	
婚姻和家庭形态	由原始群的杂乱的性关系到血缘家庭	普那路亚家庭		对偶家庭			一夫一妻制家庭
社会形态	原始群	母系氏族社会			父系氏族社会		阶级社会
私有制	无			私有制出现，工具，畜群，奴隶为男子占有		个别人的财富迅速增加，土地开始私有	私有制确立
阶级	无				出现阶级，家长奴隶制	家长奴隶制发展，奴隶成为社会体系中不可少的部分	奴隶制确立
国家	无						军事酋长世袭国家形成

自 1884 年《起源》出版之后，恩格斯仍然一直十分注意原始社会史、民族学等方面的发展。到了 1890 年准备出《起源》第 4 版时，恩格斯认为不能再按原样出版了，必须加以修改和补充。据恩格斯自己讲，他为了准备新版，"重新翻阅了 8 年来有关这一问题的全部文献"。对原书作了大量补充和修改，尤其是论述家庭史的第 2 章扩充了一倍多，并且还为全书写了一篇新的序言。恩格斯这种科学态度、治学精神是很值得我们学习的。

总之，恩格斯的《家庭、私有制和国家的起源》是一部运用历史唯物主义理论，科学分析了人类原始社会的历史发展，阐述了家庭、私有制、阶级和国家产生的历史条件，特别是对国家的产生、发展和消亡作了历史分析的伟大著作。恩格斯于 1884 年 4 月给考茨基的信中说："这本书对我们整个世界观将具有特别重要的意义"①。

二　史前各文化阶段

（一）史前各文化阶段概况

1. 蒙昧时期

（1）低级阶段：距今 500 万—100 万年以前（据东非考古发现，人类历史可能达到 200 万年之久）。这是从猿到人的过渡时期。马克思称之为"人类的童年时代"。

最初的人生活在热带、亚热带的森林里。古时还没有人工制造的工具，使用的是没有任何加工的天然工具，即原始石器，又称曙石器。不知用火。有了分节语言。实行杂乱的性关系，后来过渡到限制父母与子女之间的婚姻关系，从而形成了血缘家庭。这一时期也可以说是人类历史的序幕。

（2）中级阶段：其标志为用火。保存天然的火种，到这阶段末期发明了摩擦（钻木）取火。恩格斯认为这是"第一次使人支配了一种自然力，从而最后把人同动物界分开"。用火烤熟鱼类，去其腥气，食物来源大大丰富，增强了人的生存能力。走出森林，沿江、湖、海边去谋生，活动的地域比以前广阔了。这时已能制造粗糙的打制石器，开始了人类的

---

① 《马克思、恩格斯书信选集》，人民出版社 1957 年版，第 414 页。

"真正的劳动"。狩猎主要是火猎、围猎。按性别的自然分工，男子狩猎、捕鱼；妇女采集、管家。

（3）高级阶段：标志为弓箭的发明，这是生产经验积累与智力发展的结果。弓箭是一种复合工具，第一次把弯曲了树枝的弹性与人的臂力结合起来。它的意义"正如铁剑对于野蛮时代和火器对于文明时代一样，乃是决定性的武器"。弓箭使狩猎的效率提高，规模扩大，猎物大量增加。狩猎成了经常的重要经济部门，这是生产发展新高涨的重要标志。

2. 野蛮时代

（1）低级阶段：从发明制陶术开始，最初是将黏土涂在编织的或木制的容器上。为了能够耐火，后发现除去里面容器，直接将黏土塑成陶器坯即可烧成陶器，陶器虽不是生产工具，但它却大大地扩大了人们的食物来源。陶器的发明是以人们的定居为前提，反过来它又促使人们过渡到村落的定居生活。定居又促使农业的产生和发展，人们定居后才能更好地从事农业。

恩格斯认为："野蛮时代的特有的标志，是动物的驯养、繁殖和植物的种植。"①

关于原始农业的起源问题，有一种说法，认为是某一从事采集的妇女，从森林中用筐子盛着浆果和植物带回家，可是筐上有个小窟窿，掉下了谷粒落在走过的道上，就生长起来。当再顺着这小道去森林时，妇女就发现已长起来的庄稼，于是农业就产生了。

原始农业是从妇女所从事的采集业发展起来的，这是对的。但把它完全归之于纯粹的偶然性就错了。原始农业是在长期的采集的实践中，通过长期的观察、摸索、无数次的试种才产生并逐渐发展起来的。具体过程可能是这样：先是无组织的采集，然后是定期的大量的重复的采集和收割野生植物，最后由观察到某些谷粒落在潮湿松软土地上生长、开花、结果，进而在土地上播种谷粒（玉米、小麦）。成熟时去收获，即人工栽培有用植物，这就产生了原始的锄耕农业（刀耕火种）。

大约与此同时，原始狩猎者不把野兽统统杀死吃掉，而是饲养一个时期，作为储备食物。后来发现未杀动物发生交配、生育现象，于是将这种野生动物加以驯养，这便是驯养家畜、畜牧业的开端。（狗是最早驯养的

---

① 《马克思恩格斯选集》第 4 卷，人民出版社 1995 年版，第 20 页。

一种家畜，其次还有猪、山羊、阿拉伯、非洲有马、骆驼等）从准备饲料而种植谷物、饲草发展到原始农业，种植供人食用的谷物。这是原始农业产生的又一途径。

此时已使用磨制石器，称作新石器。石器的种类增多，用途广泛。

（2）中级阶段：铜的冶炼，开始是红铜。青铜器出现较晚，它是铜与锡的合金。此时是金石并用，石器仍为主要工具。

在这个阶段已发展成艺园为农业即灌溉农业和畜牧业。由于19世纪时人们对东方早期历史了解的少。因此恩格斯在书中说"东大陆，是从驯养家畜开始"。实际上，欧洲大陆也是这样。但在古代东方（古埃及、古印度、古中国人等）则是同时发展了畜牧业和灌溉农业。

西大陆（美洲）这阶段的标志是灌溉农业，主要种植玉米、南瓜等。

（3）高级阶段：标志为铁矿的冶炼。事实上这是古希腊、罗马高级阶段的起点的标志。因为后来历史学家发现，古代东方大多数国家高级阶段的起点不是铁器，而是铜器。青铜时代（公元前2000年）对古埃及、印度、中国来说已是奴隶社会。

铁器的出现、发展、改变了整个社会物质文化，成为当时社会经济变化的物质前提。

在农业方面，铁制工具（铁犁、铁斧）的使用，对农业的发展起了重大作用，使之大规模的耕作成为可能。

手工业也发展到一个新的水平。出现了商品生产、海外贸易等。

最后，恩格斯对摩尔根的分期法作了精辟的概括，抓住了三个主要时代的本质特征："蒙昧时代是以采集现成的天然产物为主的时期；人类的制造主要是用作这种采集的辅助工具。野蛮时代是学会经营畜牧业和农业的时期，是学会靠人类的活动来增加天然产物生产的方法的时期。文明时代是学会对天然产物进一步加工的时期，是真正的工业艺术的时期。"[1]

（二）关于原始社会分期的不同看法

过去苏联有学者曾认为摩尔根这种分期法还带有机械论的倾向；"蒙昧"、"野蛮"这两个概念，术语的运用也是不合适的。"蒙昧人"即没有任何文化的人。（文化指人类制造出来的一切东西，不同于自然给予的）

---

[1] 《马克思恩格斯选集》第4卷，人民出版社1995年版，第24页。

而蒙昧时期却有了一定的文化，毫无文化的人是没有的，因而概括为"蒙昧时期"是错误的。

"野蛮人"是过去希腊、罗马人称一切非希腊、罗马人，后来欧洲人称其他民族时用"野蛮"一词，含有轻蔑的意思。在我们国内也有人认为"蒙昧"、"野蛮"都是反映人类精神状态的概念，以此来概括原始社会的分期，是不够科学的。

此外，苏联学者还认为有些特征放在某一阶段是不合适的，如捕鱼、鱼类作为食物应提前。有的特征缺乏普遍性，如弓箭、陶器的发明和使用等等。

20世纪60年代在我们国内也曾展开过讨论，也有的同志不同意上述苏联学者的看法。认为马克思、恩格斯不只在这里沿用了"蒙昧"、"野蛮"两个术语，而且在其他地方也用过，并不含有轻蔑的意思。另外，认为把捕鱼、食鱼的阶段提前也不合适，因在蒙昧的低级阶段人还在森林中，不知用火，食鱼也不可能。还有，后来考古发现弓箭的发明使用还是很普遍的等等。总之，这些问题是可以讨论的。现在古代历史学、考古学中，"蒙昧"、"野蛮"这些术语是不怎么用了。

我们认为恩格斯首先肯定了摩尔根的分期法，但又不绝对化，而是考虑到以后科学的发展。因此，恩格斯明确指出："他（指摩尔根）所提出的分期法，在没有大量增加的资料认为需要改变以前，无疑依旧是有效的。"[①] 确认了这种分期法的相对有效性，这是一种科学态度。

恩格斯所肯定的根本东西是什么？首先肯定摩尔根的分期是根据生产的发展来划分的。因此，这一分期大体上反映了人类征服自然从低级到高级的发展过程。这种方法是有效的，是历史唯物主义的。把"生活资料生产的进步"作为分期的依据，是科学分期法必须考虑的重要因素。只就个别方面提出异议，是不能把整个分期从根本上推翻的。

在恩格斯的《起源》之后，关于原始社会分期的不同提法：

列宁在《国家与革命》一书中，谈到了人类最初的三种原始组织，也即三个时期：a）使用棍棒的猿猴群；b）原始人类；c）结成氏族社会的人类。[②]

---

① 《马克思恩格斯选集》第4卷，人民出版社1995年版，第18页。
② 参见《列宁选集》第3卷，人民出版社1995年版，第116—117页。

列宁在 1913 年《给高尔基的信》中，又将原始社会概括为"原始群和原始公社"。斯大林在《无政府主义还是社会主义？》一书中，把原始社会分为三个时期，即 a）原始共产主义；b）母权制（主要靠原始农业）；c）父权制（主要靠牲畜业）。[①] 斯大林说母权制时期主要靠原始农业、父权制时期主要靠牲畜业，这是不够确切的。

后来苏联科学院编的《世界通史》，关于原始社会的分期，基本上采用列宁在《国家与革命》中的提法。50 年代有的苏联史学家认为《起源》一书中关于原始社会的分期过时了，主张采用"两分法"，即列宁《给高尔基的信》中的提法。

郭沫若在《中国史稿》一书中，将中国古代社会（原始社会）分为三个时期；a）原始人群；b）母系氏族公社时期；c）父系氏族公社时期。[②]

三　家　庭

在《起源》1891 年第 4 版序言中，恩格斯为进一步批判英国原始历史学家对摩尔根及其研究成果的沙文主义错误态度，同时也针对着考茨基和芬兰社会学家威斯特马尔克等人否认家庭史从低级到高级的发展顺序这样一股思潮，对自巴霍芬至摩尔根关于原始家庭史的研究，作了一个概述。我们就从这里开始讲起。

（一）60 年代以前

19 世纪 60 年代以前，还谈不上家庭史的研究，只是发现一些材料却又无法解释，不能作出科学的概括和论证。当时历史学家大都受宗教思想的影响，他们对家庭的看法，主要是根据《圣经》，在这一方面还完全处于"摩西五经"的统治之下。传说《旧约》全书前 5 卷是由犹太人领袖摩西所写成，故称"摩西五经"，但未必真有摩西其人。

在《圣经》一开头，《创世记》中讲，上帝（耶和华）创造了天地万物之后，便开始造人，创造人类。最先创造了个男人叫亚当，令他去看

① 参见《斯大林全集》第 1 卷，人民出版社 1953 年版，第 286 页。
② 参见郭沫若《中国史稿》第 1、2 篇 "原始社会"，人民出版社 1962 年版。

果园。见他一人孤独无助，就使他沉睡，然后取下他的一条筋骨与肉合起来，造出一女人叫夏娃，并让他们结为夫妻。后来夏娃受到狡猾的蛇的引诱，偷吃了园中的禁果——"智慧果"，又把禁果给亚当吃了，他们立刻眼睛明亮起来。这事被上帝知道了，就把他们赶出了果园。上帝严厉地惩罚他们，令亚当种地，使其终生劳苦，还要更多地增加夏娃生育子女的痛苦，必受丈夫的管辖。

在这里，一开始就是男人居于支配地位，这是父权制家庭的反映。后面《旧约》前5卷记载的历史材料，也反映了当时社会情况已经是父系社会。家庭是父权的家长制家庭，家庭中除妻子、子女外，还有家奴的存在。当时以畜牧为主，畜群归家长所占有。由此，60年代以前的史学家们，便认为这就是家庭的开始。最早就是一夫一妻制，在此之前无所谓变化发展，最多也只是家长制家庭，既然一夫一妻制家庭自古有之，那么，也就谈不上什么家庭史的研究。

当时也曾发现东方有的民族实行一夫多妻制，印度和中国的西藏是一妻多夫制，还有的民族是按母系计算世系等一些现象，却只能把它们看作是"奇风异俗"而已，而不能加以正确的解释和处理。

（二）巴霍芬——家庭史研究的开拓者

巴霍芬（1815—1887年），瑞士法学家、史学家。1861年发表了《母权制》一书，从此开始了家庭史的研究。

1. 巴霍芬的主要功绩

（1）发现最早在人们之间存在毫无限制的杂乱性关系，他称为"杂婚"。（称为"杂婚"是不确切的，因那时还没有婚姻形式）。

（2）"杂婚"的必然后果就是《母权制》。由于实行"杂婚"，这就排除了子女认知生父的可能性，当时是不知其父的，因此最初是以母系来计算世系的（"权利"这一提法也是不恰当的，因为社会发展的这一阶段上，还谈不上法律上的权利）。

（3）因最初是"母权制"，故妇女在古代社会中享有很高的威望、地位，受到高度的尊敬。

（4）从"杂婚"向个体婚过渡时，推翻了古代宗教的戒律，即对其余男子自古享有的对同一女子的传统权利的侵犯。为弥补这一点，女子在一定时期要献身其他男子，作为赎罪，以换取对这种侵犯的容忍。

重要的是前三点，是后来家庭史研究的一个总的出发点。巴霍芬提出了最早存在的是"母权制"社会，并第一个论证了母权制在父权制之前。这就推翻了原先关于家长制家庭，一夫一妻制家庭自古有之的传统观念和说教，为家庭史研究开辟了一条新的途径。因此，恩格斯说："这在1861年是一个完全的革命。"①

那么，巴霍芬的理论根据及论证方法又是什么呢？

他是根据当时大量的古典文献、神话故事、民间的历史传说，加以认真研究，推论出存在一个母权制的时期。如他举出古希腊埃斯摩罗斯写的悲剧《奥列斯特》三部曲来加以论证。故事的主要情节是这样：在古希腊时期即希腊氏族制度解体的时代，曾发生一次有名的战争——特洛伊战争。因亚加美农的弟弟麦尼劳斯（斯巴达国王）的妻子被特洛伊人拐走，引起了一场战争，亚加美农等率10万希腊人远征，打了10年仗。在他出征期间，他的妻子克丽达妮斯特拉与情人亚格斯都士同居。当亚加美农胜利回师之后，就被克丽妮斯特拉及他的情夫给谋杀了。这即是三部曲的第一部。亚加美农的儿子奥列斯特受到阿波罗和雅典娜神的鼓励，杀死了他的母亲和亚格斯都士，为父亲报了仇。这就是第二部。维护母权制的复仇女神依理逆斯要对奥列斯特加以追究，因他杀了自己的母亲。在法庭上发生了激烈的争论。奥列斯特申辩说："她（克丽达妮斯特拉）杀了我的父亲，又杀死自己的丈夫，犯了双重罪。"复仇女神说："她和被她杀的丈夫没有血缘关系，可以赎罪。而你杀了母亲就是不可赎的大罪。"最后由法官投票表决，结果主张奥列斯特有罪和无罪的双方票数相等。这时代表父权的雅典娜女神（宙斯的女儿，智慧女神，传说她是从宙斯的头部飞出来的，是没有母亲的）便以裁判长的资格投了奥列斯无罪的一票。最后宣告奥列斯特无罪。这就是三部曲的第三部。

这一场争论反映了两种不同社会时期的交替，最后父权制战胜了母权制。对希腊神话的研究，使巴霍芬确信在父权制之前必定有母权制的存在。恩格斯很重视巴霍芬用这个例子来论证母系社会向父系社会的过渡，并给予很高的评价，认为这是《母权制》"全书中最精彩最好的地方之一"。②

---

① 《马克思恩格斯选集》第4卷，人民出版社1995年版，第8页。
② 同上书，第7页。

2. 巴霍芬的错误

巴霍芬作上述这样一些说明时，他又是站在唯心主义立场之上的。他相信宗教，认为父权制代替母权制是宗教观念发展的结果。是由于新神战胜了旧神，而不是人们现实生活条件变化的结果，家庭的变化是由宗教观念的变化引起的，而不是取决于物质生产的发展，因此，他是神秘主义，是唯心主义的观点。

神话故事是第二手的，属于社会意识形态的范畴，是第二性的东西，非社会关系本身。神话是很重要的材料，在人类的童年时代，还没有文字时，神话就成为人们"保存关于过去的回忆的宝库"（拉法格）。恩格斯认为荷马的史诗以及全部神话，"是希腊人由野蛮时代带入文明时代的主要遗产"①。但是，同样一个材料看你如何去运用。如把神话看成是历史、社会关系演变、发展的反映，一种特殊的形象化的反映，那就会正确运用它。通过对神话的研究可以帮助我们了解人类早期社会的面貌，这是历史唯物主义的。相反，如把第二性的东西当成第一性的社会关系发展的根源，对家庭、社会发展起决定作用，那就是错误的，是神秘主义、唯心论。这也就是巴霍芬的主要错误所在。

（三）麦克伦南

麦克伦南（1827—1881年），苏格兰法学家，官方任命的英国原始社会历史学派的创始人。他的主要著作有《原始婚姻》。

1. 麦克伦南的功绩

（1）指出了"外婚制"的普遍流行。

（2）确认母权制的世系制度是最初的制度。

2. 论证方法及其错误

他在古代和近代的蒙昧人、野蛮人及社会发展阶段较低的民族中间，发现有一种"抢婚"的遗风。为什么会有这种习俗呢？他认为是由于外婚制的普遍存在，即有许多集团禁止内部通婚，因此，就只能到别的部落中去娶妻。外婚制又是由什么原因引起的呢？这是因为好多部落有杀女婴的习俗，其结果就造成了两性数目不等，男子过剩。在部落内部就只能实行一妻多夫制。这样一来，子女只知其母不知其父，世系只能按母系计

---

① 《马克思恩格斯选集》第4卷，人民出版社1995年版，第23页。

算，这就出现了母权制。在未受巴霍芬影响的情况下，提出了母权制，这是麦克伦南的一个贡献。可是，一妻多夫还不能解决问题，就又发生到别的部落去"抢婚"，结果就是外婚制的普遍流行。就麦克伦南提出外婚制的普遍流行这一点，可以说是他的又一贡献。但是他的这套论证方法却完全是靠主观推论，甚至在他自己的研究中都感到不能自圆其说，是自相矛盾的。其一，他发现"抢婚"都是发生在父系占统治地位的集团，这与前面推论出的母权制集团存在"抢婚"习俗是相矛盾的。其二，外婚制与母权制集团联系在一起的地方，又从来没有发现过"杀女婴"的现象。这样，结果与造成结果的原因，在事实上是矛盾的。因此，他的这套理论是建立在混乱的学说之上，是站不住脚的。这就是麦克伦南的错误之一。

除此之外，他还有一个根本错误，那就是他虚构了外婚制集团与内婚制集团对立的理论。事实上是不存在这种对立的。这一错误理论后来为摩尔根所推翻。最主要的是麦克伦南不了解氏族与部落的区别，因而得不到正确的解释。实际上氏族是实行外婚制，而对于由氏族组成的部落来说却是内婚制，这最先是由摩尔根发现和解决的。

麦克伦南的"内婚制"与"外婚制"集团对立的理论是虚构的、混乱的。而外婚制的起因又归结为"杀女婴"。这就是把一种混乱的说法建立在另一种混乱的说法之上，造成了更大的混乱。由于他处于权威地位，就使这种理论"所造成的害处，要多于他的研究所带来的益处"[①]。尽管如此，恩格斯还是肯定了他的历史功绩。

恩格斯对历史人物的评价，对巴霍芬及麦克伦南功过是非的评价，总是采取科学的历史主义的态度，采取具体分析的态度，而不是形而上学的一概肯定或一概否定，这是非常值得我们学习的。

（四）摩尔根研究原始家庭史的科学方法

摩尔根是以易洛魁人的亲属制度为出发点，来研究家庭发展的历史的。

什么是家庭呢？简单地说，就是人类两性共同生活的组织形式，是一种特殊的社会关系，"这就是夫妻之间的关系，父母和子女之间的关

---

① 《马克思恩格斯选集》第 4 卷，人民出版社 1995 年版，第 11 页。

系"。① 家庭是一种社会现象，它既不是经济基础，也不是上层建筑。

什么是亲属制度呢？这是表示人们的家庭的亲属之间相互称呼的一种制度，也就是表示亲属关系称呼的体系。它表明人们之间一定的血缘关系。

亲属关系并不是摩尔根最先发现的，早在 17 世纪就已有人记载过亲属制度的情况。摩尔根的贡献在于他认为亲属制度与原始的社会结构有密切的关系，并把亲属制度纳入了科学研究的领域。他从亲属制度出发，发现了婚姻、家庭形式发展的规律，勾画出人类家庭史的轮廓。

他是怎样发现的呢？

摩尔根长期在印第安人中生活、调查研究，就发现了一个矛盾，即易洛魁人的亲属制度和家庭形式不相符合，是矛盾的。当时易洛魁人的家庭形式是对偶婚（一对男女的个体婚，但不十分牢固，夫妻可轻易离去）。显然，这时父亲以及其他关系应该说都是很清楚了。照理，父母的子女应称父亲的兄弟为伯、叔，称父亲的姊妹为姑，他们则应称小孩为侄；小孩应称母亲的兄弟为舅，称母亲的姊妹为姨，他们应称小孩为外甥。

可是，易洛魁人的亲属称呼却发生一种奇怪的现象，即与上述的亲属称呼是不一致的。小孩称父的姊妹为姑母，姑母也称呼他们为侄（女）。但是小孩却不称父的兄弟为伯、叔，而也称为父，父亲的兄弟也不称他们为侄（女），而称为子（女）。另一方面，小孩称母亲的兄弟为舅父，舅父称他们为外甥，而小孩却不称母亲的姊妹为姨母，却也称为母亲，母亲的姊妹也称他们为子（女）。

摩尔根注意到这种亲属制度与家庭形式不一致的现象，并想验证一下，于是他制定了调查表，通过美国大使馆发到世界各地，调查亲属制度和家庭形式。

调查结果表明，世界上大多数实行对偶婚的部落的亲属制度与实际存在的家庭形式，几乎普遍存在着上述那种矛盾。由此便得出结论：易洛魁人的现有亲属制度，很可能是在对偶婚以前存在过的另一种家庭形式的反映。但这只是一种推论，一种假设，这需要有实际材料加以证明。

后来发现在夏威夷群岛的部落中，实行的是一种群婚的家庭形式。即一群互为兄弟姐妹之间的通婚（即妻子中不包括丈夫的亲姐妹，丈大中

① 《马克思恩格斯选集》第 4 卷，人民出版社 1995 年版，第 80 页。

不包括妻子的亲兄弟）。这种群婚的必然结果，就恰好与易洛魁人的亲属制度是一致的，完全相符合。易洛魁人的亲属制度反映了夏威夷人的家庭形式，反过来说，在夏威夷人的家庭形式那里，找到了易洛魁人亲属制度的原型。易洛魁人的亲属制度正是在夏威夷人的家庭形式中得到了完全的说明。

是不是就到此为止了呢？没有。摩尔根又继续发现，夏威夷人的亲属称呼和他们实际现存的家庭形式也是不一致的。他们的亲属称呼又是另一种情况。这里不仅没有叔伯和姨的称呼，而且也没有舅舅与姑的称呼。一个孩子把他们父亲和母亲的所有兄弟姊妹都不加区别的称为父亲和母亲，自然他们也称这些孩子为子（女）。这与夏威夷人的实际的家庭形式又是相矛盾的。

由此便推论出在群婚之前还存在过一种更为原始的家庭形式。在这种家庭形式中，父母和子女之间的婚姻是被禁止了的。但亲兄弟姊妹之间仍可通婚、兄弟姊妹互为夫妻。后来称这为"血缘家庭"。

那么，为什么会发生这一矛盾？如何去解释它？当说明矛盾的产生不是偶然的，是有普遍的原因的，是必然的时候，这就找出了规律性的东西，就得出了科学的结论。

家庭形式决定亲属制度。先有一定的家庭形式，才会有相应的亲属制度。亲属制度是在后的，它是家庭形式的反映和记录。当家庭形式发生了变化，却并不马上引起亲属制度的变化。因为人们的认识要有一个过程，一时还跟不上家庭形式的变化，只有经过相当长的时期，才能逐渐创造出新的亲属制度与新的家庭形式相适应。因此，摩尔根说家庭是能动的因素，亲属制度是被动的。当家庭继续向前发展的时候，亲属制度却僵化起来，往往落后于家庭形式。家庭形式往往走在前面，超前一个阶段。有一定的亲属制度的存在，就说明必然存在过与之相适应的一定的家庭形式。这样人们便可以根据亲属称谓制度推演出一系列家庭形式的发展。恩格斯论证说，正像居维叶可以根据巴黎附近发现"有袋"动物骨骼的骨片，就可以断定那里曾经有过已经绝迹的"有袋动物"一样，我们也可以根据历史上所留传下来的亲属制度，同样确实地断定，曾经存在过与这种制度相适应的家庭形式。①

---

① 　参见《马克思恩格斯选集》第4卷，人民出版社1995年版，第26页。

这个规律就是摩尔根在调查研究易洛魁人的亲属制度与家庭形式的矛盾中发现的，这一发现就为原始家庭史的研究提供了一个可靠的科学方法，开辟了一条新的途径。运用这一科学方法，摩尔根便发现了依次变化的几种不同的家庭形式。如逆着历史发展顺序往上追溯，我们就可以看到，越往上，婚姻的范围越宽，对婚姻的限制越少；反之，可以看到家庭发展的总趋势，就是越向前发展，婚姻的范围越缩小，对婚姻的限制越来越多。

杂乱的性交关系→血缘家庭→普那路亚家庭（伙婚）→对偶婚家庭→一夫一妻制家庭

这便是摩尔根所勾画的家庭发展史的略图。

在当时，英国的麦克伦南就曾认为摩尔根所说的亲属制度（称呼），不过是"纯粹的社交礼仪的规则"毫无实际意义。

现代美国研究摩尔根的专家怀特，在1964年为出版《古代社会》所写的序言中，说摩尔根的家庭进化理论过时了，其理由之一，就是说亲属称谓只是指人与人之间的行为和态度问题，而不是指实际的血缘和姻亲关系。他说，所以称我父亲的兄弟为父，因对他的态度和对我父亲一样。

我们认为这些说法都是不对的，是站不住的。就好像现在人们让自己的孩子称呼和自己年龄相仿的朋友、同事为叔叔、阿姨，这在社交场合是可以的。但在亲属关系中，是不能因表示礼貌和尊敬，随意称呼伯、叔为父亲的，就是伯、叔和姑、姨也是不能随意称呼的。就是说，与社交场合不同，在实际家庭亲属关系中称呼什么是一件非常严肃的事情，它反映了一定血缘和姻亲的关系。这"并不是单纯的荣誉称号，而是代表着完全确定的、异常郑重的相互义务的称呼"。① 如父母对子女有抚养、教育的义务；子女对老人也有抚养的义务，如不抚养，甚至虐待，在我们国家就要受到社会舆论和法律的制裁。总之，他们对摩尔根家庭进化理论的否定是没有根据的。

（五）家庭发展的历史

1. 人类社会的最初阶段没有家庭

家庭不是从来就有的，这就提出一个问题，家庭是从什么地方开始

---

① 《马克思恩格斯选集》第4卷，人民出版社1995年版，第24页。

的？家庭产生以前是一种什么状况？

人类最初处于原始群的时代，那时两性之间所实行的是"杂乱性关系"，还没有形成任何婚姻家庭关系。所谓"杂乱性关系的原始状态，即后来习俗所规定的限制还不存在，是不受任何限制、约束的性交关系"。

考茨基和韦斯特马尔克等人否认这种原始状态的存在。认为人类一开始就是一夫一妻的单偶制。1883年恩格斯就曾写过两封信，批评考茨基，但他仍然坚持己见。恩格斯只好在《起源》第4版中，增补一部分，对考茨基等人的观点进行公开的批评和驳斥。

考茨基等人的主要论据是：（1）"杂乱性关系"缺乏任何直接的证明；（2）把人与动物相比，如曾以鸟类和哺乳动物（高级猿猴）的对偶栖居为论据，论证人类从来都是一夫一妻制的。

对此，恩格斯都逐条加以驳斥。拿鸟类来说，由于生理需要及生活习性所决定，鸟类是有对偶的，但是鸟类的长时间的牢固的"一夫一妻"的对偶生活，对人类生活是丝毫不能有所证明的。因为人类并非起源于鸟类，怎么能从鸟类的生活习性得出人类家庭关系的结论呢？

再拿哺乳动物来说，恩格斯指出，在哺乳动物中"可以找出性生活一切形式——杂交、类似群婚的形式、多妻制、个体婚制"。① 如黑猩猩，它是单偶的，是走向衰落的旁支。正因为是严格的单偶制，所以它们是不成群的，这也是它们没有发展成人类的一个重要原因。当时资产阶级学者埃斯潘纳斯承认，动物中"家庭"和群一开始就处于对抗之中。如果动物"家庭"关系密切，就组不成群，雄性的嫉妒妨碍了群的形式；而组成群的，往往又是"家庭"纽带极为松散或者没有"家庭"。恩格斯对他的这一观点是很赞同的，并进一步指出："动物社会对于推断人类社会确有某种价值——但只是反面的价值而已"。②

那么，何以见得人类最初是处于杂乱性关系的时期呢？

（1）刚刚从动物状态脱离出来的人类，他们是群居的，最初的人类，他们既没有发达的工具，更没有后来那种科学技术，而只有简单的棍棒和石头，要靠人的两个臂膀，靠人的体力去与大自然搏斗。可人在生理上，比起哺乳动物来，人的弱点很多：没有强悍的身躯和快跑的本领，听觉、

---

① 《马克思恩格斯选集》第4卷，人民出版社1995年版，第24页。
② 同上书，第30页。

视觉和嗅觉也不如某些哺乳动物。总之，是处于不利地位的。人类和周围环境作斗争靠什么？只有靠群的联合力量和集体行动来弥补个体自卫力量的不足，以此来战胜自然，完成向人类的最终转化。和这种群居生活相适应，必然出现杂乱性关系。如一开始就是过着一夫一妻的小家庭生活，那就会影响和削弱群的联合力量，人类就不可能从动物状态脱离出来，甚至作为一个物种也许早已不存在了；也可能有为数不多的存在，但那并不是人类。

（2）从婚姻家庭发展的规律和趋势来看，既然人类社会愈发展，对婚姻的限制越来越多，而被婚姻纽带所连接起来的范围越来越缩小。那么，反过来我们从后向前追溯，则对婚姻的限制就越少，范围越广泛。最后，就必然追溯到一个没有任何限制的时期——杂乱性关系的时期，这是很自然的结论。

（3）在事实上也是有所证明的。恩格斯在《起源》中指出："不仅兄弟和姊妹起初曾经是夫妇，而且父母和子女之间的性交关系今日在许多民族中也还是允许的"。接着他就指出："班克罗夫特证明，白令海峡沿岸的加惟基人、阿拉斯加附近的科迪亚克岛的人，英属北美内地的提纳人，都有这种关系；勒土尔诺也提出了关于印第安赤北韦人，智利的库库人、加勒比人、印度支那半岛的克伦人的同样事实的报告。"①

最后还要说一下，所谓"杂乱"，也并非乱的毫无秩序。恩格斯说："短时间的成对配偶，决不是不可能的。正如在群婚中，当时的多数情况也是成对配偶那样。"②

以上所说的，便是在家庭产生之前的最初状态，从这种杂乱性关系中发展到血缘婚和群婚制。

2. 血缘家庭

由血缘婚所构成的血缘家庭是人类最早、最原始的家庭形式。其特点是按辈分来划分婚姻集团，即不同辈的人不能有夫妻关系。它仅仅排除了祖先和子孙，父母和子女之间结为夫妻。

但同辈的人，男女之间既互为兄弟姊妹，又互为夫妻，亲兄弟姊妹之间可以有夫妻关系，并被看作是很自然的事情。

---

① 《马克思恩格斯选集》第 4 卷，人民出版社 1995 年版，第 31 页。
② 同上书，第 32 页。

这种家庭形式早已不存在了，凭什么说它一定存在过，根据何在？

（1）是根据夏威夷人的亲属制度推论出来的。根据这一推论，不能不承认曾存在过仅仅排除不同辈人之间的婚姻关系的家庭形式。

（2）从家庭后来的全部发展，也使我们承认这一家庭形式是必定存在过的。因为人类不可能从杂乱性关系一下子就跳到较高级的群婚形式——普那路亚家庭，这是不可能的。从家庭的发展来看，这是有个过程的。如没有血缘家庭的存在，就谈不到以后的发展，也是不可理解的。肯定它的存在，以后的发展也就顺理成章，成为很自然的事了。

（3）古代传说中的记载及我国少数民族中存在的遗迹，也能证实血缘家庭的存在。这不仅在古希腊神话传说中有这方面的描写，而且在我国西南好多省（云南、贵州、广西）以及湖南等地的少数民族中，在越南、印度中部广为流传着内容大体相同的神话传说。相传在古代，有一次洪水泛滥，把整个大地全淹没了，人类和动物都淹死了，只留下了在山上的兄妹二人。他们为传后代，便结为夫妻，生儿育女，再造人类，现在的人皆为他们的后代。人们普遍把这称为"洪水故事"。从这些神话传说中反映出人类在远古时兄弟姐妹之间是互为夫妻的。

另外，在我国云南永宁县"纳西族，解放前也还存在有血缘家庭的痕迹，但特点稍有不同，表现为同母异父所生的兄弟姐妹之间互为夫妻"。

3. 普那路亚家庭

普那路亚家庭是在血缘家庭的基础上，进一步排除了兄弟姊妹之间的婚姻关系，（开始是亲兄弟姊妹，最后旁系兄弟姊妹的婚姻也被排除了）即一家族集团的男子（兄弟）与另一家族集团的女子（姊妹）集体互为夫妻，共夫共妻，但其中不包括女方自己的兄弟及男方自己的姊妹，丈夫之间及妻子之间，互称为"普那路亚"（夏威夷语）意思是"亲密的伙伴"，故这种家庭形式又称为伙婚家庭。

为什么会有这一进步？恩格斯同意摩尔根的说法，认为是由于"自然选择"作用的结果。具体地说，随着生产力的发展，人群的增多，人们流动性减少，这就增加了与集团外发生婚姻关系的机会。这样，在漫长的岁月中，人们逐渐发现了近亲结婚的害处，而加以限制。起初是少数集团实行这种转变，而后遍及全体。这一转变是以两种方式来完成的。其一，可能是限制近亲婚配的较发达的集团战胜未加限制的不发达的集团，占了上风；而后者则日趋衰落，以致最后被淘汰。其二，在两种婚配的对比中，人们逐渐认识到血亲婚配的害处，而仿效那些已经限制血亲婚配的发展迅速的完全的集团，这是一个极其缓慢的过程。从整个发展过程来看，限制越来越多。从亲兄弟姊妹之间禁止通婚，逐渐扩展到限制旁系的表兄弟姊妹之间的婚配。

1880 年在澳大利亚也发现了群婚。这是更加原始的低级的群婚阶段，称作"级别婚"，即整个部落分成两个部分，即两个级别——克洛基和库米德，每一级别中又按性别分成男女两个部分。在同一级别的内部禁止通婚。两个级别之间不仅可以发生婚姻关系，而且人一生下来就是另一级别的丈夫或妻子。集团之间集体互为夫妻，是整个集团的相互结婚，级别和级别结婚。一个人外出千里之外，只要找到通婚级别的异性，就可以为夫妻。

级别内禁止通婚，这就限制了同胞兄弟姊妹之间的婚配。但两个通婚级别之间，不论年龄，不限辈数，生下来就为另一级别的丈夫或妻子，子女随母亲的级别，这就排除了母子之间通婚的可能。但父女之间却有通婚的可能，尽管在级别对级别通婚的情况下，这种机会很少。那么，基于这种情况，级别婚很可能是从杂乱关系直接发展而来；另外也可能在级别婚之前，父女之间的性关系早已被习俗所禁止了。后者更符合自然发展规律，较为可信，因为禁止、限制同胞兄弟姊妹之间的婚姻，而不限制不同辈人之间的婚姻关系是不大可能的。

19 世纪 50 年代，在库页岛（吉拉克人）那里也发现了普那路亚的家庭形式。所不同的是它的家庭形式与亲属制度是一致的。

以上情况说明了群婚的普遍性，群婚是家庭发展史的一个必经阶段，同时也说明群婚这个阶段本身也有个发展过程。普那路亚家庭是最高的最典型的群婚形式（它婚姻范围小、辈分明确），但不是唯一的群婚形式。因摩尔根写《古代社会》时，对别的群婚形式了解甚少，而忽视其他的群婚形式，不了解群婚也有个从低级到高级的发展过程，因此，恩格斯说："摩尔根在这里走得太远了。"①

4. 对偶家庭

这是一种不牢固的个体婚，是由一个男性同一个女性之间发生婚姻关

---

① 《马克思恩格斯选集》第 4 卷，人民出版社 1995 年版，第 40 页。

系所组成的家庭。

对偶家庭是怎样产生的？

首先是由于当时婚姻、家庭发展变化的主要因素——"自然选择"引起的必然结果。也就是对婚姻的限制越来越多（限制多到几百种），婚姻集团范围越来越小，最后以致使群婚已经成为不可能，但这只是一个方面。在这一基础上，妇女的要求是导致对偶婚的直接原因。

在群婚制下就曾存在过某种或长或短时间内"主妻"和"主夫"的情况，这种基于习惯上成对配偶状况，在新的条件下就发展巩固起来。即随着生产力的提高，人口密度的增加，人的思想感情的发展、提高，就使之群婚越发失去它朴素的原始的性质，越使妇女感到屈辱，而迫切要求保持贞操，要求较长时间地只同一个男子发生婚姻关系。因此，从群婚向个体婚的这一过渡，在经济发展的前提下，主要是由妇女来完成的。

一个男性与一个女性发生婚姻关系，这是对偶婚区别于群婚的特点。但是对偶家庭与后来的一夫一妻制家庭相比，它又有以下几个特点：

（1）夫妻双方的关系是不牢固、不稳定的，可以轻易地离去，有一方提出即可离异，另找对象。

（2）在生产力水平仍然很低的情况下，还不可能形成独立的小家庭经济，往往是在一个共产制大家庭中，几个对偶家庭住在一起，由于生产还不能提供剩余产品，所以对偶家族在生产上、经济上还不能独立。同时又因对偶家庭十分脆弱，不稳定，也不可能使人产生要求有独立小家庭经济的愿望。

（3）妇女担负着家庭的主要工作，生活劳动较艰巨、繁重。在对偶家庭中男女是平等的，妇女起主导作用，受到应有的尊重，此时仍是母权制，世系按母系来计算。妇女在家庭中支配一切，对懒惰的丈夫，她可以叫他收拾行李滚蛋，他不敢有任何反抗。

对偶婚产生于群婚，仍保留着群婚的遗迹，主要反映为妇女的"赎身"的习俗，现在一女子只属于一男子，这就侵犯了其他男子的权利。因此，妇女为了获得只属于一男子的权利，就要用一些办法，付出一定的代价，把自己从过去的共夫制下赎出来。

在我国云南省永宁一带居住的纳西族直到1956年民主改革前，仍保存着初期对偶婚——"阿注"婚姻和母系家庭（"阿注"即朋友的意思）。在那里居住着850余户6100多人。在经济上解放前已逐渐发展到封建领主制阶段，但在婚姻家庭关系上仍保持着初期对偶家庭及群婚的残余。他们把一个由母系血缘的后裔组成的集团称为"尔"，尔下面为"一度"，即母系氏族公社的家庭。从形式上看类似现在一般的家庭，比个体家庭稍大一点，包括3至4代成员，现人数大为减少，平均为7个多人。每个"一度"的男女成员只能与其他血缘疏远的"一度"成员通婚，在一度内兄弟姊妹之间禁止通婚，即排除了同母所生的兄弟姊妹之间，同胞姊妹的子女之间的婚配。阿注婚的形式是不娶不嫁，男女结为阿注后，男阿注晚上去女家，第二天早晨返回母家，暮去晨归。他们除婚姻关系外，生活、生产仍分属两个不同的一度，婚姻关系与生活、生产关系是分离的。阿注婚姻关系不稳定不牢固，结交时间长短不一，多则几年甚至数十年，少则几月至几天。阿注关系的解除很自由，方式也很简便，只要任何一方不愿再保持阿注关系，便可轻易离弃，子女属于女方，由母亲负责教养，男子无抚养教育的责任。因此世系只能按母系计算。在这样的母系家庭里，有的只有母亲和舅父的称呼，而无父亲的称呼。

除此之外，那里还保留了群婚的残余，如姐妹共夫，兄弟共妻，甚至母女共夫，舅、外甥共妻等。

我们在少数民族那里所看到这种现实的婚姻家庭关系，可以称为有关家庭发展史的活的"社会化石"，它有助于我们对家庭史的研究。

5. 一夫一妻制家庭

（1）从对偶家庭向一夫一妻制家庭的过渡。

这里首先要回答的问题是：从对偶制家庭向一夫一妻制家庭，由母权制向父权制过渡的动力是什么？是什么力量促使对偶制向一夫一妻制过渡的？

我们知道，从血缘家庭经普那路亚家庭到对偶家庭的过渡，"自然选择"都起了很重要的作用，甚至可以说起了决定性的作用。但到了对偶家庭，"自然选择"的作用已经达到了尽头。因为对偶婚已经是一对一对的了，婚姻的范围已缩小到最小的程度，不能再缩小了。对偶婚与后来的一夫一妻相比，它们都是由两个原子组成一个分子，已不能再由"自然选择"来分出优劣。这样"自然选择"已完成了它的历史使命，不能再作为动力来推动家庭的发展。这就需要一个新的动力，这个动力主要就是所有制，就是私有财产的出现和奴隶制的发生，而特别是因这些私有财产和奴隶都掌握在男子手中。

在此以前，由于群婚时子女只知其母不知其父，更主要是在生产中妇女的劳动比男子更有保证、更重要，可以说从事具有决定意义的劳动。她们采集各种植物，加工皮毛，养老抚幼，管理家务，主持分配等等。正是这种在生产、经济中的作用，使妇女在家庭和社会上享有崇高的地位，受人尊敬，自然而然地成为人们集团的中心，世系按母系计算，"财产"按母系继承，直到对偶婚也无根本变化。后来生产虽有了发展，但尚无剩余，还没有什么更多的财产，当时虽已确认生父及子女，但仍按母系继承倒也无所谓。

到了对偶家庭后期，情况发生了变化，到野蛮中期，畜牧业发展起来了，在以畜牧业为主的部落里，发展很迅速，驯养畜群成为生活的主要来源，且有了剩余。这时畜群便由氏族所有逐渐过渡到家庭所有。按当时的社会习惯，男子成了最早私有财产—畜群的所有者。

随着原始农业的发展（锄耕向犁耕过渡），男子参加了繁重的农业劳动，也成为主要的农业生产者。

在以上两种情况下，妇女的劳动——采集植物等都退居到次要地位。

这时战争的俘虏不再杀掉，而变为奴隶，也成了私有财产。俘虏是男子打仗所获，因而奴隶也就为男子所有。

由于在生产中作用、地位的变化，必然引起在家庭中男女地位的相应变化，男子的地位提高了。掌握了私有财产的男子此时已不甘心过去在家庭中所处的地位，更不能不考虑自己财产在将来的命运问题。他们要求自己的子女来继承自己的财产。

上面这种情况同旧的社会习俗及原来的母系氏族制度发生了尖锐的矛盾。那时子女仍属于母亲氏族。男子（父）死后，要回到原来母亲的氏族。他辛辛苦苦积累的财产，也要带回自己母亲的氏族，由自己的姐妹、姐妹的子女来继承，而他自己的子女却不能继承他们的财产。

新的因素与旧原则发生了矛盾，怎样解决这一矛盾呢？办法只有一个，就是将由母亲计算世系改变为由父系计算，由父亲的子女来继承父亲的财产。现在不但有这一要求，而且有力量有可能来改变旧的制度和习俗。与此相应的，婚姻居住制度也改变了，由男嫁女改为女嫁男，由从妻居改为从夫居；然后在此基础上改变财产继承制度。

总之，是由于经济的发展，出现私有财产和继承权问题，而使母权制过渡到父权制，对偶制家庭过渡到一夫一妻制家庭。

　　这一革命不会损害任何人，因而这一改变并不像人们想象那么困难。在一个极其漫长的岁月中，逐渐从母权制与父权制并存到全部变为父权制。总的可以说是瓜熟蒂落，水到渠成，是一个十分自然的过渡。

　　对这一点在国内近来也曾有人提出了一点不同的看法。认为恩格斯在《起源》中曾说过"母权制的被推翻，乃是女性的具有世界历史意义的失败"①。因此，这一变革还是经过了长期而复杂的斗争才一步一步实现的，并举出了若干民族学（原始婚姻家庭的遗俗）的资料加以说明，主要有以下几点：

　　A. 在从妻居的情况下，为发展父权，男子开始用自己的姓氏为其子女命名，也有母子联名与父子联名同时出现的情况，这是母权制被推翻的一个征兆。

　　B. "产翁制"的遗俗，这是父亲确认子女广泛采用的一种手段。所谓"产翁制"即是妇女生小孩，其夫卧床坐月子，饮食如乳妇，享受多日，受到护理和照顾，妇女反倒起来做家务，其他亲友也都前来向父亲表示贺喜，这在古书《太平广记》以及《马可·波罗行记》中都有关于产翁习俗的记载。直到新中国成立前在我国广西、贵州一带仍有此习俗。另外，在美洲亚马孙河及俄利诺科河流域的印第安人，法国与西班牙交界处的巴斯克人那里，也都有关于这一习俗的记载。

　　"产翁制"反映了男子为把占有的财产传给子女而确定自己子女的强烈要求，并为实现这一要求，采用的象征性的举动，以此来表明父亲对子女的权利也同母亲对子女的权利一样，而子女获得父亲财产的继承权，这对从母权制过渡到父权制又是具有决定性意义的。

　　C. 由从妻居改变为从夫居也有一个曲折的发展过程。如在鄂温克族那里，解放前，新郎在结婚的前一天，必须到妻家住一夜，然后才能将妻接回家。而在景颇族那里是实行在夫家和妻方各住 3 年。此外瑶、傣族那里则是通过男子向女家交身价钱的办法来实行从夫居。

　　总之，这些都说明并不是一下子打破旧的从妻居的传统习惯的，而是采取一种象征性的妥协办法，逐渐过渡的。

　　D. "不落夫家"的遗俗。居住在我国贵州的苗族，新娘婚后相当时期内至少一二年住在娘家。逢年过节和农忙时才回夫家短住，直到生小孩

————————

① 《马克思恩格斯选集》第 4 卷，人民出版社 1995 年版，第 54 页。

时才结束"坐家"生活。贵州的侗族也有类似的习俗。解放前汉族个别地区，如福建惠安县前内乡也保留有不落夫家的遗俗。这也从女子方面说明在居住地问题上对父权的一种反抗。

从上述种种事实可以看出，一种传统的习惯势力是不易改变的，但能否由此说明由母权制过渡到父权制这一变革，是经过了长期的复杂斗争才一步一步得以实现的，还是一个值得研究和探讨的问题，我们可以继续讨论。

（2）家长制家庭

从母权制向父权制转变时，并没有一下子从对偶制家庭直接达到一夫一妻制家庭，而是首先达到家长制家庭，然后才过渡到一夫一妻制。家长制家庭是从对偶制到一夫一妻制的过渡形式或中间环节，这是一种父权大家庭，即按男子计算世系和实行父系继承的大家庭，它包括好几代人（数代子孙及他们的妻子儿女和家庭奴隶）。其主要特点是：

A. 非自由人包括在家庭之内，早期的奴隶叫家庭奴隶或家内奴，是奴隶制的萌芽。他们可以有自己的妻子儿女，即可有自己的家庭。家内奴有时又称为"养子"、"养女"，这不过是蒙上一层温情脉脉的家庭外衣而已，他们与家长制家庭成员的关系是一种非平等的关系。非自由人主要被用来看管、照料畜群。

B. 父权，即家长有决定一切的权利，其他家庭成员都要绝对服从他，家长甚至对其他成员有生杀之权。

由于这种家庭利用奴隶劳动照管畜群和进行田间耕作，因此马克思说："现代家庭在萌芽时，不仅包含着奴隶制，而且也包含着农奴制"，它以缩影的形式包含了一切后来在社会及其国家中广泛发展起来的对立。①

为什么要经过这一中间过渡形式？因为最初是母系氏族制，随着生产的发展，母系大家庭已成为组织生产和生活的基本经济单位。所以一开始就先由母系大家庭转变为父系大家庭。

（3）一夫一妻制是以经济条件为基础的

一夫一妻制的最后确立，人类已经进入文明时代，即私有制战胜了公有制。在私有制的基础上，家庭形式发生了变化，在家庭内部也必然反映

---

① 《马克思恩格斯选集》第4卷，人民出版社1995年版，第55页。

出这种经济关系。与此相联系的一夫一妻制家庭的特征、实质又是什么呢？

A. 一夫一妻制的产生，同私有财产的产生是密切联系着的，它是私有制的产物。正如前面所说，一夫一妻制的产生，是由于掌握了私有财产的男子，要把自己的财产传给自己亲生的子女，而不是其他任何人的子女，这就是财产的继承问题。而产生一夫一妻制的这种条件和目的本身，就决定了一夫一妻制家庭（与对偶家庭相比）的特点。一是建立在丈夫的统治之上；二是比较牢固、比对偶婚要稳定得多，坚固得多，已不能由双方任意解除。

由于一夫一妻制是以经济条件为基础，为确保男子的财产的继承，就必然是丈夫在家中居于统治的地位。因为如果丈夫不能统治自己的妻子，就不能保证生育自己亲生的子女。因此，私有制的出现就是对妇女统治的开始。丈夫要求妻子严格保持贞操。恩格斯在书中具体介绍了古代希腊人的实例，妻子过着差不多是幽居的生活，不许同陌生男子见面、交往，外出时要有女奴作伴，在家中也要受到严格的监视，如有外遇就要受到严惩，总之就是要她们与世隔绝。事实上在前资本主义社会里差不多都是如此。

昔日的男女平等已不复存在。妇女在生产中占主导地位时，男女是平等的，后来妇女被排除在社会生产之外，而主要是纯粹照顾家务。这种经济条件的变化，便出现了男女不平等。妇女除了为丈夫生育财产继承人之外，不过是个女仆，一个婢女的头领而已。

男女在家庭中的地位悬殊，家庭大权完全掌握在男子手中，因此，如果没有男子的同意，妇女要想离婚是很困难的，甚至是不可能的。我们上面讲的一夫一妻制婚姻关系比较牢固，不可离异性的特点，也是片面的，只有对妻子如此，对男子就不是这样了。他们可以任意解除婚姻关系，抛弃他的妻子，拿破仑法典就曾明确规定，只要丈夫不把姘妇带到家里来，妻子就无权提出离婚。男子是可以在外自由寻欢作乐的。

B. 在阶级社会中，婚姻关系决定于阶级地位，是从权衡双方的利益的原则出发的。在封建社会里，儿女的婚事完全由家长确定，必须遵从父母之命。所谓"门当户对"即富有者考虑的是家庭的利益，世家的利益，他们都把婚姻作为一种政治行为，借婚姻关系来扩大自己的社会政治势力和巩固自己的经济地位，而很少考虑当事人的意愿及男女之间的爱情。这种权衡利害的婚姻，曾造成了不少的悲剧。

C. 私有制社会中一夫一妻制的虚伪性

基于上面两点，一夫一妻制一开始就必然伴随着与它不可分的对立物——公开的卖淫。在统治阶级那里，形式上是一夫一妻制，实际上不是，因此，恩格斯说它的本质是两重的，是矛盾的，又是统一的。一方面是一夫一妻制，另一方面是杂婚制——卖淫。私有制下的一夫一妻制，非真正的一夫一妻，是片面的，仅仅对妻子（妇女）是一夫一妻，对男子却不是如此。对于男子的一夫多妻从来不受限制，妻子无权过问。这种片面性，就决定了必然产生杂婚、卖淫，并使之延续下来，使之合法化和公开化。

（4）恩格斯对一夫一妻制的阶级分析

恩格斯在书中对资本主义时代的婚姻和家庭，即主要对资产阶级和无产阶级的婚姻家庭状况作了分析。

在一切都成为商品的社会里，资产阶级的家庭关系也是建立在金钱关系之上的，一切活动都是根据买卖的原则进行的，婚姻也是这样。恩格斯指出，在法律上保证子女有继承父母财产的权利，父母不能任意剥夺子女继承权的国家（如法国、德国），法律同时又规定子女婚事必须得到父母的同意。而在另一些法律并不要求结婚一定要得到父母同意的国家（如英国、美国），法律又给父母以处理自己遗产的完全自由，他们可以任意剥夺子女的继承权。[①] 可见，所谓婚姻自由、自愿都是表面的、形式上的，实际上仍完全受财产的支配，继承权在这里依然起着关键的作用。考虑婚姻的出发点是双方的利害，而不是爱情，实质上是等于为了利益而出卖自己。

相反，在工人阶级和劳动人民中间，情形就不同了。尽管他们也受到社会意识形态的某些影响，但是他们的经济生活条件有限，因而他们中间的一夫一妻制也就不同了，在无产阶级的家庭中，增加了新的内容、因素——个人的性爱。

在群婚制下，人们只有服从，没有任何选择的权利。对偶婚时也还谈不上性爱，还没有产生个人性爱的主、客观条件。婚姻都是由母亲包办的，当事人婚前连面都没见过。对偶婚又极易离异，因而这时不可能产生

---

① 参见《马克思恩格斯选集》第4卷，人民出版社1995年版，第71页。

强烈的感情。人的思想感情，对异性的鉴别力也还未发展起来，甚至还未产生。

中世纪才开始产生所谓"骑士之爱"，但那又是在一夫一妻制之外，是破坏一夫一妻制的一种力量，还谈不上真正的夫妻之爱。在古代，夫妻之间并非毫无爱情可言，但非现代意义上的性爱。"古代所仅有的那一点夫妇之爱，并不是主观的爱好，而是客观的义务；不是婚姻的基础，而是婚姻的附加物。"婚姻、家庭的发展表明，一夫一妻制是由于经济的原因而产生的，一夫一妻制存在的经济基础，决定丈夫在家庭中的统治地位，决定着丈夫对妻子的压迫和奴役。所以从根本上说，这又排除了个人性爱发展的可能性。

到了资本主义时代，随着文化经济的发展，个人性爱已经被充分的意识到，但资本主义的社会条件却又不允许它成为现实。一方面人们要求把爱情作为婚姻的基础；另一方面资产阶级婚姻在本质上却又是买卖婚姻，二者之间必然产生不可克服的矛盾。因此，实际上真正以爱情为基础的自由缔结的婚姻，对资产阶级只是一种例外，是不可能普遍实现的。

而只有在无产阶级中间，个人性爱才可能成为建立家庭的基础，开始出现以爱情为基础的婚姻关系的萌芽。因为无产阶级没有财产，也就不存在继承财产的问题，资产阶级原则在这里是不起作用的。在无产阶级这里根本没有任何财产，也就无所谓在家庭中建立男子对妇女的统治和奴役，已经失去它的经济基础。正因为工人贫穷的缘故，丈夫与妻子之间的关系，连维持资产阶级法权（表面平等、实际上不平等）也不可能，在这里起决定作用的是另外一种个人的和社会的关系。

其次，由于资本主义机器工业的产生和发展，迫使妇女走出家庭，到工厂去做工，参加社会劳动，这又为妇女的解放创造了先决条件。

对无产者的婚姻、家庭来说，一夫一妻制剩下的只是它的名称。它已经不是一夫一妻制原来的含义了，即不再是传统意义上的丈夫统治的、片面的一夫一妻制，它只是表明一男一女单独发生婚姻关系，组成家庭而已。

（5）未来社会的婚姻、家庭关系

恩格斯在这一章的最后结束部分，首先对人类以往的婚姻、家庭形式的发展作了一个概括，指出有三种主要的婚姻形式，它们又大体上与人类发展的三个主要阶段相适应：a）群婚制（包括血缘婚）与蒙昧时代相适应；b）对偶婚制与野蛮时代相适应；c）一夫一妻制与文明时代相适应，在后两者之间插入了一个家长制家庭。

依据社会的发展规律，无产阶级的社会主义革命是不可避免的。革命胜利之后，必然是公有制代替私有制。这样一来，作为产生以往片面的一夫一妻制的经济基础也就消灭了。那时家庭形式将怎样变化，一夫一妻制命运如何？是否也消失了呢？不是。

生产资料归社会所有之后，个体家庭已不再是社会的经济单位，男子在家庭中的统治的基础业已消失，妇女又参加了社会生产劳动，这就为男女平等创造了最主要的条件。妇女这时不再会因担心经济后果，而委身于一个男人（丈夫），或拒绝她所爱的人。同时也不会再对丈夫在外寻欢而敢怒不敢言了。只有这时，婚姻、家庭才纯粹建立在爱情的基础之上，除了男女之间的相互爱慕之外，就再没有任何其他的动机了。

恩格斯认为在未来社会中，一夫一妻制不但不会消失，而且相反，只有到那时，它才能十足地实现。一夫一妻制不仅对妇女，而且对男子也成为现实的、真正的、全面的一夫一妻制，它已不再是原来意义上的，不是传统的历史意义上的一夫一妻制了。

要实现真正完全的、事实上的男女平等，还需要有一个过程，非一下子所能达到。仅仅是消灭了生产资料的私有制，还是非常不够的，还必须大力发展生产力。特别像在我们这样的一个不十分发达的社会主义国家里，家庭作为生产资料所有的单位，已部分消失，但还仍然是消费的单位，这一职能还要存在相当长的时间。在家庭中还仍然有夫妻收入多少的问题，孩子的抚养和继承问题，妇女还不能彻底从家务中解放出来等问题。同时，在社会上还存着旧思想、旧的道德观念和习惯势力的影响，有的人在处理恋爱、婚姻问题时，往往只考虑经济条件，把经济的因素，看作是高于一切的东西。

因此，必须大力发展生产力，只有到了产品极大丰富，做到"按需分配"，也就是到了共产主义时，个体家庭才不再作为消费的单位。家庭的每个成员都直接从社会领取他所需要的一切，谁对谁都没有任何的经济依赖，但家庭中父母与子女的关系还是存在的。此外，家务劳动的社会化，把原来家务范围的全部事情，都变为社会的公共事业，家庭的生活职能全由社会来承担了。

至于未来共产主义社会中的家庭形式如何，还是相当遥远的事情，将由未来的人去创造适合当时社会条件的婚姻、家庭形式。现在很难考虑那么具体，也无须我们为未来的人作出任何主观的设计。

四　关于"两种生产"理论

恩格斯在《起源》第1版序言中明确提出关于"两种生产"的理论，指出："根据唯物主义观点，历史中的决定性因素，归根结底是直接生活的生产和再生产。但是，生产本身又有两种。一方面是生活资料即食物、衣服、住房以及为此所必需的工具的生产；另一方面是人类自身的生产，即种的繁衍。一定历史时代和一定地区内人们生活于其下的社会制度，受着两种生产的制约；一方面受劳动的发展阶段的制约，另一方面受家庭的发展阶段的制约，劳动愈不发展，劳动产品的数量，从而社会的财富愈受限制，社会制度就愈在较大程度上受血族关系的支配。"[①] 这是唯物史观的重要的基本原理，是贯穿全书的基本指导思想，又是全书的科学概括和总结。这个问题是很重要的。

（一）"两种生产"原理不是二元论

自恩格斯在《起源》第1版序言中提出关于"两种生产"的原理以来，各国学者们对这一理论始终存在着各种不同的理解和意见分歧，其中也有不少人曾提出种种非难和指责。

日本经济学家河上肇认为：把人类自身的生产概括在历史决定性因素——"生产"之中，与物质资料的生产相提并论，这就完全破坏了一元论的历史观。

苏联的经济学家列昂节夫认为恩格斯这个著名意见，提出了两个决定因素，是二元论，它与马克思及恩格斯本人的许多非常明显的指示是相矛盾的，是错误的。苏联的哲学界也都持这种观点，说恩格斯在《起源》一书中作了一个错误的假定（康斯坦丁诺夫）；或者说恩格斯的这一叙述显然是错误的（米丁）。苏共中央马列研究院为《起源》单行本所写的序言中认为这个不精确的地方，易产生错误观点。在罗森塔尔、尤金主编的《简明哲学辞典》中则明确提出"恩格斯在序言中犯了一个错误"。

---

① 《马克思恩格斯选集》第4卷，人民出版社1995年版，第2页。

总之，他们都认为关于两种生产的理论，是破坏了一元论，导致了二元论。

20世纪50年代，我国有些学者曾著文，不同意上述意见，认为恩格斯的提法是正确的，是对历史唯物主义基本原理的补充和发展。

我们认为把"两种生产"原理说成是"二元论"是错误的，这种观点不能成立，因为：A）恩格斯在这里讲的"历史中的决定因素，归根结底是直接生活的生产和再生产"，说的是统一的生产，物质生产。人类生存与发展的决定因素仍然是一个；而统一的生产本身又有两种，即两个方面。不能认为是两个决定因素，两种决定力量和根源，并指责为"二元论"。B）生活资料及其生产工具生产和人类自身的生产，这二者对一定社会制度的作用并非是等同的。它们在社会发展的不同阶段上，所起的制约作用是不同的。C）更重要的是人类自身的生产也是物质因素，而非精神因素。19世纪末，普列汉诺夫与民粹派论战时，也在这个问题上驳斥了他们。民粹派硬说由于这一思想使恩格斯的观点发生了本质的变化。普列汉诺夫认为恩格斯的观点并没有改变。这里指的是原始社会，都是讲的物质因素，恩格斯并没有用精神的东西，用意识的作用来说明社会的发展。既然恩格斯并没有把物质与精神两种因素，都说成是社会发展的决定因素，怎么能说是二元论呢？这是不符合二元论的哲学概念的含义的。因此，说恩格斯犯了二元论的错误，改变了、破坏了马克思主义唯物史观，是毫无根据的，是站不住脚的。

二 "两种生产"贯穿人类社会始终，二者是相互制约的，同时它们又制约着社会的发展

生活资料及其工具的生产，是人类自身生产的物质基础，而人类自身生产——种的繁衍，又是生活资料及其工具生产的基本前提。

有了人才有人类社会，没有人类自身的生产——种的繁衍、延续，也就没有人类社会的存在和发展。并且人是生产力中的主要因素（劳动者）。工具是人制造和使用的，人是生产活动的主体，没有人，没有人的生产活动，它就无所谓在生产中人与人之间的关系，也就没有"生产关系"，因此，恩格斯说："种族本身就是一种经济因素"①。人类自身的生

① 参见《马克思恩格斯选集》第4卷，人民出版社1995年版，第732页。

产是物质资料生产的前提基本条件，也是整个人类社会存在和发展的前提。

另一方面，唯有制造工具，并自己生产人类所需要的物质生活资料时，人才成为人，人类与动物界区别开来的根本标志就在于此。否则，只有种的延续，和动物就没有什么区别了。如果停止物质生活资料的生产，哪怕只有几个星期，人类社会就会维持不下去。物质生活资料生产是人类社会存在和发展的基础，也是人类自身生产的基础。历史即人类生产活动的历史，人本身的生产和再生产，也受生产力的影响，同时也受生产关系制约的。

从人类社会一开始，这"两种生产"就同时存在，同时起作用，并且是贯穿人类社会始终的。两种生产之间是相互依存、相互促进的。把任何一方面孤立起来，都是不可能存在的。离开任何一种生产，人类社会都不可能存在和发展。正是在这个意义上讲，他们都是历史中的决定因素，是人类社会存在和发展的物质基础。

马克思、恩格斯的这一思想是一贯的，在他们的早期著作《德意志意识形态》中，首先就探讨了人类社会历史发展的基本前提，指出"全部人类历史的第一个前提无疑是有生命的个人的存在"。[①] 当然，这里指出的并非费尔巴哈所说的个人，而是现实的个人以及他们所遇到自然条件，应作为任何历史的出发点。

在讲到人类社会历史发展的三个因素时，除了前两个因素讲的是生活资料及工具的生产与再生产之外，第三种因素就是指人类本身的生产，即"每日都在重新生产自己生命的人们开始生产另外一些人，即增殖。这就是夫妻之间的关系，父母和子女之间的关系，也就是家庭。"并且还强调指出，在历史上这三个因素（或方面）是同时发生的，只要有人类历史，这几个因素（方面）就始终是同时存在，同时起作用，而且直到现在也仍是如此。[②]

但是，在马克思主义创立时期提出的这一理论观点，还缺乏更具体的实际材料和详细的论证。那么，后来在《起源》中恩格斯就把它更具体更明确地概括为"两种生产"的原理。

---

① 参见《马克思恩格斯选集》第4卷，人民出版社1995年版，第732页。
② 参见《马克思恩格斯选集》第1卷，人民出版社1995年版，第78—81页。

三 "两种生产"在社会发展的不同阶段，在不同条件下，所起的作用是不同的

马克思、恩格斯在创立新世界观时期，以及此后的许多年间，他们面临的主要任务是反对历史唯心主义，批判唯心史观。因此，他们较多地强调了物质生产方式的作用，研究、论述了社会发展的根本动力在于生产力的发展，在于生产关系与生产力的矛盾运动。同时，原来主要是研究阶级社会，相对来说，对原始社会研究较少，有关史前时期的问题还说的不那么具体，那么清楚。

《起源》一书的重点在于研究原始社会史。恩格斯在对原始社会作了细致的解剖之后，作了理论上的概括，用新的研究成果，丰富了以往的观点。

在《起源》一书中，特别提出了关于"两种生产"的理论，虽然它对整个人类社会都是适用的，但恩格斯当时主要还是针对原始社会的研究来说的，或者说生产的两个因素、方面在社会发展的不同阶段上，它们的作用并不是等同的，平列的。生产方式决定社会的性质和发展方向，这是人类社会发展的基本规律。但是，对原始社会来说，尤其是在母系氏族社会生产力极不发达的情况下，只讲生产方式的决定作用，有些问题还不能得到充分的说明。

例如：群婚的具体发展道路是怎样的？为什么婚姻关系的范围逐渐缩小，一步一步受到限制？家庭是按血缘婚——伙婚——对偶婚这一顺序发展的。这是历史的事实，但为什么有这种演变？如何来解释？这些如果仅仅从生活资料的生产、生产方式等方面是说不清楚的，是不能得到完全直接的说明的。这里更主要是受着人口的增殖以及"自然选择"的制约。而这时人类的进步是要从婚姻的范围的不断缩小来加以说明的。

再说，为什么从原始群必然首先进入母系氏族社会？这从物质生产本身也不能得到直接的完全的说明。氏族最初就是从普那路亚家庭中直接产生出来的，普那路亚家庭一经确立，氏族便产生了。氏族的本质即同一氏族内男女不能婚配，实行外婚制。同时又是群婚，是"知其母，不知其父"，这就必然导致最初出现的是母系氏族。由于人口的增殖，最初的氏族又分裂，组成为胞族、部落。这就构成了当时人类的整套的社会组织结构。氏族部落既是经济单位，又是社会组织。并且以血缘为纽带就成为原始社会的根本特征。

在原始社会，当生产工具还处于萌芽状态，还只是采集的一种辅助工具时，人类自身的生产对社会的发展就起着决定性作用。"自然选择"又是人口的发展，人类脑力和体力的进步以及家庭形态变化的一个重要因素。而原始社会又是以血缘团体为基础的社会，家庭关系是当时唯一的社会关系。家庭的发展，对社会制度的发展也就起着直接的决定作用。因此，我们说，在原始社会，人类自身生产的发展、家庭关系的发展，更直接地决定着当时社会制度及其变化、发展。

那么，物资资料的生产对原始社会就没有作用，没有意义了吗？现在有一种观点，认为原始社会的变化，"完全不能用物质资料的生产的发展来说明"。这种说法未免太绝对化了，是不符合客观实际的。我们说，正是由于原始社会的生产力水平极其低下，才决定了它是公有制、自然分工、平均分配。群婚，从根本上也要从生产水平来说明。正因为人类最初征服自然的能力极低，所以人们必然的只能过着群体生活。这种群体生活又决定了婚姻关系必然是群婚。而群婚从低级到高级的发展，也是和物质资料生产的发展分不开的。恩格斯在《起源》中曾指出：级别婚"大概是同漂泊不定的蒙昧人的社会发展水平相适应的"。普那路亚家庭"则已经以有了比较牢固定居的共产制公社的居民点为前提，并且直接导向一个更高的发展阶段"。① 难道"比较牢固定居"不正是物质资料生产有了进一步发展的结果吗？这难道不是与弓箭的发明，制陶术的发明及后来原始畜牧业、农业发展有关吗？随着生产力的发展，比较牢固的定居，人们之间的联系才逐渐密切起来，才有可能在普那路亚家庭的基础上形成氏族。但是，在原始社会，物质资料的生产往往并不直接决定社会的变化和发展，只是归根到底的意义上起着决定作用。而因为这一点就认为物质资料生产的作用可以忽略不计，那就不对了。

总之，恩格斯面对这样一些新的事实，并没有用原理去套事实，而是从原始社会这个对象本身出发，经过具体的研究之后，提出新的看法，解决过去没有解决的问题，并在理论上作出新的概括。这一概括并没有推翻原来的历史唯物主义基本观点，而是对它的补充、丰富和发展。这一概括不是不精确，而是更精确、更具体了。

---

① 参见《马克思恩格斯选集》第4卷，人民出版社1995年版，第43页。

我们上面说了，生产的两个因素或方面，它们并不是平列的，同等起作用的，在原始社会生产水平极低的情况下，恩格斯说："劳动愈不发展……社会制度就愈在较大程度上受血族关系的支配。"即血缘关系、家庭关系起的作用就更大。

而当私有制出现之后，所有制就起着主要的决定作用了。家庭就变成为从属关系，完全受所有制的支配了。这时血缘关系已不再是在社会中占统治地位的关系，而让给新的经济关系。人类自身的生产，人口的增殖，仍然是社会发展不可缺少的因素，但已非最后的决定因素。

人口的增长不能成为决定社会制度、社会面貌的主要力量，也不是一种社会形态向另一种社会形态过渡的决定力量。人口的增长对社会的发展起着不可忽视的促进或延缓的作用。当人类自身的生产与经济发展相适应时，就起促进作用；反之，则起延缓作用。

看来，问题在于我们对人口的增殖在社会发展中的这种促进或延缓作用，是否有足够的估计。从我国的实践来看，我们在五六十年代，对人口的影响作用估计不足，曾经有过不小的失误。

1949年新中国成立前夕，我们党曾批驳了美国《白皮书》，他们胡说我国由于人口太多而引起革命。批驳这种谬论，当然是正确的，是完全应该的。但建国后，批马尔萨斯人口论时，产生了片面性，甚至连马寅初先生的合理的建议也给批了。说不要先看人有一张"口"，人还有两只"手"，结果就是人越多越好。其不知人不仅是生产者，而且也是消费者（15—20岁前主要是消费者）。这一个片面性不要紧，给我们的现实生活带来不小的困难和问题。三十年来我国人口净增4.3亿人，造成经济发展和人口发展极不适应的状况。

但是，我们今天对问题还是应有一个全面的分析和看法。总的来看，人主要是生产者，其次才是消费者。人一生生产出的东西要比他消费的多得多。把人看作是第一可宝贵的，还是对的，但不能因此说，人越多越好。因为：A）只有具有一定生产经验、技能的人，才能成为生产者。人口并不等于生产者。人口增长太快，非劳动人口比重大，势必会加重生产者的负担。B）一个人只有到一定年龄时，才能成为生产者，而且他只有与生产资料（工具）相结合，作用于劳动对象时，才能成为生产者，成为现实的生产力。生产力水平低，生产资料、工具、设备不能满足人口增长的需要时，人也发挥不了生产者的作用，况且还有个就业问题。

历史的教训、生活的现实都告诉我们，必须重视"两种生产"理论的研究，自觉地进行调整，使人本身的生产与物质资料的生产水平相适应。解决二者不相适应的矛盾的关键，首先在于发展生产，同时，必须有计划地控制人口的增长。这样才有利于整个国民经济的发展。就是将来到了无阶级的共产主义社会，实现人类由"必然王国"向"自由王国"的飞跃，其中也包括人类要像"对物的生产进行调整那样，同样也对人的生产进行调整"。[①]

五　氏　族

（一）摩尔根发现母系氏族制度的重要意义

恩格斯曾指出，摩尔根关于母权制氏族是先于父权制氏族的阶段的这个重新发现，为原始社会史的研究开辟了一个新的时代。在《起源》的第3章一开头他又指出："我们现在来谈一谈摩尔根的另一发现，这一发现至少与他根据亲属制度恢复原始家庭形式有着同等重要的意义。"[②]

在摩尔根之前，人们一直弄不清楚氏族与部落究竟是一个东西还是两个东西，还是个谜。摩尔根以大量材料证明了氏族——血缘关系的团体，是具有普遍性的，它是一切民族史前阶段所共同经历过的制度。古希腊、古罗马人比美洲印第安人（易洛魁人）的发展要高，已进入了父系氏族社会。但是，作为氏族组织，实质上有共同的东西，或者说是极其相似，它们都是血缘关系的团体，并为社会的基本组织，所不同的只是美洲印第安人的氏族是原始的形式，古希腊、古罗马人的氏族是晚出的形式；前者的母系氏族，后者为父系氏族。恩格斯在这里具体地指出了摩尔根解决了这一问题的重大意义，主要有两点：

第一，摩尔根的这一重要发现，说明了希腊、罗马古史中最困难的地方。奴隶社会有文字记载可考，而原始社会却只有神话和传说。依着对神话和传说的猜测，结果有些问题就搞得很混乱。就是一些古代史的权威，面对氏族的起源、本质等问题（氏族是怎么产生的？是内婚还是外婚？）也是一筹莫展。只有摩尔根的《古代社会》才使人理解了希腊氏族的本

---

① 《马克思恩格斯选集》第35卷，人民出版社1957年版，第145页。

② 《马克思恩格斯选集》第4卷，人民出版社1995年版，第82页。

质和起源。又如，以前把"巴赛勒斯"说成是现代意义上的君主，后来才清楚他必须是由人民选举的军事的统帅，只是希腊社会中的一种军事民主制。

总之，利用摩尔根的研究成果，就说明了希腊、罗马这一发展了的父系氏族的问题。

第二，阐明了国家产生以前原始时代社会制度的基本特征，这样一来，就使原始社会史的研究建立在牢固的科学基础之上。

回顾一下原始社会形态的发展即：

原始群	血缘家庭公社	母系氏族	父亲氏族	阶级社会
		（蒙昧中期—野蛮晚期）	（野蛮晚期）	
		氏族公社		（文明时代）

（二） 氏族的起源

恩格斯说："看来，氏族制度，在绝大多数的场合下，都是从普那路亚家庭中直接发生的。"①

由于自然选择的结果，对婚姻关系进一步加以限制，集团内兄弟姐妹间的婚姻关系被排除，便进到伙婚——普那路亚家庭。由普那路亚家庭发展下去，必然产生氏族。

因为在普那路亚家庭中，兄弟姊妹之间不能通婚，男子只能到外家族去找妻子，但是他们却仍属于原来的家族的成员。由于群婚，子女只能属于母亲的家族。由此，每一家族都只有女子的血统，即女子的后代留在家族中，而男子的后代却留在另一家族中。这样就形成了新的集团，即由母系向下传的内部不得通婚的血缘亲属集团。这样的集团便转化为氏族。

氏族的成员是由出身一个共同女祖先的后代所有的女性——一群姊妹连同他们的子女以及女方的兄弟所组成（女性的丈夫不包括在该氏族之内）。这样每一氏族都只包括由共同祖先传下来的一半子孙，而另一半子孙则被分离出去。由普那路亚家庭中产生出来，一个确定的，彼此不能结

① 《马克思恩格斯选集》第4卷，人民出版社1995年版，第38页。

婚的女系的血缘亲属集团，便是氏族。加之由于后来共同的社会制度和宗教制度而巩固起来，成为一切野蛮人所共有的制度，人类社会发展的一个阶段。

氏族起源于共同的祖先的问题，曾是摩尔根以前一些历史学家所不能解决的难题。他们认为希腊氏族的祖先纯粹是神话人物，是假想的祖先，似乎是从神话中产生出氏族来的。系谱也是一种虚构。没有共同的祖先，那怎么可能产生由血缘纽带连接起来的血缘团体呢？但氏族却又是一个不可否认的现实。这就必然得出一个荒谬的结论：假想的祖先，虚构的系谱创造了现实的氏族。这样永远也解决不了氏族的起源问题。

由于原始社会没有文字记载，希腊人只能从神话中引出他们的氏族。但不能因此说神话、"神"比氏族更早、更古老。也不能因此说氏族的祖先是虚构、假想的，从而否定了氏族的共同祖先。马克思指出，氏族比神话更古老，不是神话创造了氏族，而是氏族创造了神话、神。因此不能拿神话、神来断定氏族的祖先是虚构的。氏族的神话，只能说明希腊人的父系氏族离开氏族的起源已经十分久远，此前还经过了漫长的母系氏族，对他的祖先已经十分模糊，长期的口头相传变成了神话而已。

整个氏族的起源问题解决了，希腊氏族的问题自然也就迎刃而解了。

（三）　氏族的本质

"氏族的任何成员都不得在氏族内部通婚。这就是氏族的根本规则，维系氏族的根本原则，维系氏族的纽带；这是极其肯定的血缘亲属关系的否定表现。"[①]

血缘这是肯定的命题，氏族内不得通婚这是否定性命题，二者都是基本命题。氏族是确定的血缘关系的集团，但又不得在集团内部通婚，必须实行族外婚。正是由于族外婚所形成的血缘亲属关系，才把单个人联合成为氏族。这是对集团内血缘通婚所形成的血缘关系的否定。

为什么说族外婚，不得在集团内部通婚，成为了氏族的本质特点呢？

从我们前面讲的氏族的起源来看，氏族正是在集团内禁止通婚的基础上产生的。族外婚是氏族存在的前提，没有族外婚便没有氏族。如果氏族内部可以通婚，那就是说，人类依然停留在血缘家庭公社而没有发展。氏

---

① 《马克思恩格斯选集》第4卷，人民出版社1995年版，第84页。

族也就与血缘家庭公社没有区别了。因此，氏族区别于血缘家庭公社的本质特点即是族外婚，这是氏族的根本规则，氏族是靠族外婚来维持的。

恩格斯说："摩尔根由于发现了这个简单的事实，就第一次揭示了氏族的本质。"[①] 这一简单的事实现在说起来似乎很简单，但发现它却是很不容易的一件事。在此之前，人们长久以来搞不清楚氏族与部落之间的关系，统称为部落、克兰或宗族等，造成许多混乱。现在具体讲一下摩尔根以前在这个问题上的几种错误看法。

1. 麦克伦南，他武断地认为一切部落都分为内婚制部落与外婚制部落。然后又进一步研究哪一种部落更古老，是内婚部落更早，还是外婚部落更早些？越研究越搞不清楚。因为他的内婚制部落与外婚制部落完全是一种虚构。摩尔根发现了氏族的本质之后，麦克伦南的荒谬说法便不攻自破了。氏族是外婚的，而对于由许多氏族组成的部落来说，又是内婚的。

2. 格罗特（德国历史学家，1776—1831 年）以及尼布尔、蒙森等。他们把氏族和家庭混淆起来，把氏族看作家庭集团，是家庭的扩大。就是说氏族是由许多家庭合在一起的组织。

18 世纪资产阶级学者认为人类一开始就是一夫一妻制，考茨基也有这种看法。而当时的历史学家正是受了这种偏见的影响，把一夫一妻制家庭看作是社会和国家赖以凝结起来的核心，把假设的从原始社会以来就存在的一夫一妻制作为社会、国家的基础。

这种把氏族与家庭相混淆的看法，有三个问题说不清楚。

（1）按他们的说法，家庭应该包括在氏族之内，成为氏族的组织单位。但事实，因为实行外婚制，氏族只能包括家庭的一部分，家庭是分属两个氏族的。

在母系氏族的前期，夫妻只有婚姻关系，他们各自生活在自己原来的氏族中，称为"望门居"。后来实行对偶的"从妻居"，但丈夫仍属原来的母亲氏族成员，妻子、子女则属于另一氏族，分别属于两个氏族的。到了一夫一妻制的"从夫居"时，夫妻在一个氏族的家庭中生活，但一夫一妻制家庭也不能成为氏族的核心。因为它是作为氏族的对立物出现的，它是瓦解氏族的因素。

（2）氏族是有共同的祖先，一代一代传下来。而他们却认为氏族是

---

① 《马克思恩格斯选集》第 4 卷，人民出版社 1995 年版，第 84 页。

由许多家庭所组成，这又如何说明他们有共同的祖先，有血缘关系呢？后来他们讲氏族有共同的祖先。但那又是根据神话虚构的东西。（前面已讲过）须知有现实关系才有神话传下来，神话不过是现实关系的反映。他们这样承认共同祖先，并未使矛盾得到解决。

从历史上看，正确的结论应该是家庭产生于氏族之前，家庭的一部分包括在氏族之内。

（3）泰奥多尔·蒙森（德国资产阶级历史家，1817—1903 年）。他在 1864 年写了一部《罗马研究》，书中提出这样一个观点，属于某一氏族的罗马女子，最初只能在他的氏族内部结婚，马罗人的氏族是内婚制，而不是外婚制。

蒙森主要是根据罗马历史学家李维写的《罗马建城以来的历史》一书中的一段话。罗马元老院于公元前 186 年曾作过决议：丈夫有权用遗嘱使自己的妻子在他死后处理他的遗产，并允许他的妻子可以与氏族以外的人结婚。蒙森由此便推论出罗马氏族一般是实行氏族以内结婚，即族内婚。蒙森的理由是极不充足的，论点也是不能成立的。

恩格斯在批驳蒙森这一论点时指出：他所说的氏族以外，究竟是哪一个氏族呢？

A. 按蒙森的推测，妇女必须在她的本氏族内结婚。那么，男子自然也是如此，否则他就找不到妻子，他也得在本氏族内结婚。但是，又说丈夫可以用遗嘱把一项自己所没有，自己享受不到的权利传给他的妻子。这无论从法律上，还是从逻辑上都是说不通的。因此，蒙森这一推测是十分荒谬的。

B. 如果一个妇女是和别的氏族的男子结婚，而她本人留在原来的氏族。在这种情况下，说丈夫有权允许他的妻子在氏族以外结婚，这就等于说他去处理不属于他的氏族——妻子的氏族的事务。这也是荒谬的，因为他根本就没有这个权利。

C. 余下的只有另一种可能，即妇女第一次就与别的氏族的男子结婚，并转入丈夫的氏族，这是外婚制。丈夫死后，为了把财产保存在丈夫的氏族以内，她必须与丈夫同氏族的另外的人结婚，这是很自然的。如果授权她可以退出这个氏族，与外族结婚，所实行的还是族外婚。在这两种情况下，都是族外婚，而不是族内婚。

恩格斯的分析证明蒙森的说法是错误的，而摩尔根是正确的。氏族的本质即它是血缘团体，内部又不得通婚。不仅易洛魁人是如此，希腊、罗马人的氏族也同样是如此。只不过一个是母系氏族，另一个是父系氏族而已。

下面再补充两个方面的例证。

（1）族的本质特征，在我国的古代墓葬制度中也有所反映。如"仰韶文化"，距今六七千年以前，大体处于母系氏族社会的繁荣时期。陕西省宝鸡北首岭的同一墓地分两个区域，一边是男子单身葬，一边是女子单身葬。西安半坡墓地也是男、女单身葬，还发现有两名男子合葬，四名女子合葬。其他地方（如老君庙）还发现有母子合葬的。但到目前为止，尚未发现在这一时期有一对男女（夫妻）的合葬或父子合葬的情况。

以上情况说明那时实行的是外婚制，男子出嫁，他们死后分别归葬于原来出生的氏族，他们不能跟本氏族的姊妹合葬，更不能出现夫妻合葬。男女分葬的现象，为母系氏族的外婚制提供了新的例证。

（2）根据我国解放后 50 至 60 年代进行的少数民族调查的材料，也说明氏族是外婚制。如云南省金平县的苦聪人，他们当时处在父系氏族社会的末期。虽然他们的婚姻制度已开始实行单偶婚，但是仍然实行氏族外婚制。每一氏族都较固定同一、二个异姓氏族通婚。也还有几个兄弟分别与几个姊妹通婚的事例。男子为了娶妻必须先到岳父家履行 5 年至 10 年的劳动义务。

此外，在我国东北，处于原始社会末期的鄂温克人，也是实行严格的外婚制。

（四）氏族社会的基本特征

1. 是以血缘亲属关系为基础的社会制度

关于这一点前面已讲了许多，这里稍提一下。

（1）人们之间的关系是靠血缘关系联系起来的。对于氏族来说，血缘关系是最根本的，它区别于后来的国家。

氏族内部不得通婚，实行外婚制。

（2）氏族社会的发展经历了两阶段——母系氏族社会及父系氏族社会。从母系氏族过渡到父系氏族经过了漫长的时期，到了父系氏族阶段，氏族社会就将要被阶级社会所代替。

2. 实行原始共产主义制度

（1）实行公有制，没有私有制和剥削。土地和产物（谷类、鱼、兽等）当初在部落和氏族内部都是公有财产。甚至最初的一些动产——武器、船、捕鱼工具及最简单的家庭用具等，也被认为是公有财产。只有小工具、装饰品等个人财产，同死者一起埋葬。土地还谈不上私有，直到后来才有小块园圃归家庭使用。氏族之间的一大片空地为中间地带，那时没有土地之争。没有私有财产，剥削也就无从谈起。

分工是自然分工。分配是平均分配。获得的食物总是按户、按人平均分配，哪怕是一块肉也要考虑氏族的所有成员。甚至像 19 世纪南非的布希曼人部落，他们得到一件礼物也总是要把它分给氏族成员。假如布希曼人得到一头牛和其他什么东西，他们同样平均分配，而往往只给自己留下最小的一份。达尔文就曾见到过南美洲火地岛上的印第安人，把人家送给他的一床被，也按照伙伴的人数分成若干片，一人一条。

（2）这时没有阶级和压迫，人与人之间的关系是平等互助的关系。

氏族的酋长由本氏族的全体成员选举产生。酋长的权力是父亲般的、道德的。没有任何强制的手段，也没有什么特权，大家都是平等的。酋长就职的象征性的说法叫作"头上戴角"，不称职，被罢免称为"摘角"。由氏族成员行使这种罢免权，以控制他们的首领，这也充分反映了氏族的民主制度。

决定战争、复仇等大事都要通过议事会，每个成年人都可参加大会，发表意见，最后由议事会成员作出决定。

因当时生产发展水平非常低下，所以战争的俘虏或杀掉，或收为本氏族成员，视为兄弟姊妹，一切方面都按亲人对待。不过有的先要对俘虏实行"夹行鞭打"——谁能够在两行人夹道鞭打下平安通过，谁就可以得到收养的恩典。他们不知道什么是奴隶。如 1651 年当易洛魁人征服伊利人时，首先提出要求合并，平等地建立联盟。遭到拒绝后，才把伊利人驱赶出去，易洛魁人占领了那块地方，那时还并没有把奴役奴隶作为战争的目的。

在本氏族成员之间，有互相帮助、支持的义务。如一家死了人（兄弟或儿子），全家人"三月不食"，3 个月内宁可饿死也不到外面去寻找食物，可能以此表示哀痛。这时其他亲戚和外人就把食物一一送来。此外，还有为本氏族被杀害的成员复仇的义务。

（3）没有出现国家。国家组织的机构，长官、警察等等，在氏族社会中都没有，一句话，那时还没有强制的机关。人与人之间的关系，靠自然而然形成的习俗来加以调整。

血族复仇，相当于今天的死刑，但在过去是一种野蛮形式。自发地根据正义的原则，是公正的，不会冤枉人。而后来的死刑是一种文明形式，但却包含着不公正和压迫在里面。

3. 有一套社会组织等上层建筑

（1）原始社会的氏族、胞族、部落等一套组织形成是相当完备的，这一定的社会形式，也即是原始社会的上层建筑。

氏族是原始社会的最基层单位。往往是由一个母系氏族分化出来的女儿氏族，因此，最初在胞族内是不许通婚的，后来有所改变，胞族内部可以通婚。

然后由几个胞族结合而成部落（而那些衰落的部落则往往没有胞族这一中间环节，直接由氏族组织部落。）部落的范围更大，他们有自己的地区和名称，都有自己的方言。在母系氏族的前期，部落是氏族制度的最高管理机构，但那时一般还未发展到设置部落酋长的阶段。部落议事会由氏族酋长组成。

发展到最高形式就是部落联盟（易洛魁人还未发展到这个阶段）。起初是暂时的，有紧急事情时，有亲属关系的部落便联合起来，后来发展为永性的联盟。部落联盟的范围越来越大，这是向小民族（部族）迈出的第一步。

关于氏族、胞族、部落产生的时间顺序问题，是依次产生的，还是先有部落、氏族，胞族是后来才发生的，现在还说不清楚。

（2）出现了原始宗教，这也是原始社会的上层建筑，如印第安人的宗教基本上处于原始状态。他们依赖于自然，又对各种自然现象、自然灾害很不理解，因而产生对自然和自然力的崇拜（如雷魔、风魔、玉蜀精、南瓜精等）。后来又赋予神、魔以人的形象，如大神、恶神等。他们已由自然崇拜向社会崇拜过渡，"这是一种正向多神教发展的自然崇拜与自然力崇拜"。① 他们还有自己的宗教仪式。

（3）有一套习惯的规定（成为后来的习惯法）。如：

---

① 《马克思恩格斯选集》第4卷，人民出版社1995年版，第90页。

A）死者的财产必须留在本氏族内，以使氏族得到巩固。因为母系氏族，夫妻不能彼此继承，子女也不能继承父亲的财产。

B）有一定的墓葬制度。他们有共同的墓地，但夫妻分属两个氏族，无夫妻埋在一起的，父与子女也不能埋在一起。

（五）　希腊人氏族与易洛魁人氏族有何不同？

它们是处于氏族发展的两个不同阶段。易洛魁人是处于野蛮时代的初级阶段，是母系氏族；希腊人则处于野蛮时代的高级阶段，是父系氏族，就要向新的社会过渡，出现了许多新的因素，促使氏族社会的瓦解。正因为它们处于两个不同发展时期，希腊人氏族较之古老的易洛魁人氏族，有了新的发展，新的特点，主要表现在以下几点：

1. 在希腊人那里群婚的痕迹正开始显著的消失。易洛魁人刚从族外群婚发展到对偶婚，群婚的痕迹明显存在；而希腊人早已从对偶婚发展到一夫一妻制，因而群婚的痕迹已显著的消失。

2. 父权制代替了母权制。希腊人已实行按父系计算世系和男娶女嫁。

3. 私有财富的出现。希腊人的家庭已成为社会的经济细胞。生产劳动以家庭为单位，生产品也归家庭所有。这就在公有制的氏族制度上打开了第一个缺口。

4. 开始允许女继承人在本氏族内部结婚。主要是富有家庭的女继承人，有的是富有家庭的长女继承，有的是幼女继承，另外就是孤女（独生女）继承。过去严禁在氏族内结婚，现在为防止本氏族的财产转移到外氏族，而允许少数富有女子的族内婚。这是对原来规定的一个冲击，在氏族制度上打开的第二个缺口，这也是出现了私有财富的必然结果。说明改变氏族制度的时候就要到了，氏族已开始瓦解。

这里附带说一下财产继承的问题。

最初，只有极少量的，几乎还没有什么财产的时候，是由氏族的人继承死者的财产，当财产逐渐增多时，就改为近亲血缘亲属关系（同宗）的人来继承死者的财产；最后便发展为首先由死者的儿女来继承财产。财产继承人范围缩小的过程，表明私有财产的出现，财产的作用越来越大。私有因素的出现，即是氏族制度瓦解的开始。甚至，后来在罗马人那里规定妻子可以继承丈夫的财产。

5. 易洛魁人中间已开始出现显贵家庭的萌芽。选举酋长，一般选显贵家庭的人。酋长死后，又往往选他的兄弟或外甥为酋长。

希腊人那里就不仅仅是什么显贵家庭的萌芽，而是出现了君主的萌芽。因为父系氏族，往往是选举酋长儿子继承父位。后来由于财富的增加，酋长权力也越来越大，儿子继承父位日益成为一种制度。这种王权的萌芽对氏族也发生着瓦解作用。

恩格斯在《起源》第三章"易洛魁人的氏族"的最后几段①，对于氏族制度作了个总结。恩格斯首先肯定和赞赏了这种氏族社会制度——没有私有制，没有剥削、奴役和压迫，国家也未出现。因此，他说："这种十分单纯质朴的氏族制度是一种多么美妙的制度啊！"但是，这一美妙的制度是建立在生产力水平极其低下的基础之上，与后来的文明时代相比，又"显得太暗淡和可怜了"。恩格斯同时又指出，不要忘记，这种美妙的氏族制度，随着社会的发展，是注定要灭亡的。从氏族制度本身来看，它还有其局限性。

（1）"它没有超出部落的范围"：生产关系及人们的思想感情都局限于一个狭小的部落。这种狭隘性使部落之间互不相容，而导致部落间的残酷的战争。这对社会是一种灾难，氏族制度对此是无能为力的。

（2）氏族制度的存在是以生产极不发达为前提的。广大地区内人口极为稀少，人们差不多还完全受大自然的支配。这时人们把部落、氏族及其制度视为神圣不可侵犯，个人在思想感情和行动上始终无条件地服从它。这种情况对生产力和人类生活的发展起过重大的促进作用。但社会总是在发展的，当生产有了剩余时，氏族制度的狭隘性就逐渐成为一种障碍物，而使氏族制度不能再适应社会的发展了。"他们还没有脱掉自然发生的共同体的脐带"，血缘亲属制度仍然支配着人们，但这种过时的社会制度是必然要被打破的，也确实被打破了。它是被一种"堕落"的势力，野蛮的制度所打破的。

那么，下面就要进一步研究私有制是怎么出现的？它是如何代替了公有制？阶级、国家又是如何产生的等等。

---

① 参见《马克思恩格斯选集》第4卷，人民出版社1995年版，第94—97页。

六 国家的产生

恩格斯在《起源》一书中分别研究了国家在氏族制度的废墟上兴起的三种主要形式。我们主要介绍一下雅典国家的产生。

（一）雅典国家的产生

1. 雅典是一般国家形成的典型

国家的产生和发展，归根到底是社会内部发展的结果。由于各个国家产生前的条件不同，因此各个国家形成有其共同的特点，同时又有其自己的特点。就希腊各国来说，由氏族过渡到国家，其历史进程是大致相同的。但是，最能说明这种过渡的历史进程的，是雅典国家的形成，它具有典型性，从中可以看出一般国家产生的过程。为什么说它具有典型意义呢？

（1）雅典国家是非常纯粹的，在未受任何外来的或内部暴力的干涉的情况下产生的，即纯粹是由经济发展所造成的结果，使人们可以直接看出国家产生的最本质的原因。

举个例子对比一下。如古希腊的斯巴达国家，就是由外来的斯巴达人征服和统治了当地的希腊人和庇里阿西人而形成的。斯巴达人把当地居民或变为奴隶，或驱逐到边远地区。但是，国家的产生是需要具备一定的经济条件的，否则，只是征服本身是不可能产生国家的。这首先是由于当地居民生产力水平已经有了相当的发展，因铁器的使用，产品也有了更多的剩余，并发生了阶级分化。但是在斯巴达国家产生的过程中，却使人不容易看清楚经济的决定作用，因为有外来的暴力干涉。而雅典国家产生却没有暴力干涉，就容易使人看出国家形成的本质原因，看出经济的决定作用。

（2）雅典国家是奴隶制民主共和国，这是奴隶制国家发展的最高形态。而它又是直接从氏族社会中产生的，它与氏族社会组织形式有紧密的联系。

（3）因为我们对雅典国家形成的资料掌握的比较充分，有充分的可靠的材料为依据。这一点，摩尔根在《古代社会》中也提到了，认为雅典国家的形成是最好的例子，史实保存较完备。

在《起源》第五章一开始，恩格斯就首先揭示了国家产生的一般规律，主要讲了两个方面：一是国家靠部分地改造氏族制度的机关，部分地设置新机关来排挤氏族制度的机关，最后以国家机关取代氏族制度的机关；二是国家是靠建立受它支配的压迫人民的军队，来代替氏族制度的全民武装。

在国家形成和发展的一定阶段上，与原来氏族制度有一定的联系。但往往人们只是看到联系的方面，未看到根本区别的方面，从而把后来的国家机关看成是氏族、部落机关的简单继续，完全混淆了二者之间的根本区别。摩尔根在这个问题上也同样存在着某些错误观点。他甚至把氏族制度看作是资本主义民主制度的渊源，认为近代的参议院是从古代的酋长会议发展来的，众议院是从古代人民大会发展来的，二者合起来组成近代的立法机构；资产阶级的平等权利，个人自由以及其他民主主义的根本原则，也都是从氏族制度继承下来的等等。他只看到政治形式，没有看到经济和阶级实质的方面，不理解二者之间的本质区别。恩格斯关于国家产生的一般规律的论述，在一定意义上，也是针对这一情况说的。

恩格斯根据历史唯物主义的基本原理，具体分析了雅典氏族制度在经济上、政治上的演变以及国家的产生。

2. 提修斯改革

雅典是古希腊200多个独立城邦中一个最著名的城邦。在英雄时代，雅典人已是父系社会，土地已被分割而成了私有财产，并有了土地买卖，商品生产也较发达，由于农业、手工业、商业及航海业分工的进一步发展和交易的发展，便出现了"杂居"现象。原来氏族、部落都居住在同一地区，现在移来了许多外来人。这样一来，原氏族制度机关的正常活动就受到了扰乱，它既管不了到外地去的本氏族的居民，也管不了外地移来的居民；另外，外来人又没有任何权利，人们就要求改变这种情况。于是，提修斯（公元前9—前8世纪）进行立法，实行改革。

提修斯是雅典的英雄和国王，但这仅有传说，没有历史记载，还不能断定他是否是历史人物。因此，马克思认为："雅典人认为最初企图消灭氏族组织的是提修斯；提修斯的名字应该看作是这个时代的或一系列事件的名称。"① 摩尔根也是持这种看法的。雅典国家的产生就是以提修斯改

---

① 《摩尔根〈古代社会〉一书摘要》，人民出版社1965年版，第183页。

革为起点。

提修斯改革的主要内容如下：

（1）在雅典建立一个中央管理机关——雅典总议事会。这是根据地区的原则建立起来的，而不是按血缘关系。只要是雅典的公民，即使不在自己部落的地区，也能享有确定的权利和受法律的保护。这就跨出了摧毁氏族制度的第一步。

（2）将全体雅典人划分为三个阶级（等级）。提修斯不问氏族、部落，而根据人们拥有的财产，把雅典人划分为三个阶级——贵族、农民、手工业者。这不过是把现实中已经存在的阶级状况加以法律上的承认。最主要的是它规定了只有贵族才能担任公职。

这一改革的意义在于：第一，由氏族贵族担任公职的习惯，变成了他们无可争议的权利。这些贵族家庭已开始在氏族之间联合成为一个享有特权的剥削阶级——特权阶级。第二，它表明农民与手工业者之间的分工，使得氏族、胞族、部落的划分已显得不重要，也就是破坏了氏族的关系。第三，它宣告了国家与氏族社会之间不可调和的矛盾。国家是以阶级对立为基础的，所以划分阶级本身就意味着要建立国家，将氏族成员分为特权者与非特权者，并使他们对立起来，这就是破坏氏族联系的重要办法。

3. 梭伦改革

到了公元前 600 年左右，雅典的经济又有了很大发展。这时货币经济愈益发展，货币和高利贷已成为压制人民自由的主要手段。发达的货币经济对氏族制度起了强烈的瓦解作用。这种贵族的货币统治，使得小农大量破产。在阿提卡半岛的土地上到处都竖立着"抵押柱"，上面写明此块土地已经以多少钱抵押给了某某人。那些没有竖"抵押柱"的田地，多半已被迫出售给贵族。货币经济发展及高利贷流行的直接后果，就是自耕农寥寥无几，而出现了贵族大土地所有制。广大小农丧失土地之后，就只有被迫租佃贵族的土地，把自己出售给贵族的土地租回来种。当时，他们被称作"六一汉"，即他们自己取收获的六分之一维持生活，收获的六分之五作为田租交给贵族（现在有人认为应倒过来，农民取收获的六分之五，因为在那样低的生产水平下，农民只取收获的六分之一是无法生活的）。同时还出现了债奴制。负债人为了偿还债务，把自己的子女出卖到国外，论为贵族的奴隶。甚至贵族还把负债人本身卖为奴隶。这样，雅典出现了富人与穷人、剥削者与被剥削者之间的尖锐对立，表明氏族制度已经不适应社会经济的发展了。

这时贵族的统治已使下层平民不堪忍受，他们只有起来斗争，才能摆脱沦为奴隶的命运。此时，新兴工商业奴隶主在政治上仍受到贵族的压迫和排挤，他们也起来反对贵族的特权。正是在这种历史条件下，于公元前594年梭伦进行了改革——"政治革命"。

梭伦，出身于破落的贵族家庭。年轻时曾从事工商业，因此，他在政治观点上，同一般新兴工商业奴隶主较接近，也比较了解平民下层的疾苦。他曾写诗谴责贵族的贪婪、自私，主张实行有利于发展工商业的改革。在阶级关系极为紧张的关头，倾向于平民的梭伦被平民拥戴为执政官，执掌政权施行改革。梭伦所主持的一系列改革，代表了没有政治权利的工商业奴隶主阶级的利益，是以侵犯氏族贵族奴隶主的所有制而进行的。

梭伦改革的主要内容如下：

（1）经济方面——宣布了"解负令"，取消一切债务，解放债奴，消除"抵押柱"；还让出卖和逃亡到海外的自由民返回家园。为了防止自由的雅典人变为奴隶的情形重演，还采取了一些重大措施。A）禁止缔结以人身作抵押债务契约，负债人还不起债时，不会被债权人出卖为债奴了。B）规定了个人占有土地的最大限额。

梭伦还是要私有制的，只是反对把社会问题搞得太尖锐。实行以上两项具有重大意义的措施，可以减少自由民的内部矛盾，保证了农业的稳步发展，从而使奴隶制工商业的繁荣有了可靠的经济基础。

（2）政治方面的主要措施：A）把原来的"部落联盟议事会"改为"四百人议事会"。由每一部落选100人组成，仍以部落为基础。参加议事会的人多，不限于酋长、首领，但仍都是贵族。B）最重要的一点是根据公民的地产和收入的多少划分四个等级。不同等级的公民所享有的权利和义务是不同的。年收入在150袋谷物以上的三个等级可以做官，只有第一等级的人才能担任最高的官职。第四等级的却只有发言和投票权，不能做官。同时又根据财产的多少决定提供不同的军队、服兵役。第一、二等级提供骑兵；第三等级提供重装步兵；第四等级提供轻装步兵。这样，在制度中出现了全新的因素——私有财产。公民的政治权利和义务是根据他们财产的多少来决定的。这对于促使国家的形成起了很大作用，也说明氏族制度将衰退下去。

4. 克利斯提尼改革

梭伦改革后的 80 年间，雅典的奴隶制工商业又有了很大发展。这时从贵族奴役本族人转到奴役外族人，手工业基本上是奴隶劳动，特别是矿业，全是奴隶劳动。货币、奴隶、商船已成为富人们追求的目的。

此时，尽管氏族贵族的势力已大为削弱，丧失了特权，但并未受到彻底的打击。他们仍不甘心退出历史舞台，与工商业奴隶主进行着尖锐的斗争。公元前 560 年，贵族出身的庇西特拉图建立了僭主政治，执行了有利于工商业奴隶主及小农的经济政策。他死后，其子希庇亚斯继任为僭主，骄奢日甚，引起雅典公民不满。旧贵族在斯巴达的支持下，乘机夺得政权，占了上风。克利斯提尼和平民一起，和复辟的旧贵族展开斗争。他们打败了贵族派和斯巴达军队。公元前 509 年克利斯提尼被推选为执政官。

克利斯提尼为什么实行改革？因为以前的选举仍以旧部落——血缘团体为基础，旧贵族靠传统势力操纵选举。克利斯提尼改革，就进一步取消了原有的 4 个部落，而根据地区来进行选举。划分了 100 个自治区，每 10 个自治区为一地区部落，即选举区（其中包括山地、城区及海岸）。每一选举区选出 50 人，组成 500 人的雅典议事会，取消了梭伦建立的 400 人议事会。这就彻底打破了原来由贵族操纵的 4 个部落的界线，清除了氏族贵族的残余势力。氏族制度的残余被完全扫除了，从而达到了雅典国家形成过程的最后阶段。

恩格斯说："最终的结果是雅典国家。它是由 10 个部落所选出的 500 名代表组成的议事会来管理的，最后一级的管理权属于人民大会……此外，有执政官和其他官员掌管各行政部门和司法事务"。"雅典人在创立他们国家的同时，也创立了警察"。"氏族制度的各种机关便受到排挤而不再过问公事，它们下降为私人性质的团体和宗教社团"。①

此时，雅典社会的主要矛盾也发生了变化。开始是贵族与平民的矛盾，贵族即显贵家庭、旧氏族贵族；平民即商人、手工业者及中农（自耕农）等。现在主要矛盾已是奴隶与奴隶主之间的矛盾。国家代表整个奴隶主阶级的利益，形成奴隶与自由民的对立。自由民包括奴隶主（大土地所有主、作坊主）及有人身自由的劳动者（船员、小手工业者、下层人）。

---

① 《马克思恩格斯选集》第 4 卷，人民出版社 1995 年出版，第 116 页。

雅典从氏族瓦解到国家的最后形成是一个过程。经过一二百年才完成了这一社会更替。引起这一变革的原因是经济的发展。原来的氏族制度已不能满足地区居民的经济要求，就要求改变旧的氏族制度，其办法是用立法的形式把新的经济关系肯定下来，并加以保护。归结起来主要是：

A）从血缘团体进到政治团体，按地区来划分居民。

B）从公有制过渡到私有制。根据个人占有财产的多少，确定其政治地位。

C）群众武装变为脱离人民的公共权力。

变法主要围绕以上 3 个问题来进行的，最后形成国家。恩格斯是用具体的历史事实来说明在国家产生的过程中，最根本的、主要的是经济作用，而不是暴力。雅典国家的产生正是如此，暴力的作用不大，只是短暂的，没有留下痕迹。因此，它是非常典型的。

但是，由于各地区的条件不同，也就还有其他的国家产生的形式。它们除了具有共同点之外，又有各自不同的特点。恩格斯在《起源》中共讲了 3 种国家形成的形式，下面简单介绍一下其他两种。

（二）罗马国家的形成

罗马历史的最早阶段称为"王政时期"，时间大约在公元前 8 世纪中期到公元前 6 世纪。传说在这 250 年间经过了 7 个"王"。

根据传说，当时罗马共有 3 个部落。每一个部落下有 10 个胞族，称作"库里亚"。每一胞族又有 10 个氏族，共有 300 个氏族构成"罗马人民"的整体。

罗马的行政制度与希腊的军事民主制相类似，它有 3 种权力机关。

（1）"王"，即"勒克斯"。这并非后来所谓的国王、君主，而只是部落的军事首领、最高祭司和法庭的审判长。当时的"王"还不是世袭的。同时也是可以撤换的。

（2）"元老院"。由 300 个氏族酋长（首领）所组成。由氏族酋长总是从每个氏族的同一家庭中选出的习俗，而形成的最初部落显贵，垄断着一切要职。他们任命勒克斯，制定新法律，然后交由库里亚大会通过。

（3）库里亚大会，每一胞族有一票表决权。重大事情先由元老院研究、提出提案，最后由库里亚大会通过，如决定战争，制定新法令等。

大约从公元前 7 世纪开始，罗马已进入铁器时代，加之希腊人的影响，经济发展很迅速。

随着经济的发展和私有财产的扩大，形成了贵族阶层。另外，人口也日益增加。在新增加的人口中，一部分是外来的移民，一部分是被征服地区的居民。他们都不能作为罗马氏族的成员，被排除在罗马人民之外，称为平民。他们人身是自由的，可以拥有财产，从事手工业、商业活动，必须承担纳税、服兵役的义务。他们在经济上有实力，军事上有训练，但他们却只有义务，而没有权利。他们不能担任任何官职，不能参加库里亚大会，也不能分得公有土地。后来平民人数增加，甚至超过了罗马人民的数量。平民反对贵族压迫的斗争日益发展，这就导致了王政时期第6王赛尔维乌斯·土利乌斯进行重大的改革，建立了新制度。

（1）不再分平民和人民，只要服过兵役的人，都可以参加新的罗马人民大会。

（2）根据财产收入多少，将应服兵役的男子，划分为6个等级。最后一个等级为无产者（由没有财产、不服兵役和不纳税的人构成）。每个等级都提供一定的军队，军权被第一等级控制着。

（3）公民以军队方式编队，每队100人，称"百人团"，并以新的百人团大会代替以前的库里亚大会。把原来的3个部落，按地区重新划为4个城市部落及16个乡村部落。根据地区和财产的不同来进行选举。这些改革就彻底破坏了旧的血缘关系的组织，代之以新的真正的国家制度。

罗马国家的产生在基本点上与雅典是相同的，但罗马与雅典社会的主要矛盾不同，在罗马，平民与人民（贵族）的矛盾突出。罗马国家是通过平民反对氏族贵族的斗争而形成的。

（三）德意志国家的产生

这是国家产生的第三种主要形式。与前二者不同，德意志人国家是作为征服外国广大领土的直接结果而产生的。它是在经济、人口有了一定发展的德意志人，通过暴力入侵，在奴隶制日趋灭亡的古罗马的废墟上建立的国家。这个国家却不是原来的奴隶制国家，而是封建制国家。

德意志人，这是个人口众多的民族，到公元初，他们至少有600万人。当时属于日耳曼的各个部落。原先居住在波罗的海沿岸，后迁到今天的多瑙河、莱茵河、维斯杜拉河与北海之间的广大地区。他们处于氏族社会阶段。

在罗马帝国时期，即公元前1世纪到公元4世纪，德意志人发生了巨大的变化。在恺撒时代（公元前1世纪），一部分德意志人刚刚定居下来，另一部分还过着采集、狩猎的生活。那时是母系氏族社会。到了塔西佗时代，定居100多年的德意志人已开始进到野蛮时代的高级阶段，已从母系氏族过渡到父系氏族。到了罗马帝国末年，公元3至4世纪时，德意志人已处于氏族瓦解、奴隶制和国家萌芽的时期。

德意志人的社会发展如此迅速，是因受到罗马帝国先进社会生产力的影响。从罗马传进了铁制的工具和武器，先进的农业和手工业。他们与罗马人贸易频繁，并使用罗马货币。土地制度也有了变化，每年重新分配。

此时，部落联盟的军事首领夺得许多权力，逐渐演变为国王。同时扈从队（卫队）制度也促进了"王"权，侍卫兵后来成为贵族阶级的第二个组成部分。军事民主制为国家的产生准备了条件，只要一越过军事民主制，氏族末日就来临了。但这时国家尚未产生。

由于日耳曼人生产力提高，人口迅速增多，感到牧场不足，饲料缺乏，就竭力向外扩张，又加之长期与罗马人贸易、相处，羡慕他们拥有的大量财富和过着豪华的生活，更引起了他们要向罗马帝国发动掠夺性的战争。公元376—568年，日耳曼人进行了大迁徙。他们携带着家眷，赶着家畜，男子都武装起来，白天战斗，晚上在车子构成的临时堡垒中过夜。他们形成一股巨大的洪流，突入到罗马帝国的境内。

这时罗马帝国怎样呢？罗马帝国曾有过兴盛时期，先后统一了整个意大利，征服了地中海沿岸的广大地区。到公元前1世纪，已成为地跨欧、亚、非3洲的大国，地中海成了罗马帝国的"内湖"。可是，后来由于民族矛盾，阶级矛盾日益加深，奴隶大批怠工、逃亡，甚至起义，就使罗马帝国的霸权日趋衰落，经济萎缩、危机。生活在水深火热之中的广大民众，都盼望外族人来搭救他们。

罗马帝国就在奴隶起义的冲击下，由德意志人的暴力入侵，而宣告了罗马奴隶制国家的灭亡。德意志人在古罗马的废墟上建立了封建制的国家。前面已提到，德意志人征服罗马时氏族制度已开始解体，国家行将产生。德意志人征服罗马后，德意志人和罗马人便逐渐融合在一起。这时德意志人既不能通过氏族团体去统治罗马人，也不能以建立奴隶制国家来代替罗马国家。因为奴隶制在罗马已经过时了。当时在罗马已产生了隶农，即出现了新的含有封建因素萌芽的隶农制，开始向封建制过渡。罗马帝国的灭亡就标志着奴隶制的最后崩溃。在这种情况下，德意志人不可能再建立奴隶制的国家，而只能是从野蛮时代的高级阶段，直接过渡到封建制，建立起封建制的国家。

七　理论概括

第九章是全书的最后一章，也是全书的理论总结。在这里恩格斯总结了前面各章的基本内容，着重研究了氏族制度解体及私有制、国家产生的一般经济条件，科学地阐明了由无阶级社会向阶级社会过渡的规律性。

（一）氏族制度解体的一般经济条件

氏族制度的解体，私有制及国家的产生，在经济上是有其发展线索可寻的。但由于那时无文字记载，有些细节还搞不那么清楚。

具体地说，恩格斯是着重从生产、分工和交换的发展来分析氏族制度的解体和私有制的产生。

马克思、恩格斯对“分工”这一范畴是十分重视的。对于分工在原始氏族制度解体过程中，以及在后来资本主义生产方式形成过程中的重要作用，他们都曾作过具体的分析。

马克思、恩格斯的早期著作《德意志意识形态》中，他们就曾把分工作为一个重要问题来加以探讨。他们认为分工是人类活动的本质特点，它表明人的活动的社会性。分工标志着生产的发展，它是生产力的发展的表现。“一个民族的生产力发展的水平，最明显地表现在该民族分工的发展程度，任何新的生产力。只要它不是迄今已知的生产力单纯的量的扩大，都会引起分工的进一步发展。”① 马克思有时甚至把分工就看作生产力。

但是在《德意志意识形态》中，他们又说：“分工和私有制是相等的表达方式，是对同一件事情，一个是就活动而言，另一个是就活动的产品而言。”② 最初，马克思、恩格斯还没有采用生产力决定生产关系这样明确的表述。当时是把分工看作生产力发展的标志。在生产力与生产关系之

---

① 《马克思恩格斯选集》第 1 卷，人民出版社 1995 年版，第 68 页。

② 同上书，第 84 页。

间起中介作用。说分工和私有制讲的是同一件事情，这是就分工是私有制、阶级产生的基础这个意义上说的，即分工的不同阶段，也就相应出现所有制的不同形式和社会关系。分工同时还表明一种新的关系，分工是就生产活动、生产力的发展来说的，而私有制不过是这种生产活动、生产力发展到一定阶段的产物、结果。因此，马克思、恩格斯把分工和私有制联系在一起。分工这一问题是很重要的。我们前面讲的是人类社会初期男女间自然形成的分工，即自然分工。现在我们要进一步研究的是社会分工。

1. 第一次社会大分工（野蛮时代的中级阶段）是游牧部落从其余的野蛮人群中分离出来，引起的结果是经常性交换的开始。

这里首先碰到一个问题，即恩格斯所说的"野蛮人群"究竟是指什么？现在一般理解为"农业部落"。这样，交换才成为可能。但恩格斯并未直接讲游牧部落从农业部落中分离出来。在这一点上恩格斯与摩尔根的观点也有些不同。摩尔根认为："在东半球，既已先学会了饲养动物，则栽培淀粉食物的重要性不如在西半球之甚。"① 而恩格斯则认为东半球是先有畜牧业，后有农业，而植物的种植，在这一时期，似乎很久还不知道。雅利安人未分化以前，已开始有畜牧业，分化之后才有农业。因此，动物的名称是一致的，但农作物（栽培植物）的名称就完全不同了，"差不多总是互异的"。说明畜牧业更早，而农业是后发展起来的。这种讲法又使交换成了问题。这个问题作为存疑可继续研究。

第一次社会大分工的结果使经常性的交换成为可能。在此之前，只是在部落内部氏族之间发生偶然的交换，现在不同了，开始是部落与部落之间通过氏族酋长来进行交换，而当畜群变为"特殊财产"时，就开始向个人之间交换过渡。在1884年版中原来恩格斯写的是"私有财产"，后来改为"特殊财产"，说明对这时究竟私有财产出现了没有，还是一个问题，持一种存疑的态度，或者说只是表明开始由公有向私有的过渡。随着向私有的过渡，个人之间的交换就越来越占优势，以至于最后成为了交换的唯一形式。

生产更进一步发展，随着饲料的种植，农业也很快发展起来。此外，家庭手工业也有了发展。青铜器工具的使用，提高了劳动生产率。在以前人们生产的产品只能够每个人最简单的原始的消费时，没有产生私有财产

① 《古代社会》，商务印书馆1977年版，第38页。

的基础，不可能出现财产的不平等。而到了这一阶段，便出现了剩余产品。其后果，一方面人们可以积蓄产品，进行个人之间的交换；另一方面，也就出现了剥削的可能性。但占有他人的劳动和剩余产品，还需要其他条件。生产的发展，就感到人手不够，吸收新的劳动力成了社会的需要。战争的俘虏不再杀掉，保留下来变成奴隶。他们的劳动除自身的最低消费外，还可以提供其他的东西，剥削他们的剩余劳动也就更为有利。于是开始出现了最初的奴隶。因此，恩格斯说，从第一次社会大分工中，也就产生了第一次社会大分裂。但这只是开始。奴隶还只是零散的现象，起着简单的助手作用，还没有最终形成奴隶制。

上述社会分工和个人交换的出现，也引起了家庭关系的变化，发生了"家庭革命"，过去还没有社会分工，基于当时的生产水平，只是自然分工，妇女从事的采集是有保证的经常的主要生活来源。家务劳动与社会必要劳动是联系在一起的，家务劳动具有社会意义。因此那时妇女地位高于男子。而出现了社会分工之后，畜群成了人们生活的主要来源，而且有了剩余，创造了前所未有的财富。畜群，交换来的商品以及奴隶，这一切都掌握在男子手中，妇女的采集退居次要地位，家务劳动也被排除在社会生产劳动之外，成为一种私人的事务，而失去了原来的社会意义。这样，家庭以外的分工，就使家庭关系完全颠倒过来了。男子在家庭中开始占据了统治地位。家庭关系的变化，又作用于氏族制度，便引起母权制的颠覆与父权制的确立。

2. 第二次社会大分工（野蛮时代的高级阶段），铁制工具的产生和使用，进一步提高了农业与手工业的劳动生产率，产品也日益多样化。多样化的生产活动已不能由一个人同时来进行，于是引起了第二次社会大分工。手工业从农业中分化出来，与农业分离了。

这一分工产生了一系列的结果，最主要有以下几个方面：

（1）农业、手工业的劳动生产率不断增长，提高了人的劳动力的价值，剩余产品更多了。

（2）奴隶制已成为社会的本质现象，成为生产体系中的主要组成部分。奴隶们被成批的赶到田间和工场去劳动，奴隶的劳动再不是零散的、可有可无的了。

（3）出现了商品生产，随之而来的是商品交换和海外贸易，并开始使用贵金属货币。由于商品生产和交换的发展，便引起了整个社会的贫富的大分化，氏族内部出现了奴隶，阶级分化更加明朗化。

（4）一夫一妻制逐渐确立，个体家庭开始成为社会的经济单位，并出现了各家庭之间财产的不平等。

（5）部落间的战争变为掠夺性的战争，由此加强了军事首长的权力，并逐渐变成世袭。贵族的形成，氏族制度的机关性质的变化，都使之整个氏族制度转化为自己的对立面。

3. 第三次社会大分工（进入文明时代）。

随着商品生产和交换的发展，在进入文明时代的初期，又出现了一个商人阶级。他们只经营商品交换，不从事生产却又掌握着生产大权。他成为两个生产者之间不可少的中间人，他对生产与消费两方面人都进行剥削。

这时，土地私有权已确立。除了商品、奴隶、货币财富之外，又出现了表现为地产的财富。与此同时，土地也就成了买卖和抵押的商品，再加上货币高利贷的出现，所有这一切都使贫富两极分化更甚。财富更迅速地集中于少数富有者手中，大众日益贫困化。本氏族的贫民不断沦为奴隶，奴隶的人数大量增加，"奴隶的强制性劳动成为整个社会上层建筑赖以建立的基础"。商人阶级的出现，标志着新的生产方式已最终确定下来。因此，恩格斯说这一次社会大分工是具有决定意义的重要分工。至此，氏族制度终于"被分工及其后果即社会之分裂为阶级所炸毁，它被国家代替了"。①

基于上面所讲的三次社会大分工，我们进一步探讨一下私有财产、私有制究竟是怎么产生的。从我们上面所讲的情况来看，私有制的产生是一个过程，是逐步发展起来的，开始出现的还只是私有财产，私有制作为一种制度是最后才确立的。

最初还谈不上什么个人财产。在野蛮人那里最早只有人的名字是属于个人所有，把它看得很贵重。当人们想用无价的礼物来表达他们之间的友谊时，就和朋友交换名字。但这种个人所有也并非绝对属于他的，当受赠的朋友去世时，这名字仍要归还原氏族。

个人财产采取物质形式出现时，开始只限于野蛮人的贴身之物，生活用品如装饰品，围在脖子上的兽皮等。随后即是个人使用的生产工具归个

---

① 《马克思恩格斯选集》第 4 卷，人民出版社 1995 年版，第 169 页。

人占有，如武器、渔猎工具以及简单的家具等。但这时私有的观念是很淡薄的，假如借别人的东西（如渔猎工具）丢失了，也无须考虑归还的问题。这些生活用品和小工具，在野蛮人死后也不离开他，与死者一起烧毁或埋葬。

畜群成为私有，游牧部落把野兽驯化为家畜，进行繁殖。照顾牲畜就不需要很多人，只要一个家庭就可以，生产的发展逐渐进入到个体生产。很自然的，畜群归家庭使用，就为家庭所占有，也就进而成为家长的个人财产。最先成为私有财产的东西，除了个人使用的生产工具外，就是畜群。

由分工引起交换的产生及其发展。个人之间的交换是个人占有和社会分工的产物，反对来交换又推动社会分工和私有的发展，对私有制的确立，可以说起着催化的作用。先是动产——工具、牲畜、奴隶等成为私有财产，然后是不动产——耕作的土地也成为私有财产。

土地私有最早开始于宅旁园地。住宅周围的土地，或用篱笆或用石墙围起来，与房屋一起被宣布为私有财产。

随着生产的发展，过去集体共同耕作的土地，后来逐渐分配给各家庭耕种，收获归小家庭，并每年重新分配一次土地。这还只是土地的私有使用权。但进一步发展土地就成为私有财产，就过渡到土地私有制。此外，以前氏族、部落之间的空地，现在也被耕种了，并转为私有，即谁家开荒，土地就归谁家所有。

最后一种途径，就是氏族酋长、头领霸占公有土地为私有，随着社会的发展，土地抵押、买卖、货币借贷、高利贷的出现，土地便大量集中于大土地所有者手中。一旦土地成为私有，私有制也就最后确立起来。

总之，随着生产力和分工的发展，生产的共同性逐渐向生产的个体性过渡。在生产有了剩余的情况下，私有制便逐渐产生和发展起来。起初是畜群、畜产品及奴隶的私有，而后是货币财富和土地的私有。生产水平的提高，私有财产的出现，使之由分工引起的交换更加发展。分工与交换的发展，反过来又进一步促进了私有制的最后确立。

（二）国家问题的总结

恩格斯在全面考察了私有制和阶级的产生之后，接着就概括了国家产生的 3 种形式，并进而总结了关于国家的本质、特征等基本理论问题。

1. 国家是社会发展到一定阶段的产物。原始社会没有国家，只是按血缘形成的氏族。由于经济的发展，出现了私有制和阶级，必然引起氏族制度的瓦解，才相应地出现了国家。私有制和阶级的出现，是国家产生的基本前提。

恩格斯从国家起源的角度，阐明了究竟什么是国家，概括出关于国家本质的经典性定义。他指出："国家决不是从外部强加于社会的一种力量。国家也不像黑格尔所断言的是'道德观念的现实'，'理性的形象和现实'。毋宁说，国家是社会在一定发展阶段上的产物；国家是表示：这个社会陷入了不可解决的自我矛盾，分裂为不可调和的对立面而又无力摆脱这些对立面。而为了使这些对立面，这些经济利益互相冲突的阶级，不致在无谓的斗争中把自己和社会消灭，就需要有一种表面上凌驾于社会之上的力量。这种力量应当缓和冲突，把冲突保持在'秩序'的范围以内；这种从社会中产生但又自居于社会之上并且日益同社会相异化的力量，就是国家。"①

摩尔根在《古代社会》一书中，也涉及阶级矛盾、压迫等问题，但在讲述国家起源问题时，却不是从阶级矛盾入手，他没有强调这一点。他论证的重点不是由阶级集团的出现而产生国家，而在于论证根据地区、财产把人们组织起来，形成新的政治组织，政治社会。②

恩格斯与摩尔根不同，他特别强调阶级和国家的关系。社会分裂成不可调和的阶级，为解决阶级冲突，需要建立国家组织，来维护统治阶级的利益。

列宁把恩格斯关于国家的起源、本质的经典性的结论，概括为国家是阶级矛盾不可调和的产物和表现，并认为这是马克思主义学说中"最重要和最根本的问题"。这是理解国家问题的出发点。马克思主义国家学说中若干基本理论问题的解决，都是立足于这个根本点的。从这一点出发，必然会得出国家是阶级统治的暴力机关，而绝不是阶级调和的机关和工具。由此才得出无产阶级对待旧的国家机器应采取什么态度。因此，只有了解了"为什么国家产生于阶级出现的时候——只有这样，我们才能对

---

① 《马克思恩格斯选集》第 4 卷，人民出版社 1995 年版，第 170 页。
② 参见《古代社会》，商务印书馆 1977 年版，第 338 页。

于国家的实质及其意义的问题，找到一个确切的回答"①。

2. 国家的基本特征。国家是在氏族制度瓦解的废墟上建立起来的。恩格斯把国家与氏族加以比较，从二者的区别中，阐明了国家不同于氏族的两个基本特征。

（1）国家是按地区来划分它的国民，不再按血缘关系来划分居民。

（2）公共权力的设立，用特殊的公共权力——特殊的武装来代替"居民的自动武装组织"，用以控制奴隶，使之服从于统治阶级，这是最能体现国家阶级本质的基本特征。

3. 国家是剥削被压迫阶级的工具。这是就国家的职能、作用方面，来进一步说明国家的实质。恩格斯在这里是从政治与经济的关系来说明国家的本质的。国家作为阶级压迫的工具，并非任何一个阶级都能掌握的，只有在经济上占统治地位的阶级才能掌握。因此，关于国家的阶级实质的分析，要到经济中去寻找根源。经济上占统治地位的阶级控制国家时采取不同形式：

（1）按财产占有状况来规定公民的权利，这是较低级的形式。

（2）财富间接地，但更可靠地运用它的权利。不采用根据财产的差别来规定公民权利，而是通过收买官吏，政府与交易所结成联盟，通过普选制，来更牢靠地控制国家权力。

4. 随着阶级的消灭，国家也不可避免地要消失。以生产者自由平等的联合体为基础的，按新方式来组织生产的社会，将把全部国家机器放到它应去的地方，即放到古物陈列馆去，同纺车和青铜斧摆在一起。

八　小结

（一）《起源》一书的结构

全书包括序言两篇及正文九章。

两篇序言：

1844 年第 1 版序，主要讲了这么几个问题：为什么要写《起源》这本书；历史唯物主义的一个基本原理——关于"两种生产"的理论；肯定摩尔根的伟大功绩，并指出他的不足之处。

① 《列宁选集》第 4 卷，人民出版社 1995 版，第 48 页。

1891 年第 4 版序，主要是关于原始家庭史研究的评述（巴霍芬·麦克伦南及摩尔根）。

正文九章可分为 4 个部分：

1. 总论（第一章）：史前社会概况的介绍。根据摩尔根的分期法，概括了史前各文化的概况，为后面的论述奠定基础。

2. 家庭（第二章）：家庭发展的历史，即家庭的产生、发展，家庭与氏族的关系以及未来社会的家庭关系等。

3. 氏族与国家（第三—八章）：氏族的产生、本质，以及引起氏族制度瓦解的原因，国家的产生及其具体形式。

4. 理论概括（第九章）：主要从经济方面分析了私有制的产生，引起氏族社会的解体。由阶级的产生而最终形成了国家。从国家的起源论述了国家的阶级实质、基本特征及国家的消亡等。

这里看起来，从第一章总论接下去三至九章结构完整，为什么中间又插了一章家庭？因为这种安排更符合历史顺序。历史上是先有家庭。家庭的前两种形态——血缘家庭及普那路亚家庭是先于母系氏族产生的，氏族是直接从普那路亚家庭中产生出来的。先讲家庭，然后再讲氏族就更为顺当，更为方便，而且由对偶家庭向家长制家庭的过渡，又与由母系氏族向父系氏族的过渡是同一个过程。家庭与氏族不是一回事，但二者不能截然分开，而是紧密联系的。

联系到我们最开始讲的，恩格斯不是纯粹客观地叙述原始社会发展的历史过程，而是要从原始社会历史的研究中，来为无产阶级革命提供新的理论论证，驳斥资产阶级关于一夫一妻制家庭、私有制及国家永恒性的谬论，是为现实斗争服务的。为了阐明私有制、阶级、国家是社会历史发展到一定阶段上的产物，为考察它们产生的条件，就必须联系到国家产生以前的社会组织——氏族制度，说明氏族的本质、特征以及氏族被国家代替的原因和过程。为了真正弄清氏族的本质和特征，又必须对氏族的产生和发展作一历史的考察。而氏族的起源又是和婚姻、家庭发展的一定阶段相联系的。因此，就必须首先研究清楚家庭的产生和发展，以及家庭与氏族的关系。这是一环扣一环，联系十分紧密的。这样，恩格斯便从家庭到氏族，从氏族到国家，作了全面系统的论证，最后归结到国家问题，得出革命的结论。

此外，还有一个关于私有制的问题。本书的题目是《家庭、私有制和国家的起源》，书中对于家庭、氏族、国家都有专章论述，可是私有制却没有专门一章来加以论述。但恩格斯在《起源》中对私有制的作用是特别重视的。摩尔根的《古代社会》中经济分析是不够的。恩格斯在《起源》中则着重于经济分析，其中主要讲了私有制的问题，书中非只第九章讲了私有制的产生问题，关于私有制问题还贯穿在许多章里面，如从对偶家庭过渡到家长制家庭，是因出现了私有财产，一夫一妻制家庭更是建立在私有制的基础上的。从母系氏族向父系氏族过渡，也是和私有制的产生分不开的。国家更是由于产生了私有制和阶级而产生的。私有制的作用，概括起来就是恩格斯所说的："私有制是阶级矛盾的根源和破坏古老公社的杠杆"①，可见私有制的问题是非常重要的。

（二）叙述方法问题

恩格斯在书中运用了历史的和逻辑的相结合的方法。

家庭、氏族、私有制和国家的问题是《起源》的基本内容，恩格斯论述这些问题的逻辑系统，是同人类历史发展的客观进程大体上相吻合的。就是说，客观事件本身有一个发展过程，如各婚姻家庭形态的发展有先有后；氏族也是从母系氏族过渡到父系氏族；国家也有其产生到消亡的发展过程。逻辑的——理论的阐述，又是依照事物发展规律性为线索。理论的阐述与客观事物本身的历史发展是大体一致的，即体现了逻辑的与历史的相一致的原则。列宁在《国家与革命》一书中论述国家问题时，也运用了这一方法。

与上述方法相联系，恩格斯在《起源》中还坚持了马克思主义发展论。这是又一重要的方法论。列宁在《论国家》一文中，特别强调要把国家问题弄清楚，就必须从历史上对它的全部发展过程加以考察，作一个概括的历史的考察。他说："最可靠、最必需、最重要的就是不要忘记基本的历史联系。"在这一点上，列宁对《起源》也是十分推崇的。他说："我所以提到这部著作，是因为它在这方面提供了正确观察问题的方法。它是从叙述国家产生的历史开始的。"② 这一方法是具有普遍意义的，是很重要的。

---

① 《马克思恩格斯全集》第36卷，人民出版社1957年版，第143—144页。
② 《列宁选集》第4卷，人民出版社1995年版，第27页。

最后，《起源》的前几章讲得比较具体，最后一章从理论上加以概括性的总结，这可以说是从个别到一般的叙述方法。所谓"个别"就是从社会现象、社会制度中的典型形式，来考察家庭、私有制、国家的产生等等，即从解剖典型再上升到一般理论原理。这是认识社会历史发展及其规律的重要方法。

总之，《起源》为我们提供了研究原始社会史，研究从原始社会过渡到阶级社会的重要方法，这将有助于我们在这方面进行更深入的研究。

列宁曾高度评价《起源》这一著作，认为它是"现代社会主义主要著作之一，其中每一句话都是可以相信的，每一句话都不是凭空说出，而都是根据大量的历史和政治材料写成的"①。的确，这部著作是我们学习、掌握历史唯物主义，树立科学的思想方法和共产主义世界观的不可多得的极好的教材。

---

① 《列宁选集》第4卷，人民出版社1995年版，第26—27页。

第 七 章

家庭学及其研究方法

一 家庭学研究的对象和内容

家庭学,简单地说,就是专门研究家庭的学问。家庭学源于社会学,是社会学的一个重要的分支学科,所以它又称作家庭社会学。最初,在社会学中,是把家庭作为最重要的初级社会群体来加以研究,揭示其性质、结构以及社会功能等等。另外,婚姻家庭问题作为社会问题之一,而被纳入社会学的研究领域。社会学要研究社会良性运行和协调发展的规律性。而在社会运行中,在一定时期内又常常出现一些影响社会良性运行,妨碍社会成员共同生活的偏离行为、情况或社会现象,如人口问题、青少年犯罪问题、吸毒问题等等,社会学家都把这些列为社会问题。为保证社会的良性运行和协调发展,社会学就要从相反的方向,探究社会问题产生的根源,寻求解决这些问题的途径、有效的措施和方法。婚姻家庭问题,如买卖婚姻问题、家务劳动繁重问题、老人的赡养问题等,都直接或间接地影响着社会生活和社会进步。因此,家庭问题也就成为社会学所要着重研究的社会问题之一。

社会学的研究领域极其广泛。它涉及社会生活的众多方面,日益渗透到其他专门学科的领域,并分别与相关的专门学科的研究相结合,又形成了许多跨学科的部门社会学或应用社会学的分支学科。以家庭为自己研究对象的家庭社会学,便是其中一个重要的分支。家庭社会学作为一门独立的学科,它的研究范围要更加广阔得多,已不限于家庭结构、功能以及家庭问题的研究,它还研究家庭的起源、演化及发展趋势,研究家庭关系、家庭管理和家庭教育等等。时至今日,由于其他许多学科的介入,家庭理论的研究已涉及家庭生活的各个方面,或者说,凡是一切与家庭有关的问题都在研究之列。正因为家庭的理论研究源于社会学，又超出了社会学，尽管在其理论基础和研究方法方面仍借助于社会学，但已不再只从社会学的角度来研究家庭，正逐步形成自己的基本理论框架和逻辑体系，它也就越来越成为一门独立的边缘学科——"家庭学"。

家庭学研究的对象和范围，主要有三个方面：（1）通过对家庭与社会之间相互关系的研究，揭示家庭的本质，探索家庭的起源和发展的客观规律，预测家庭未来发展的趋势。（2）通过对家庭内部矛盾的剖析，对家庭与社会的关系的研究，阐述家庭结构、家庭功能、家庭关系及其发展变化。（3）研究家庭生命周期中各阶段所出现的问题，特别是研究现代家庭问题，寻求解决家庭问题的途径和有效方法。

家庭学的研究，既包括基本理论方面，又包括应用方面。对家庭的理论研究，不应从抽象的家庭概念出发，作那种脱离家庭现实生活实际的理论说教，而是要从千差万别的各种家庭的调查研究中，从家庭的历史发展的研究中，根据现实的经验材料，总结出规律性的东西。这样，才能增强人们对家庭的正确认识，自觉地处理好家庭与社会的关系，处理好家庭的内部关系，并有助于调整、改造家庭，以适应时代发展的需要，从而促进整个社会的进步和健康发展。家庭学作为一门应用学科，它还具有实用性的一面，其实用性即在于它密切联系家庭现实生活实际，针对婚姻、家庭生活方面存在的一些问题，着重研究处理好家庭关系，搞好家庭管理的指导原则和基本方法，以利于人们组织和建设和睦、幸福、美满的家庭。

家庭学研究的对象和范围，决定了家庭学的主要内容包括以下几个方面：

1. 家庭的成立。婚姻与家庭有着密切关系，婚姻是家庭的基础和起点，男女双方从交往、恋爱到结婚，便是一个家庭形成的过程。家庭是从婚姻开始的，婚前配偶的选择，婚姻的基础如何，往往影响到日后家庭是否稳固，是否幸福、美满。我们研究家庭，首先就要研究婚姻和婚姻过程，如择偶的标准、婚姻的媒介、婚姻的缔结、婚前的准备、婚姻的礼仪和离婚（婚姻的解除）等。

2. 家庭的结构。所谓家庭结构即指家庭的构成和类型。家庭的类型是家庭结构的整体模式，不同的家庭结构表现为不同的家庭类型。家庭结构一般按自然结构和经济结构划分为若干不同的类型。家庭结构受社会生产方式的制约，随着社会的发展，家庭结构也在不断变化。家庭学要研究各种类型的家庭结构的特点，研究家庭结构的变化及其规律。

3. 家庭的功能。家庭的功能就是家庭在人类生活和社会发展方面所起的作用。家庭功能是多方面的，主要有生产、消费、生育、养育和赡养、性生活、愉快生活的功能等。家庭功能受社会生产方式的制约，同时它也受家庭的性质和结构的制约。因此，在不同的社会形态中，在不同的民族和地区，家庭的功能是不同的，它不是一成不变的。家庭学要研究家庭的各种功能，使其充分发挥作用，促进社会的发展。

4. 家庭关系。家庭关系是指家庭成员之间的相互关系，也叫家庭的人际关系。家庭关系包括姻亲关系，如夫妻、婆媳、姑嫂等关系；血亲关系，如父母子女、兄弟姊妹等关系，其中夫妻关系，父母和子女关系是两种最主要的家庭关系。家庭成员之间不仅有着密切的感情联系，还有经济的、法律的联系。家庭关系决定着家庭职能的发挥，也会影响家庭结构的变动。能否正确处理家庭关系往往与家庭生活是否和睦、幸福有着密切关系，而影响家庭关系的又有许多外部和内部的因素。家庭学要研究家庭关系的特点以及影响家庭关系的各种因素。

5. 家庭管理。家庭管理是指对家庭生活的组织、决策和实施，它涉及到家庭的物质生活和精神生活的各个方面，如家庭经济、家务劳动、饮食与保健、家庭教育、社交以及闲暇时间管理等。搞好家庭管理，有利于家庭职能的充分发挥，有利于个人和家庭生活的幸福。家庭学要研究家庭管理的原则和一般方法。

6. 家庭的起源和发展。家庭不是从来就有的，它是人类社会发展到一定阶段的产物，它也有其产生、发展的历史。弄清家庭的来龙去脉，掌握它的发展规律，将会深化我们对家庭及家庭问题的理解。同时，只有研究家庭的历史和现状，分析研究影响家庭发展的各种因素，才会对家庭的未来和未来的家庭做出科学的预测。

从以上的概括中，可以看出家庭学逻辑体系的轮廓。

从家庭学研究的对象和主要内容，我们可以看到家庭学研究是有其自身的特点的，这主要表现在：

第一，家庭学不仅专以家庭为研究对象，而且把家庭作为一个整体，进行全面的研究，从这点说家庭学是具有独特性质的一门学科。家庭学既从纵的方面研究家庭的起源、历史演化及未来发展趋势，又从横的方面研究家庭结构、功能、家庭关系、家庭管理等各个方面，并研究这些方面是如何相互联系和相互作用的，从而形成对家庭全面的整体性研究。其他许多学科（如法学、伦理学、民族学等）在涉及家庭问题时，往往都从这个或那个侧面研究家庭问题，而不像家庭学那样把家庭作为一个整体，全面来进行研究。

在西方国家，在新中国成立前还曾有家政学这门学科，它主要是研究家庭管理的，而且多偏重于具体的技术性问题。家政学的研究对象和范围，比起家庭学来，要狭窄得多，有较大的局限性。

总之，与其他学科不同，家庭学的首要特点，就在于它对家庭研究的整体性和全面性。

第二，从社会的整体性出发，在家庭与社会的相互联系中研究家庭。这是家庭学研究的重要特点。根据马克思主义社会学的观点，社会是一个有机的整体，是一个十分复杂的体系。物质资料的生产活动是人类社会的基本活动，在生产活动中所结成的生产关系是整个现实社会的基础，在此基础上又结成了其他各种社会关系，从而形成了社会生活的各个领域、各种社会制度、各种社会群体和组织。这些彼此不同的部分，在社会生活中起着不同的作用。它们之间相互联系、相互制约，构成了一个复杂的有机的社会整体。社会大系统中的各个部分（或称为子系统）都不是孤立存在的，同样，家庭作为以姻缘和血缘关系为纽带的社会生活组织形式，一种特殊的社会关系，它也不能脱离社会而独立存在。家庭和整个社会及其发展，和其他社会群体、组织、制度都有着十分密切的联系。因此，我们无论从纵的方面，还是从横的方面研究家庭，都离不开家庭与社会相互关系的研究。而且，只有从社会整体出发，从家庭和组成社会整体的各个部分的相互作用中来考察、研究家庭，才能科学地认识家庭及其发展规律。

第三，家庭学是一门综合性的学科，在研究内容和方法上具有综合性的特点。既然家庭和社会整体及其各个部分之间有着密切的联系，家庭生活涉及社会生活的各个方面，家庭之外的许多因素都在影响着家庭的变化和发展。所以对家庭的研究，单靠家庭学本身是难以胜任的。这就需要与其他的学科结合起来，把现代科学研究新成果运用于家庭的考察。现在许多学科的学者，也都从其各自不同的角度，研究和阐述家庭问题的某一个侧面，这就更加密切了家庭学与其他各门学科之间的协作关系。充分运用其他学科的知识和研究成就，对家庭作综合性的探索，将会推动家庭学的深入发展，使家庭理论的研究更加科学化。

第四，家庭学的研究具有很强的现实性。家庭学作为一个完整的理论体系，它总要从宏观上研究家庭的产生和历史发展，研究家庭的过去，是为了掌握家庭的发展规律，以使我们更深刻地理解现在，指导现在和预测未来。从家庭学研究的发展状况来看，面对现实，注重现实的家庭问题的研究，也已成为一种必然趋势。近几十年来，世界上许多经济发达国家，随着社会的飞速发展，家庭也在发生剧烈的变革，给家庭带来巨大的冲击，产生了一系列婚姻、家庭矛盾和问题，甚至出现"家庭危机"的现象，影响到整个社会的生活，引起了社会各个阶层的普遍关注。因此，许多家庭社会学者也都把注意力集中在家庭的现实问题上，试图从理论上给予解释和说明，寻求解决种种家庭问题的良策，预测家庭的未来发展趋势。

二　家庭学的由来和发展

人类对家庭的探讨，虽然可以追溯到遥远的古代，但在西方，对家庭的科学进行系统的研究，却始于 19 世纪中期。可以说，最初对家庭的理论研究，是沿着两条线向前发展的：一条线是源于民族学、原始社会史学等，对家庭的起源、婚姻家庭史进行研究；另一条线则是随着社会学的形成和深入发展，开始对当代家庭进行精细的分析和研究。从社会学形成之日起，有关当代家庭和家庭问题的研究，就成为社会学的一个重要分支问题而存在，后来又逐步发展为社会学的一个分支学科——家庭社会学。当今家庭学的研究，正是发源于这两个相近的源头并汇合而成的。

（一）摩尔根揭开家庭史的秘密

1. 从古代到 19 世纪中期，人类对家庭的探索

家庭作为社会生活的基本组织形式，是社会有机整体和活动的一个重要方面，在人类社会发展中起着重要的作用。所以在很早以前，家庭便引起了人们的关注和兴趣。在许多古希腊罗马的哲学家、历史学家的著作中，都可找到有关家庭的论述和记载。古希腊罗马时代已经是父权的一夫一妻制家庭，同时某些民族还保留着母系氏族制度和习俗，还有广为流传的神话和传说。这些事实和材料，必然以不同的形式反映在思想家们的观念之中，并往往成为他们试图弄清古代婚姻家庭关系，弄清家庭起源和发

展的一个出发点。

最早论述婚姻家庭的，要算是古希腊的思想家柏拉图。在他的乌托邦式的《理想国》中，曾设想取消私有财产，实行"共产共妻"制度。让大家吃、住在一起，没有个体家庭，过一种公妻公子女的生活，男女的结合要按照"优生原则"进行分配。他所描绘的理想，连他自己也感到难以实现。后来，柏拉图又主张保障个人私有财产，恢复个人家庭制度。他把男子统治为特征的家庭，看作是家庭的最初形态和社会的基层单位，认为一切更复杂更庞大的社会和国家的产生，都是家庭联合的结果。柏拉图虽最先以理论的形式，探讨古代的婚姻家庭，然而他并未能提出较为完备的、始终一贯的家庭理论观点。

在古代，较为完备地阐述"父权制理论"的，当首推古希腊最伟大的思想家亚里士多德。他在政治论著《政治学》中，比较集中地论述了家庭问题，并始终坚持父权制家庭的理论见解。他在书中写道，"最初，互相依存的两个生物必须结合，雌雄（男女）不能单独延续其种类，这就得先成为配偶"，"接着还得有统治者和被统治者的结合，使两者互相维系而得到共同保全"，因此，"由于男女同主奴这两种关系的结合，首先就组成家庭"。① 由若干家庭联合而组成村落，进而组合成城邦国家。

亚里士多德把家庭的原初形式，归结为包括奴隶在内的父权制家庭，认为这种家庭组成的基本要素，即三种伦理关系："主和奴，夫和妇，父和子"。他以国喻家。在他看来，夫妇关系就如同政治家治理其自由人，"夫唱妇随是合乎自然的"，丈夫就应终身受到妻子的尊重，"娴静"乃是妇女的美德；父子关系则类似君主统治其臣民。此外，亚里士多德还详细地阐述了家庭获得财产的各种技术和方法，以及对幼儿的抚养、教育等等。

关于古希腊罗马时代，除了"父权制理论"以外，还产生了人类最初存在着的杂乱性交关系、共妻观念。古希腊著名历史学家希罗多德，在其史学巨著《历史》中，就把乱婚、共妻作为一系列民族的风俗习惯来描绘的。这些有关婚俗的事实，也正是后来家庭史所说的群婚。关于家庭的发展，希罗多德并没有提出非常明确的观点，但他所提供的材料，至少说明父权制家庭并不是唯一的、永恒不变的家庭形式。

---

① 亚里士多德：《政治学》，商务印书馆 1965 年版，第 4—5 页。

古希腊最伟大的唯物主义者德谟克利特，以及古罗马原子论唯物主义者卢克莱修，他们在用朴素的唯物主义解释原始人类的社会生活和文明的起源时，便很自然地得出了关于人类婚姻、家庭的起源的观点。他们认为，原始人像动物一样，过着群居生活，不懂得用火，没有房屋、衣着和工具，凭借偶然获得的食物充饥。那时，既没有性关系的规则，也没有婚姻和家庭，人们的两性关系是混乱的。随着社会生活的发展，学会了使用火和建造茅舍，才导致人们进入了家庭生活，逐渐走向文明的生活。这就是说，在社会发展的一定阶段上才出现家庭，从杂乱性交状态到婚姻、家庭的产生是一个进化过程。这同"父权制理论"的观点是截然不同的。古希腊罗马时期，是人类探讨家庭及其起源问题的最初阶段。当时，各门具体科学还没有从哲学中分化出来，自然，家庭问题也不可能作为专门的问题提出来。思想家们是在研究哲学、研究社会政治和伦理的过程中，为论证自己的社会政治观点，而在有意或无意之中，涉及家庭问题的。他们在极为有限的条件下，探索着家庭的奥秘，提出了各种不同的见解，这是难能可贵的。然而，正因为受到各方面条件的局限，古代思想家们对家庭的研究，也就比较粗浅，或者只是提供了一个并不十分清晰的轮廓；或者只是根据神话和传说，所作出的一种推测。因而，那时还谈不到对人类家庭的真正科学地研究。正如恩格斯所指出："在希腊哲学的多种多样的形式中，几乎可以发现以后的所有观点的胚胎、萌芽。"① 同样，在古代思想家们那里，也正孕育着家庭理论研究的胚胎。

中世纪的欧洲，是教会和神权统治的时代，至高无上的教会权威控制了社会的政治、精神生活和世俗生活。在这一时期，不仅受到宗教教会保护的父权制家庭被保留下来，成为唯一的家庭形式，而且"父权制理论"也居于独占的统治地位。这种状况，首先是与欧洲封建社会形成的历史条件密切相关联。早在公元5世纪，野蛮的日耳曼人在征服西罗马帝国的过程中，就摧毁了古代的文明，把古代的哲学、科学差不多一扫而光，"它从没落了的古代世界承受下来的唯一事物就是基督教和一些残破不全而且失掉文明的城市"②。随着基督教教会势力的增长，并逐步在社会生活中占据统治地位，基督教神学也在意识形态领域中居于万流归宗的垄断地

① 《马克思恩格斯选集》第3卷，人民出版社1995年版，第287页。
② 《马克思恩格斯全集》第7卷，人民出版社1957年版，第400页。

位。恩格斯说："中世纪只知道一种意识形态，即宗教和神学。"① 哲学、科学成了神学的婢女，任何思想都要以宗教教义为出发点和基础。在这种情况下，《圣经》所肯定的父权制家庭，成了家庭理论研究的唯一依据，"父权制理论"一统天下。古代哲学中其他一些有价值的思想观点，都视为异端邪说，先前各种家庭理论观点纷争的生动局面已不复存在。其次，封建统治阶级及其思想家们，又用父权制来论证"君权神授"和"王位世袭"的理论，以维护其专制统治。他们说上帝最初赋予亚当以家长权，便是后来王权的起源。因此，国王的权力直接来自上帝，王位应该世袭。"大家庭就是王国，小王国就是家庭"，中世纪的统治者们以父权为依据，用放大的家长制来论证封建专制的天然合理性。这样，"父权制理论"的地位，也就越发得到加强。

"父权制理论"影响很深，长期禁锢着人们的头脑，直到近代，资产阶级走上历史舞台之后，它又被广泛利用来论证资产阶级的家庭婚姻关系和私有财产的永恒性，致使这种理论仍然占着统治地位。然而，不打破"父权制理论"的一统天下，就谈不到家庭和家庭史的研究。早期空想社会主义者和资产阶级革命时期的一些思想家，他们为着各自的目的，都曾尖锐地抨击了父权制理论。尽管这种冲击和批判，对打破父权制理论的一统天下，起了一定的进步作用，但是，它却未能从根本上动摇这一家庭理论的统治地位。

15世纪末期以来，欧洲资本主义经济的发展，美洲大陆的"发现"和新航路的开通，殖民地和海外贸易的不断扩大，这一切大大开阔了人们的眼界，重新发现了许多父权制家庭以外的婚姻家庭形式。这些新的事实逐渐引起学者们的注意和思考，直接地或间接地冲击着人们固有的家庭理论观念。例如，17世纪英国资产阶级思想家洛克，在他的《政府论》中就曾这样写道："在世界上有些地区，一个妇女同时有几个丈夫，或在美洲有些地区，时常发生夫妇分离的情况，儿女都留给母亲，跟着母亲，完全受母亲的抚养和扶持，在那些地区，父权又将发生什么变化呢?"② 这是他在论证父亲的权力，并非基于自然的或上帝赐予的任何特殊权利时，顺便提到的。对这些新的事实作了专门的记述，并采取某些新的观点的，

---

① 《马克思恩格斯选集》第4卷，人民出版社1995年版，第235页。
② 洛克：《政府论》下篇，商务印书馆1982年版，第40页。

是法国的一位传教士 J. 拉菲托（1670—1740 年）。他在详细描述了北美印第安人（易洛魁人和休伦人）的社会制度和习俗之后确认，这些部落所实行的是另外一种婚姻，即丈夫和妻子分别住在自己原来的部落和家庭，他们不建立单独的家庭，子女留在母亲一边，属于母亲所在家庭的成员。家庭财产按母系而不是按父系继承。拉菲托还把易洛魁人的习俗同古希腊希罗多德所描绘的一系列古代民族的风俗习惯加以对比，认为易洛魁人和休伦人中间存在的婚姻形式，并不是什么反常的现象，而是一种曾经广为流行过的社会习俗。自然，在当时的历史条件下，他还不可能从人类婚姻家庭史上作出任何说明。此后，苏格兰历史学家 J. 米拉尔（1735—1801 年）在力图说明一系列古代民族曾存在按母系计算世系和妇女享有崇高地位的现象时，也曾有过同拉菲托类似的论述。他还设想过在人类遥远的过去，有过一个婚姻还完全没有建立的时代。不过，他对这一时代两性间的关系，并未作出非常明确的解释。

18 世纪，特别是 19 世纪前半期，关于人类早期存在的杂乱性交状况，"公妻"的观念以及女性权威的论述，在许多著作和作品中都有所反映，其论断多带有思辨和假设的性质，难以为大多数学者所接受。尽管当时根据民族学提供的资料，人们已经知道东方有的民族实行一夫多妻制，印度和西藏地区则存在着一妻多夫制，还有的民族，相当大的集团内部禁止通婚以及世系是按母系计算等等。但对这些现象还没有人能作出详尽科学的解释和论证，只把它们看作"奇风异俗"而已。当时的历史学家在这个问题上大多受宗教思想的影响，以《圣经·旧约》前 5 卷记载的历史材料和传说为依据，认为人类社会一开始便只存在父权制家庭，并把它与现代一夫一妻制家庭等同起来。因此，家庭似乎没有经历过任何的历史发展，也就谈不上什么家庭史的研究。

直到 19 世纪 60 年代初，才开始了对家庭史的科学研究。

2. 巴霍芬——家庭史研究的开拓者

巴霍芬（1851—1887 年），瑞士法学家、原始社会史学家。他根据大量的古典文献、神话故事和历史传说，对原始社会的两性关系，进行了认真的研究和重新解说，于 1861 年出版了《母权论》一书，这是人类科学地研究家庭史的开端。巴霍芬在这部著作中提出了 4 个有价值的观点：

（1）他论证了在个体婚之前，存在一个原始的阶段，即人类最初存在着毫无限制的杂乱性交关系，他称之为"杂婚"。

（2）杂乱性交关系的必然后果便是母权制，由此他肯定了母权制先于父权制而存在，并论证了母权制向父权制的过渡。

（3）论证了原始社会存在过妇女统治的时代。由于最初是母权制，母亲是唯一能确认的长亲，加上妇女是社会事务的主宰，因而妇女享有崇高的威望，并论证了妇女在经济上的领导地位，是原始时代"女性统治"的真实基础。

（4）他发现了从群婚制向个体婚制过渡的婚姻形态。巴霍芬第一个论证了母权制存在于父权制之前，由群婚制到个体婚制以及由母权制到父权制是一个历史发展过程，这就从根本上推翻了原先关于父权制家庭、一夫一妻制家庭自古有之的传统观念和说教，为家庭史的研究开辟了一条新的途径。因此，恩格斯说："这在1861年是一个完全的革命。"[1]

巴霍芬在作出上述正确的说明时，却没有摆脱宗教神秘主义的影响。他相信宗教，认为父权制代替母权制是宗教观念发展变化的结果，是由于新神战胜了旧神，而不是人们现实生活条件变化发展的结果，人类家庭的演变是由宗教观念的变化引起的，而不是取决于物质生产的发展。"显然，这种认为宗教具有世界历史的决定性杠杆的作用的观点，归根结底会成为纯粹的神秘主义。"[2] 这是巴霍芬的局限性。

巴霍芬开始了家庭史的研究，是有功绩的，但由于论证方法上的致命弱点，使他不可能找到人类家庭演变的真正原因。苏格兰法学家麦克伦南（1827—1881年）于1865年发表了他的主要著作《原始婚姻》。他指出了"外婚制"的普遍流行及其意义，并且在未受巴霍芬影响的情况下，完全依靠独立的研究，重新确认母权制的世系制度是最初的制度，这对于推进原始家庭史的研究具有重大意义。但由于麦克伦南的理论根据是虚构的，他人为地编造了一部婚姻家庭史，所以恩格斯说，他"造成了比巴霍芬的神秘主义幻想在母权制方面所造成的更大得多的混乱"。[3] 把巴霍芬家庭史研究中积极、正确的东西继承下来，并揭开家庭史的秘密的，是摩尔根。

3. 摩尔根为家庭史的研究开辟了一个新的时代

---

① 《马克思恩格斯选集》第4卷，人民出版社1995年版，第8页。

② 同上。

③ 《马克思恩格斯选集》第4卷，人民出版社1995年版，第10页。

　　路易斯·亨利·摩尔根（1818—1881 年）是美国杰出的民族学家、人类学家和原始社会史学家。他出生于美国纽约州一个农庄主家里，童年时代就对家乡附近的易洛魁人的生活状况比较熟悉。1840 年摩尔根于高等专科学校毕业后，继续攻读法律，1842 年获得律师资格。他对易洛魁人的社会经济、风俗习惯颇感兴趣，并参加了一个由少数思想激进的青年所组成的研究印第安人的学会——"大易洛魁社"。该学会的宗旨为"促进同印第安人的感情，获得有关印第安人文化和家庭制度以及对未来的发展能力的认识"。摩尔根在印第安人中间作了许多调查研究，对他们反抗白人统治的斗争给予极大的同情，并以律师的资格为印第安人进行辩护。这样，摩尔根和印第安人建立了深厚的感情，取得了他们的信任。1846 年 10 月摩尔根被易洛魁人塞纳卡部落鹰氏族破例收养为义子，享有和氏族成员同样的权利和义务，这就更便于他掌握为一般人所不易了解到的有关易洛魁人生活习俗及婚姻制度等情况。1851 年出版了他的第一部著作《易洛魁联盟》。从 1857 年起摩尔根就着手研究易洛魁人的亲属制度问题，后来他通过各种方式的调查，掌握了有关世界各民族的近 200 种亲属制度的资料，1865 年写出了第二部重要著作《人类家庭的血亲和姻亲制度》，于 1871 年出版。他原准备通过亲属制度的研究，解决美洲印第安人是否来源于亚洲的问题。但研究的结果却使他取得了比原先设想的更大的成就。他探讨了原始社会的婚姻制度和亲属制度以及家庭进化的历史，并发现了人类早期的社会组织原则及其发展规律。从此他便转向对整个人类原始社会的研究。1877 年出版了他的科学巨著《古代社会》。这部著作凝结了他近 40 年的心血，是他毕生最重要的代表作。他进行了多年的严肃认真的实地调查，并从大量的实际材料中得出可靠的结论，从而找到解开人类家庭史之谜的钥匙，揭开了原始社会的秘密。

　　摩尔根是以易洛魁人的亲属制度为出发点，来研究人类家庭发展的历史的。亲属制度并不是摩尔根最先发现的，早在 17 世纪就已有人记载过亲属制度的情况。摩尔根的贡献在于，他认为亲属制度与原始的社会结构有密切关系，并把它纳入了科学研究的领域。他通过对亲属制的研究，找到了人类家庭发展的基本线索，为家庭形态的演变和进化确定了一个合理（即大体合乎实际）的发展序列。

　　摩尔根在长期的调查研究中，发现了一种奇怪的现象，即易洛魁人奉行的亲属称谓制度和实际的家庭形式不相符合。当时，易洛魁人的家庭形式，是一对男女的结合并不十分牢固的对偶婚。显然，这时父母、子女及其他亲属关系都是很明确的。但是他们相互之间的称呼，却是和实际的家庭关系相矛盾的。易洛魁的男子不仅把自己亲生的子女称为儿子和女儿，而且把他兄弟的子女也称为儿子和女儿，他们也称他为父亲；他把姊妹的子女称为外甥（女），他们则称他为舅父。同样，易洛魁的女人也把自己和自己姊妹的子女都称为儿子和女儿，他们都称她为母亲；她把兄弟的子女称为内侄（女），他们称她为姑母。进一步调查研究使摩尔根发现，世界上许多地方，如在亚洲、非洲和澳洲的土著居民中，几乎普遍存在上述那种矛盾。由此摩尔根提出一种假设：易洛魁人现行的亲属制度表明，很可能在对偶婚之前存在过另外一种家庭形式，但这还需有实际材料加以证明。

后来，摩尔根发现在夏威夷群岛的部落中，实行的是一种群婚的家庭形式。这种家庭所产生的亲属关系，恰好与易洛魁人的亲属称谓制度相符合。这样，在夏威夷的那种家庭形式中，找到了易洛魁人亲属制度的原型，或者说，易洛魁人的亲属制度正是在夏威夷人的家庭形式中得到了完全的说明。然而，摩尔根又发现，夏威夷人的亲属制度和他们现行的家庭形式也是不一致的。这里连姑和舅的称呼也没有了，孩子把他们父亲和母亲的所有兄弟姊妹都不加区别地称为父亲和母亲，自然他们也称这些孩子为自己的子女。由此便推论出，在群婚之前必定还存在过一种更为原始的家庭形式。这种家庭关系只是排除了不同辈分之间的通婚，而亲兄弟姊妹之间可以通婚，互为夫妻。后来把这种家庭形式称为"血缘家庭"。

那么，为什么会发生上述这种矛盾呢？当说明矛盾的产生并非偶然，必有其普遍的内在原因时，就会从中找出规律性的东西，得出科学的结论。原来，家庭形式决定亲属制度。先有一定的家庭形式，才会有相应的亲属制度，亲属制度是家庭形式的反映和记录。当家庭形式发生了变化，却并不立即引起亲属制度的变化。因为人们的认识需要有一个过程，只有经过相当长的时期，才能逐渐创造出新的亲属制度与新的家庭形式相适应。因此，摩尔根说，家庭是一个能动的要素，亲属制度则是被动的。当家庭继续向前发展的时候，亲属制度却僵化起来，往往落后于家庭形式。有一定的亲属制度的存在，就说明在历史上必定存在过与之相应的家庭形式。这样，人们便可以根据前后不同的亲属制度，推演出一系列家庭形式。摩尔根的这一发现，为人类家庭史的研究提供了一个可靠的科学方法，开辟了一条新的研究途径。运用这一方法，摩尔根确定了婚姻和家庭依次发展的不同形态，从而第一次绘出了一幅人类家庭发展史的略图。

摩尔根的另一重要贡献，是他通过对美洲印第安人和亲属制度的研究，弄清了氏族制度的产生及其本质，首次把氏族与家庭加以区分，确认氏族是原始社会的基本组织。尤其是他重新发现了一切文明民族的最初氏族都是母权制，证明从母权制氏族到父权制氏族是一个历史发展过程。这一重新发现，在原始社会史的研究方面开辟了一个新的时代。

摩尔根对亲属制度、家庭以及原始氏族的研究取得了划时代的成就。他尊重科学，注重实地调查，他对原始家庭和氏族组织的具体考察，他的研究方法和结论，体现了历史唯物主义思想。摩尔根在他自己的研究领域中，以他自己的方式，得出了与马克思相同的结论，这是难能可贵的。但是，他的唯物史观是自发的，具有局限性的。摩尔根的《古代社会》及其进化理论，只有被马克思、恩格斯发现并加以批判改造之后，才得以在世界上大放异彩。

（二）　马克思和恩格斯为科学的家庭理论奠定了基础

早在 19 世纪 40 年代，即从创立马克思主义时期起，马克思和恩格斯就十分重视对原始社会及家庭问题的研究。在《德意志意识形态》这部著作中，他们肯定原始社会是建立在公有制（集体所有制）和血缘关系的基础之上，"第一种所有制形式是部落所有制"。马克思、恩格斯还揭示了家庭的本质，并把家庭成员之间的关系纳入社会关系的范畴，论述了家庭在社会历史发展中的地位和作用，指出："家庭起初是唯一的社会关系，后来，当需要的增长产生了新的社会关系，而人口的增多又产生了新的需要的时候，这种家庭便成为从属关系了。"① 但是，在 19 世纪中叶以前，由于历史条件的限制，还缺乏足够的实际材料可供研究。因而，当时他们对原始社会的具体情况，对氏族与家庭的关系、氏族与部落的关系都是不清楚的，所谓"部落所有制"的内涵也是不确切的。

在以后的几十年间，马克思和恩格斯一直关注家庭问题，继续搜集和研究有关原始社会史和原始家庭史的材料，并以他们的唯物史观和渊博的知识，对原始社会史的重大问题提出过许多精辟的见解。然而，仍因缺乏

---

① 《马克思恩格斯选集》第 1 卷，人民出版社 1995 年版，第 80 页。

必要的和可靠的资料，问题一直未得到最后科学的解答。19世纪中叶以后，随着民族学、考古学、历史学和人类学的发展，逐渐展开了对原始社会的科学研究，接连出现了不少论述原始社会史、家庭史的著作。尽管在这些著作中提供了许多有价值的参考资料，但一些重要问题仍未搞清楚。

1877年摩尔根的《古代社会》一书问世，正如恩格斯所指出的，"关于人类原始史，直到1877年，摩尔根才给我们提供了理解这一历史的钥匙"①。正因如此，马克思一经发现这本书，就非常重视和喜欢它，并把它推荐给恩格斯。1881—1882年，马克思专门研究了《古代社会》这部著作，写了十分详细的摘要，加了许多重要的补充和评语，并对原著的结构体系作了重要调整，使之更符合历史发展过程的自然逻辑。这表明，马克思曾经打算根据摩尔根的著作和自己积累的丰富资料，写一部关于原始社会（包括原始家庭）的专门著作，用他的唯物史观来阐述摩尔根的研究成果。但遗憾的是，他未能如愿便与世长辞了。

1883年马克思逝世后，恩格斯在整理马克思的手稿时，发现了《摩尔根〈古代社会〉一书摘要》。1884年3月恩格斯在旧书商那里得到了《古代社会》原著。他经过研究之后，确信摩尔根的著作为马克思和他的观点提供了新的证明，认为很有必要作进一步的概括和充分的总结。于是，恩格斯决定写一部关于家庭、私有制和国家问题的专著，完成这件由马克思所开始的工作。他在极为繁忙的情况下，根据马克思留下的《摘要》，用两个月的时间，完成并出版了《家庭、私有制和国家的起源》。可以说，《家庭、私有制和国家的起源》是马克思和恩格斯对摩尔根学说批判和改造的结果，也是他们多年对原始社会史共同研究成果的总结。在这部著作中，恩格斯利用了摩尔根的实际材料和研究成果，同时又克服了他的局限性，加以去粗取精的改造，进行了新的理论概括，科学地揭示了原始社会发生、发展和灭亡的客观规律，从而奠定了原始社会史的科学基础。

《家庭、私有制和国家的起源》用了三分之一的篇幅系统地论述了家庭史的发展，第4版又对家庭一章作了重大补充和修改。关于原始社会最早阶段的两性关系，关于父权制家庭以及文明时代的一夫一妻家庭等大量资料都是属于恩格斯的。在《起源》中，恩格斯不仅对他所采纳的摩尔

---

① 《马克思恩格斯选集》第3卷，人民出版社1995年版，第348页。

根的家庭理论作了明确的概括和阐发，而且更深刻地揭示了家庭发展变化的动因，全面地阐述了家庭发展的一般规律。从材料到理论观点都远远地超出了摩尔根，从而把人类家庭史的研究推进到一个新的阶段。

（1）恩格斯阐述了家庭发展的一般规律，指出家庭形式发展的经济原因，科学地说明了人类家庭形态的发展和变化，归根到底是由社会物质生产水平和经济条件所决定和制约的。恩格斯根据史实和他所提出的"两种生产"的原理，确认历史上依次更替的不同家庭形态，大体上是和人类社会发展的不同阶段相适应的，"群婚制是与蒙昧时代相适应的，对偶婚制与野蛮时代相适应的，以通奸和卖淫为补充的专偶制是与文明时代相适应的"①。关于不同家庭形态产生、演变的经济根源的研究，正是摩尔根《古代社会》中薄弱的一环。虽然摩尔根也曾说过，"家族是社会制度的产物"，"它必须随着社会的前进而前进，随着社会的改变而改变"②，但对这一方面叙述得比较含糊。总的说来，他对社会经济条件是家庭形态发展、更替的最终原因，显然还缺乏系统的理论知识。

（2）恩格斯深刻地揭露了私有制社会中一夫一妻制家庭的实质和内在矛盾。一夫一妻制是以私有制为基础和前提，为了保存和继承私有财产而建立起来的。在这种形态的家庭中，男子对妇女的奴役和统治就成为文明时代社会的根本法则。男女双方根本无平等可言，资产阶级法律所规定的婚姻自由、男女权利平等，不过是一纸空文，资产阶级缔结婚姻的出发点是权衡利害，财产关系对所谓自由婚姻起着支配作用。一夫一妻制实质上是片面的，只是对女子而言的，而男子则有多妻的权利，可以公开地或秘密地实行多偶制。私有制下的一夫一妻制总是与杂婚、通奸、卖淫相并行的。恩格斯把一夫一妻制家庭形态看作是"文明社会的细胞形态"，因为它蕴含了后来在文明社会内部充分发展起来的各种对立和矛盾。摩尔根虽然也看到了一夫一妻制家庭中存在着矛盾和对立，但受其自发的唯物主义的局限，使他不可能彻底揭示出这一家庭形态的本质。摩尔根在其著作中，往往把注意力集中在妇女地位的低下以及淫荡之风的流行，而且认为这是在家庭形态演变时要求妇女做出的一种牺牲和从野蛮社会流传下来的遗风、恶习。

---

① 《马克思恩格斯选集》第4卷，人民出版社1995年版，第73页。
② 摩尔根：《古代社会》，商务印书馆1977年版，第492页。

（3）恩格斯对未来的家庭发展作了科学的推想。消灭私有制之后，一夫一妻制产生的经济原因消失了，随着生产资料转归社会所有，一夫一妻制不仅不会终止其存在，而且只有在那时才会真正地十足地实现，不仅对女子，最终对男子也将成为现实。到了发达的社会主义或共产主义社会，男女的结合完全建立在爱情的基础之上，个体家庭不再是社会的经济单位，私人的家庭经济变为社会的劳动部门，家务劳动和子女的抚养、教育成为公共的事业，只有那时才能实现真正的事实上的男女平等。

恩格斯依据唯物史观的基本原理，总结了从原始社会以来的家庭历史发展，全面地阐述了马克思主义的家庭学说，提出了研究家庭问题的指导思想和原则，为科学的家庭理论奠定了坚实的基础。虽然《家庭、私有制和国家的起源》问世以来的100多年间，人类婚姻家庭的各个方面都在不断地发生着变化，但是恩格斯关于家庭问题的深邃的思想和精辟的论述，他所提出的基本原则，至今对于我们的家庭理论研究仍具有重要的指导意义。

继恩格斯之后，其他一些马克思主义者进一步深入研究了现代家庭问题。德国和国际工人运动的卓越活动家倍倍尔，1891年在恩格斯提出的基本原则的影响下，对1879年初版的《妇女和社会主义》①作了改写和重要的补充。在这部著作中，他从妇女问题的角度，深入考察了婚姻、家庭的历史发展，具体地论述了人类两性关系、婚姻家庭随着生产方式和产品分配方法的变化而变化，并对现代家庭婚姻提出的新问题做出了马克思主义的回答。他考察了妇女社会地位的变化同社会不同发展阶段上的生产关系的密切关系，指出没有男女两性间的独立和平等便没有人类的解放，而"只有在人类统治人类——即资本家统治工人——的社会消灭的时候"，即在社会主义制度下才能实现妇女的完全解放。倍倍尔关于家庭、婚姻和妇女问题的论述，进一步丰富了马克思主义的家庭理论。

与此同时，面临着资本主义日益严重的家庭问题，一些西方社会学家提出了许多家庭分析理论和研究方法，从而促使家庭社会学从社会学这一母体学科中分离出来，发展为一个独特的研究领域。

---

①　初版书名为《妇女的过去、现在和将来》。

（三）家庭社会学的发展

家庭社会学是社会学中最早的分支学科之一，它的产生和发展同西方社会学的兴起和发展有着密切联系。

西方社会学产生于19世纪30年代。"社会学"这个名称是法国实证哲学家孔德于1839年首次提出的。他不仅提出了"社会学"这一学科概念，而且创立了社会学的理论体系，规定了研究的方法，因此，国外学术界一般公认孔德是社会学的创始人。其后，英国实证主义哲学家斯宾塞以他的社会有机论，进一步发展了孔德创立的社会学。可以说，在社会学的创立时期，有关家庭问题的研究便成为社会学的一个分支问题而存在了。斯宾塞的社会有机论认为，在一切发达的社会集合体中，都存在着支持系统、分配系统和调节系统。这三大系统功能是由各种社会器官来担负的，而家庭就是他列举的6种类型的社会器官之一。

19世纪中期，由于资本主义的发展，社会变迁的加剧，资本主义的种种弊端愈加暴露出来。工人终日劳作长达十几个小时，所得报酬却少得可怜，加之工人家庭成员不断增加，生活水平急剧下降，家庭贫困问题已上升为社会的主要问题之一。一些西方学者面对此种情况，开始从社会学的角度来研究现代家庭问题，并十分重视家庭经济生活的研究。如法国社会学家和社会改革家勒帕莱先后出版了《欧洲工人》（1855年）和《家庭组织》（1871年）两部著作。德国社会学家里尔也于1855年发表了《家庭》一书。勒帕莱受孔德的影响，将家庭看作保持社会连续性的基本社会单位。他创造了一整套调查、搜集资料的方法，力图通过对家庭日常经济生活的经验研究来理解家庭，并利用"家庭预算表"来对当时的家庭经济生活进行精确的数量分析和研究。里尔则依据观察和询问获得资料来研究家庭。他们在政治上属于保守主义，倾向于恢复旧传统。他们看到由于启蒙运动、资产阶级自由主义，特别是工业发展而引起家庭的不稳定和解体状态，主张通过"保守"的社会改革，用宗教教义恢复家长的权威，重建"稳定"的家庭。尽管他们的家庭理论观点是保守的，违背历史潮流的，但他们在运用社会学的理论和方法来研究家庭、开创独立的家庭社会学研究方面却作出了很大的贡献。

在19世纪末至20世纪30年代，是社会学的形成时期。这一时期社会学不仅最终从哲学的怀抱中解放出来，而且也摆脱了孔德的包罗万象的体系，更具体地确定了自己的研究范围和方法。它在法国和德国得到确认后，又扩展到英、美等国家。这时应用社会学尚未出现，家庭的社会学研究也未形成独立的学科。不过，家庭问题已远不只是贫困问题，随着工业化和都市化的进程，给现代家庭带来了种种问题，例如妇女就业增多和工作时间加长，离婚和分居大量增加，出生率急剧下降，特别是家庭成员的"个体化"趋势越来越明显，人际关系紧张，等等。家庭理论研究的重点已从家庭经济问题开始转向家庭结构体系、家庭成员个体化等问题的探讨。

20 世纪 40 年代至今，是社会学迅速发展的时期。第二次世界大战后，社会学研究在世界各地广为传播，美国在研究规模和发展速度方面居于世界首位。社会学研究分成了理论社会学和应用社会学两大类。由于社会学研究的课题包罗万象，学者们所采用的方法及方法论原则又不尽相同，这就使理论社会学涌现出许多不同的流派。与此同时，随着社会学的实用倾向的加强，社会学的分支学科也蓬勃兴起。从此，家庭社会学已作为一个独立的学科和研究领域出现，而且发展很快，它越来越受到各国的普遍重视。由于第二次世界大战的重大影响，世界性的经济危机、战后西方科学技术的飞速发展和政治、经济形势的急剧变化，资本主义世界各国出现了一系列新的社会问题。在这种背景下，西方家庭社会学者为调和社会矛盾，维护资本主义，求得社会的良性运行和协调发展，纷纷提出了各种家庭婚姻理论。

以美国著名社会学家帕森斯为代表的结构功能主义，是在第二次世界大战刚刚结束不久提出来的。这种理论非常注重社会制度和社会各个组成部分之间的相互联系，强调在社会系统的稳定、均衡中发挥社会功能，而否定社会系统内部各要素之间的利益冲突。帕森斯依据这一理论观点，将家庭放在更大的社会系统中加以考察和研究。他把家庭看作是社会体系的主要分支系统之一，重视家庭组织与外在社会的互动机制，认为家庭与社会是相互作用、相互依存的。他于 1951 年出版的《社会系统》一书，阐述了家庭与社会整合及均衡发展的理论观点。

美国著名社会学家伯杰斯在《家庭》（1950 年）中，又提出"相互影响论"的观点。他强调个人与家庭的互动机制，将家庭视为一群相互影响的人格整体，是"人格互动的单元"，认为现代家庭是由成员之间亲切友爱的内部联系而结合在一起的，并不是由外部的经济、法律及风俗习惯的需要连在一起的。这种理论观点把家庭研究的重点置于家庭内部状况及各成员之间的情感、态度上。

到了 60 年代，家庭理论研究趋向于既重视家庭与外在社会体系的关系，又重视个人与家庭的关系。家庭社会学者们所关心的课题，已不限于对各种现实家庭生活模式的研究，而且开始对未来家庭形态进行研究。这一时期的代表作有肯克尔的《家庭透视》（1960 年）和凯普哈特的《家庭、社会与个体》（1961 年）。美国著名社会学家古德的家庭理论观点，本来与帕森斯的结构功能主义是一致的，但是他在 1964 年出版的《家庭》一书，却不仅阐述了家庭和社会之间的关系，而且也探讨了家庭内部成员之间的关系。

70 年代以来，随着科学技术的迅猛发展和社会的现代化，对现代家庭所产生的巨大影响，西方许多家庭学、未来学者们认为，西方现代家庭的功能和结构发生了新的质的变化，家庭已失去了传统的意义和作用。由于人们对家庭的现状和未来有着不同的见解，在家庭理论的研究中出现了悲观派和乐观派两种不同的派别。

总之，第二次世界大战后的几十年间，西方国家在家庭社会学方面有了很大的发展，这一理论研究大都围绕着现实的家庭问题，对家庭与社会的关系、家庭成员的相互影响、家庭的内外因素的交互作用、家庭与现代化的关系、家庭功能、结构及家庭观念的变化、家庭的未来发展等问题进行探索。近年来，家庭社会学更加引人注目，在国外已成为一个热门的学科。

在我国，对婚姻、家庭的科学研究，从 20 世纪 30 年代算起，至今不过五六十年的历史，而真正以马克思主义为指导，对家庭问题进行理论探讨和广泛的实际调查工作，那还是近 10 年的事情。

在旧中国时期，许多社会学家是把家庭问题作为社会问题的一部分来研究的。当时，学者们比较重视对家庭实际问题的讨论和研究，主要以农村社会的家庭为对象，开展实地的调查研究。相对来说，对城市家庭注意较少，而专门从事家庭理论研究的人则更是寥寥无几。新中国成立前，在家庭理论研究方面的主要著作，有孙本文的《社会学原理》及《现代中国社会问题》；费孝通的《生育制度》，易家钺、罗敦伟的《中国家庭问题》等。在农村家庭的实地调查研究方面，有费孝通的《中国的农民生活》，言心哲的《农村家庭调查》以及李景汉的《北平郊外之农村家庭》

等。在城市家庭调查和研究方面，有潘光旦的《中国之家庭问题》。

新中国成立后，中国社会发生了翻天覆地的巨大变化。1950年颁布了我国第一部《婚姻法》，为废除一切旧的封建的婚姻家庭制度，建立新型的社会主义的婚姻家庭制度提供了法律保障，同时也为家庭社会学的研究开辟了新的天地。然而不幸的是，在1952年院系调整时，社会学系被取消，社会学教学停止了。随后不久，社会学研究工作已被完全取消。自然，作为社会学的分支学科家庭社会学也一度中止了。直到党的十一届三中全会以后，随着社会学的恢复，家庭社会学的研究工作也重新发展起来。1981年10月在北京成立了中国婚姻家庭研究会。近些年来，出版了不少家庭学研究方面的著作，发行了《婚姻与家庭》、《现代家庭》等多种杂志。它们在介绍国外婚姻家庭的现状、问题和发展趋势，以及家庭理论研究方面，在探讨和解决国内婚姻家庭的各种问题方面，做了大量有益的工作。在这一时期，家庭学理论研究方面，主要表现出这样一些特点：

第一，它以马克思主义为理论基础和指导思想，把马克思、恩格斯的家庭理论与专门的社会学理论、研究方法、手段结合起来。对待西方家庭社会学理论，既不是全盘肯定，照抄、照搬，也不是全盘否定，而是采取科学分析的态度，有鉴别地汲取其中适合我国国情的有益的研究成果。1983年以来，出版的家庭学理论著作，有刘达临的《家庭社会学漫谈》，巫昌祯的《家庭社会学纲要》，潘允康的《家庭社会学》，高健生、刘宁著的《家庭学概论》，以及《婚姻社会学》、《家庭问题种种》等。这些研究成果表明，我国家庭社会学者们在力求以马克思主义为指导，结合我国婚姻家庭的实际状况，对西方家庭社会学采取批判的吸收，较系统地阐述婚姻家庭的理论知识方面，作了有益的尝试，对家庭理论研究的深入开展，逐步形成我国的马克思主义家庭学起了推动作用。

第二，它立足于现实，把现实家庭问题的研究与家庭史的研究结合起来。以往的家庭社会学多注重于各种现实家庭问题的研究，现在把家庭的起源及演化史也纳入了家庭学的研究范围。以摩尔根、恩格斯的理论观点和研究成果为主要线索，同时又吸收了摩尔根、恩格斯之后民族学、人类学有关家庭史方面新的研究成果。有的学者还进一步对中国的婚姻家庭史进行了研究，出版的著作有《中国家庭的演变》、《中国古代婚姻史》等。这样把家庭的横向研究与纵向研究结合起来，以家庭的历史发展为依据，更有利于加深对我国当代婚姻家庭种种现象和问题的理解。

第三，把婚姻家庭的理论研究同广泛的社会调查密切结合起来，使家庭理论的研究更具有现实性。1982 年 5 月，在社会学家雷洁琼、费孝通的指导和帮助下，由中国社会科学院社会学研究所组织北京、天津、上海、南京、成都 5 省市部分社会学工作者，对 5 城市的婚姻、家庭和生育状况进行了大规模的协作调查。在社会调查中，除我国传统的调查方法外，还吸收了国外的先进方法，充分运用了现代调查技术手段。在获得大量的第一手材料的基础上，进行理论的分析和研究，对我国城市婚姻家庭的现状、历史及发展趋势，作了理论性的探讨。于 1987 年出版的《中国婚姻家庭研究》一书，就是这次实际调查和研究的重要成果。像这样大规模的进行有关我国城市的婚姻家庭的社会调查，不要说在新中国成立前，就是新中国成立以后也是从未有过的。这对于从中国的实际出发，把家庭理论研究与认真的社会调查结合起来，发展我国的家庭学理论，建立有中国特色的马克思主义家庭学，无疑具有直接的现实意义。

三 家庭学的研究方法

家庭在整个社会生活中处于很重要的地位，这不仅因为社会上的每个人都会受到家庭的影响，而且家庭和社会生活、社会发展都有十分密切的联系，它对社会经济、政治、文化及伦理道德都有着巨大的影响。拿我们国家来说，建设和睦、幸福的社会主义现代家庭，对社会主义物质文明和精神文明建设就具有特殊的重要意义。同时，家庭问题又是个很复杂的问题，西方国家，如美国存在的家庭危机问题，就不是三言两语所能说清楚的。我国现阶段的家庭情况也是很复杂的，由于社会主义制度的建立，我国社会发生了巨大的历史性变革，但是我们的经济发展水平还很低，整个民族的文化水平、素质还不高，旧的传统、习惯势力的严重影响依然存在。因此，一方面，社会主义新型的家庭关系在日益发展成长；另一方面，旧社会传统家庭的痕迹依然存在，封建的、资本主义的阴魂还在四处游荡，影响着社会主义新型家庭的巩固和发展，甚至在一定程度上影响了社会的安定和发展。正因为家庭问题既重要，又很复杂，这就不但要求我们必须重视对家庭的研究，而且在研究家庭，探索家庭发展、演化的规律时，要在正确的思想和理论的指导下，掌握科学的研究方法。所谓理论指导就是用历史唯物主义理论来指导家庭学的研究。家庭学作为社会学的一个分支学科，自然离不开社会学理论的具体指导。可是，历史唯物主义和社会学的关系是一般和特殊的关系，在理论上是指导和被指导的关系。因此，总的来说，就是要在马克思主义社会理论的指导下，研究现实的家庭问题，这是与西方家庭社会学根本不同的。在家庭学的研究方法上，我们既要贯彻马克思主义的方法论原则，又要运用社会学理论，运用社会学调查的科学方法和技术手段，把家庭与社会、现状与历史、调查与研究结合起来，进行理论性的探讨。

（一）从家庭与社会的联系中研究家庭

把家庭放到社会总体中去考察，这是我们研究家庭的一个总的指导原则和方法，是由家庭在社会中所处的地位及其本身的性质决定的。马克思和恩格斯认为，人类社会最基本的生产活动有两种，一种是物质资料的生产和再生产，一种是人类自身的生产，二者是相互依存，共同发展的。人类自身的增殖，即种的繁衍与生物界不同，它不是一种单纯的生理活动本能，并不是两性间简单结合的结果，而是通过不同发展阶段的婚姻、家庭形态来实现的。从家庭产生起，它就不是一种单纯的自然关系，而属于社会关系的范畴，是由婚姻、血缘联结起来的一种特殊的社会关系。用社会学观点来说，家庭是人类营生最早、历史最久的一种社会小群体。近年来，我国理论界根据对马克思的生产理论的研究，又进一步提出人类社会除了物质资料生产和人类自身生产之外，还有精神生产。精神生产主要通过脑力劳动，生产和创造精神价值，以满足人类社会生活的需要。在物质资料生产的基础上，形成了人类的物质生活。人们为了获得衣、食、住的物质资料，首先就要进行物质资料生产、分配和交换，并在生产中形成一定的生产关系。物质生活是人类生活的基础。随着精神生产的发展，又有了人类的精神生活，它包括社会的政治、法律、道德、宗教、文化艺术生活等等。精神生活是物质生活的反映，受物质生活的制约，但又有反作用。人类社会就是由这两部分组成的。在物质生产力极低下的原始社会，"家庭起初是唯一的社会关系"，可以说，家庭在整个社会生活中处于中心地位，原始社会的发展过程主要以婚姻、家庭的演化表现出来。随着社会的发展，家庭便逐渐降为从属地位。家庭是一种社会生活的组织形式，它以婚姻、血缘关系为基础，为一定的社会条件下的法律和道德观念所承认。家庭不仅有生物方面的功能，而且还有生产、消费、教育、文化娱乐等多方面的功能。家庭是一个独立的社会群体，但又不是孤立的，它与社会的物质生活和精神生活都有着密切的联系。马克思指出："在生产、交换和消费发展的一定阶段上，就会有相应的社会制度、相应的家庭、等级或阶级组织。"① 这就是说，家庭的存在和发展是受生产、生产方式所制约的，家庭的性质、结构、职能及人际关系都是随着生产方式的变化而变化的。同时，社会的政治、法律、道德、宗教、文化等因素对家庭也有着巨大的影响。因此，我们只有从社会总体的角度，从家庭和社会的物质、精神生活各因素的相互联系中研究家庭，才能弄清家庭的现状、变化和发展。我们在研究家庭时，就要注意和家庭有关的多种社会因素的作用及影响，进行综合性的考察，从而避免那种只从一种因素的影响，便得出某种结论的简单做法。例如，研究家庭结构的发展趋势，就不能只看生产方式的变革，现代工业化，还应考虑到传统观念、风俗习惯、伦理道德以及人的心理等各种因素的影响；家庭教育不仅与学校教育、社会教育有关，而且同社会的经济发展，全民族的文化修养、素质的提高，人们价值观念的变化等都有着密切的联系。为了从社会总体上对家庭进行系统综合的研究，我们就要充分运用各有关学科的知识、研究成果和方法，这样才能促进家庭学研究的顺利发展。

（二）历史的方法

家庭学主要着眼于现实家庭问题的研究，但今日之家庭是从家庭的昨天和前天演化而来的。研究不同历史时期的家庭状况，将历史和现实的研究结合起来，从过去的家庭和现代家庭的联系和区别中，可以更好地把握家庭问题的实质，有助于加深对现实家庭的理解。历史上的家庭是今天的研究者不可能直接观察到的，主要是间接地利用文献资料、档案、书刊等第二手材料，所以社会学把历史的方法也叫作文献法。

用历史的方法研究家庭，首先，可以从有关著作、历史档案、资料等各种社会信息中收集研究所需的材料，此外还有神话、民间传说、民歌、民俗等，也都是很重要的材料。在人类的原始时代，尚无文字记载，神话就成为人们"保存关于过去的回忆的宝库"（拉法格）。巴霍芬从古希腊埃斯库罗斯的悲剧《奥列斯特》三部曲中，分析出在父权制之前必定存

---

① 《马克思恩格斯选集》第 4 卷，人民出版社 1957 年版，第 532 页。

在一个母权制时期。恩格斯很重视巴霍芬用这个例子来论证母系社会向父系社会的过渡，并予以很高的评价，认为这是《母权论》"全书中最精彩的最好的地方之一"①。在使用历史方法时，要采取科学的态度，注意资料的可信程度和准确性，切忌断章取义。

其次，用历史的方法研究家庭，还可以从现存的较原始民族的婚姻家庭状况来研究，这是文化人类学、民族学经常使用的方法，并把原始民族中现实的婚姻家庭形式，称为家庭发展史上活的"社会化石"。尽管受到历史的变迁和外界的影响，他们的婚姻家庭关系已发生了某些变异，但仍可以为家庭史的研究提供直接和间接的材料。例如，我国云南省永宁一带的纳西族，直到1956年民主改革前，仍保持着早期对偶婚——"阿注"婚姻和母系家庭，这就为研究从走访婚向对偶婚乃至向一夫一妻制过渡，提供了极为珍贵的资料。

（三）比较的方法

这是对家庭进行科学研究的又一种十分重要的方法。用比较方法研究家庭，就是依照家庭研究中各种标准和指标进行对比，发现它们之间的异同，以确定各种不同家庭模式的特点，探究各种家庭现象发生的原因，家庭现象与社会、文化之间的因果关系。比较的方法既包括将同一时期、不同地区的家庭状况进行横向的比较，也包括将同一地区的不同时期的家庭状况进行纵向的比较。我国社会学者潘光旦在《中国之家庭问题》一书中，就曾比较了中国的大家庭和西方的小家庭的异同和优劣，并从比较中得出结论，认为折中制家庭是中国理想的家庭形式。近些年来，国外一些家庭社会学者明确地提出家庭的国际比较研究、家庭的跨文化比较研究。通过对各国不同的现实家庭生活的比较，可使对家庭的描述丰富起来，加深对本国家庭生活的认识，还可以预见到不久在自己的国家里可能发生的家庭问题。通过借鉴与本国条件相似的社会在解决过去或现实的家庭问题上的成败经验，找到顺利解决本国家庭问题的对策。约翰·希詹姆基认为，"通过家庭方面的跨文化研究，可以揭示不同或相同地区、时期的家庭在世界范围内的普遍性以及在特定社会中的特殊性。它为阐明家庭的历

---

① 《马克思恩格斯选集》第4卷，人民出版社1995年版，第7页。

史变化以及与之相关的社会和文化变迁提供一个新的角度。"① 依据文献资料对家庭进行国际比较突出的实例，如默多克比较了 250 个家庭（其中北美 70 个，非洲 65 个，澳洲 60 个，欧亚大陆 34 个，南美 21 个），对其亲属结构、婚姻和家庭形态、性规范等问题进行了比较分析，提出了著名的核心家庭理论。美国社会学家古德广泛、系统地搜集了跨文化和历史的资料，对欧美、日本、中国、印度、阿拉伯国家的家庭模式进行各种纵向和横向的比较研究，他得出结论：在上述所有地区，都或迟或早地发生着由扩大家庭向夫妇式家庭的转变，进而概括了全世界家庭模式的主要发展趋势，并且指出，工业化并不能解释一切家庭变化，如新居制家庭并非工业化的产物，离婚率也并不与工业化成正比。

（四）　调查研究的方法

家庭学研究不是从抽象的概念、定义出发，而是以具体的社会事实为基础，所以社会调查是家庭学研究的基本方法。

社会调查是早已为人们所熟悉，社会科学研究和实际工作部门广泛运用的一种科学研究社会的方法。家庭学所运用的是社会学调查研究的方法。所谓社会学调查研究，是指在马克思主义社会理论、社会学学科理论的指导下，根据一定的选题和理论假设，运用社会学的研究程序，采取多种社会研究方法，通过实地调查获得资料，进行资料的汇集、整理和分析，验证自己的理论假设，从而得出新的较为科学的理论认识和实际工作的建议。社会学调查与一般社会调查有所不同，它具有较大的综合性，更加系统化和科学化。

用社会学调查法研究家庭，根据研究对象所包括的范围、特点的不同，基本方法可分为全面调查、抽样调查、典型调查和个案调查。

全面调查也叫普查，即在所规定的范围内对所有的家庭进行无一遗漏的调查。由于人力、财力和时间的限制，大范围的家庭普查是难以做到的。普查所涉及的范围广，对家庭状况只能在宏观上作一般性的了解，不可能做到深入细致的调查，只有与其他调查方法相结合，才能收到较好的效果。

---

① 转引自马克·赫特尔《变动中的家庭——跨文化的透视》，浙江人民出版社 1988 年版，第 6 页。

抽样调查是按照一定的方法，从调查对象的总体中抽取一部分家庭（样本）进行调查，用以推算或说明总体的一种非全面调查。这是最为广泛采用的一种方法。抽样调查又多半采用随机抽样的方法，因为这种方法是按概率均等的法则抽取样本，不掺杂调查者的主观意愿，更为科学和可靠。随机抽样又有以下几种方式：

1. 简单随机抽样。对组成总体的各个单位不做任何人为的分组、排列，而让每一个单位都有被选为样本的可能，而且机会均等。

2. 等距抽样，也称机械抽样和系统抽样。就是事先将总体各单位按一定次序排列，然后按固定间隔或等距离抽取调查单位作样本。

3. 分层抽样，也称分类抽样。就是将总体各单位按不同特征分类，然后在各类中用简单随机抽样或等距抽样方法抽取调查单位。

4. 整群抽样，即从总体中整群整组地抽取调查单位，并对被抽选的各群或组的所有单位，无一遗漏地全部进行调查。我国 5 城市进行的"我国城市家庭现状及发展趋势的调查"，主要运用了整群抽样的方法，对所选居民点的每一个家庭和婚姻个案实施调查。

个案调查和典型调查，二者基本上都是一种定性的研究方法，侧重对事物的质的方面的研究，但又有不同。

个案调查即以一个家庭、一个人为调查对象，通过研究者与被研究者谈话及对被研究者的观察等，对某一个家庭进行详尽透彻的了解，更具体而深入地掌握它的全貌，在开拓研究深度方面，是一种行之有效的方法。但这种方法也有不足之处，主要是它的代表性差。由于每个家庭都有许多特殊性，因此，个案不能代表一般，只能为总结概括一般提供根据和线索。

典型调查是在初步了解的基础上，有计划、有目的地选择若干有代表性的家庭，进行周密系统的调查。因为在同类家庭中选择具有代表性的典型进行调查，所以它在一定程度上有推论意义，即可通过解剖麻雀，了解一般。这是在社会调查中经常采用的一种好的方法。但这种调查方式也有局限性，典型的选择是在对调查对象全面、细致的调查之前，易受主观因素的干扰，是否真正具有代表性难以确定。另外，典型也不可能表现面上的各种现象。因此，一般都把典型调查与抽样调查结合起来。

用社会学调查法对家庭进行实地调查时，还要运用一些具体方法，收集调查资料，这些方法主要有问卷法、访问法和观察法等。

问卷法是将调查的内容和问题编成统一的表格形式，来收集被调查者的回答的一种方法。这是社会学调查中广泛应用，特别是大规模的统计调查的一种技术手段。它适合于调查有关婚姻家庭的基础资料，通过对统一问卷答案的整理和分析，对家庭进行定量研究。

访问法是指调查者有目的、有计划地与被调查者交谈搜集资料的方法，它可分为个别访问和开座谈会两种方式。这种方法较之问卷法更具有灵活性，通过与被调查者的直接交谈，可使了解的情况更加细致、深入，并可随时观察、掌握被访问者的语气、情绪反应，判断回答的真实程度，提高调查的有效性。

开座谈会或调查会是访谈的又一重要方式，使获得的资料更全面、更准确。但要注意掌握谈话艺术，把座谈会组织好，使被调查者在回答问题时，不受其他人的影响。在实际调查过程中，往往把访问法和问卷法结合起来，这样，既有广度又有深度，调查效果较好。我国5城市婚姻家庭调查就采取了问卷和访问相结合的方法。

搜集资料的方法除问卷和访问外，还有观察法。这种方法不是靠语言交谈，而是调查者运用自己的感官，通过耳闻目睹来搜集和积累具体的感性资料。观察法又分非参与观察和参与观察两种。非参与观察是局外观察，不参与团体活动。参与观察是调查者直接加入被调查团体，"成为"它的一分子，直接参与其活动，但同时又保持着客观态度去从事观察和研究。由于家庭生活的特殊性，调查者不可能直接参与被调查者的家庭日常生活和活动，所以参与观察法对于现代家庭的调查研究，是不适用的。

运用上述各种方法搜集到的文字资料和数字资料，还必须进行统计、作定性和定量分析，然后从总体上加以综合分析、研究，得出科学的结论，将经验材料上升为理论。

以上我们简单介绍了家庭学研究的几种主要方法，当然还有其他许多方法。在实际研究过程中，依据研究的目的和对象不同，可使用不同的方法，有时又要同时使用几种方法，这样才能收到较好的效果。同时，更为重要的是，我们在家庭研究中，既要继承自己的优良传统，坚持行之有效的理论和方法，又要有分析地吸收国外先进的调查研究方法，从而逐步形成具有我国自己特点的现代化的家庭学研究方法。

第 八 章

家庭的发展及未来

我们研究家庭不可不研究家庭的发展，否则，有关家庭的本质、家庭的发展规律的问题就不容易弄清楚。

关于家庭形态的发展，恩格斯在《家庭、私有制和国家的起源》中采纳了摩尔根的理论，并在内容上作了重要补充、修正和发展。100 多年来，民族学、人类学、考古学和历史学所获得的大量新的研究成果，证实和丰富了摩尔根和恩格斯的理论，同时也提出了一系列新的问题，许多问题至今仍在探讨之中。

一 家庭产生前的人类两性关系
——血亲杂交

距今二三百万年以前，人类刚刚从动物状态脱离出来，处于原始群的时代，那时两性之间所实行的是杂乱性交关系，还没有形成任何婚姻家庭关系。所谓杂乱性交关系，即后来由习俗所规定的限制还不存在，是不受任何限制和社会约束的性交关系。

人类性生活的最初阶段，距离今天实在是太遥远了，以致民族学或考古学都不可能提供任何直接的证据。但是，我们从婚姻家庭发展的历史中可以看到，人类社会越发展，对婚姻的限制越来越多，婚姻的范围也就越来越小。那么，反过来由后向前追溯，越是往前，对婚姻关系的限制就越少，婚配的范围越广泛，最后必然会追溯到一个同动物状态向人类状态的过渡相适应的杂乱性交关系的时期，这是很自然的合乎逻辑的。

这种血亲杂交的原始状态，在现代人看来总觉得似乎不可思议，于是就有人以雄性的嫉妒心来否定这种原始状态的存在。事实上，刚刚从动物状态中脱离出来，过着群居生活的人类，他们既没有发达的工具，更没有后来那种科学技术，而只有靠人的体力，靠简单的棍棒和石块去同大自然搏斗。可是人在生理上，比起一些动物来，弱点又很多，他们没有强悍的躯体和快跑的本领；听觉、视觉和嗅觉也不如某些哺乳动物。总之，他们处于不利的地位。在这种情况下，人类和周围环境作斗争靠什么？只有"以群的联合力量和集体行动来弥补个体自卫能力的不足"①，并以此来战胜自然，完成向人类的最后转化。同这种群居生活相适应，必然出现杂乱的性交关系。倘若人类一开始就过着一夫一妻的小家庭生活，势必会影响和削弱群的联合力量，人类就不可能从动物状态脱离出来，甚至作为一个物种或许早已不存在了；也可能有为数不多的存在，但那并不是人类。至于说到雄性的"嫉妒心理"，其实，在原始群中，人们很少有嫉妒的余地。两性关系上的任何排他性，都会削弱群的联合和集体行动，影响到人类的生存。只有成年的雄性在寻求异性方面的相互宽容，嫉妒的消除，才是形成较大持久的群体首要条件。嫉妒并不是人类生来就有的，而是随着婚姻关系的演变，出现了个体婚才产生的。

此外，在我国古代文献记载中，也反映出血亲杂交的状况，如"昔太古常无君矣，其民聚生群处，知母不知父，无亲戚兄弟夫妻男女之别，无上下长幼之道"（《吕氏春秋·恃君览》），就是对人类两性关系的原始状态的一种生动描写和追忆。

近年来我国民族学的许多研究成果表明，在我国瑶族中曾存在翁媳婚、父女婚、婶侄婚等遗俗，这些都可看作是血亲杂交的遗迹。

由于在野生条件下，系统地观察猿类生活情景极其困难，所以在 20 世纪，"我们关于类人猿的家庭集团及其他共居生活集团还几乎没有丝毫确定的知识"②。到了 20 世纪 60 年代以后，情况却不同了，在这方面有了相当大的进展。从 60 年代初开始，一位英国姑娘珍妮·古多尔，中学毕业后只身进入非洲丛林，与野生黑猩猩朝夕相处，历经 10 余年的艰苦考察，获得了前所未有的丰富资料，于 1971 年撰写了《黑猩猩在召唤》一书，在动物研究史上终于第一次揭开了野生黑猩猩社会的奥秘。她经过长期细致的观察，发现"黑猩猩在两性关系上的特点，是极为紊乱的乱

---

① 《马克思恩格斯选集》第 4 卷，人民出版社 1995 年版，第 30—31 页。
② 同上书，第 29 页。

婚"，彼此没有什么"妒忌的感情"。她还发现黑猩猩母子之间几乎绝对严格遵守着不相交配的原则①。当然，这只是出自一种生物的本能。近年来国外学者对这些灵长类动物（如非洲的一种长臂猿，太平洋岛屿上的狝猴）的生活习性所作的观察和研究，也同样发现它们母子间从未发生过性的关系。因为黑猩猩与人类的亲缘关系最近，更类似于人，国内外一些学者便根据黑猩猩性生活的资料推测，人类最初的两性关系在日常实践中并不是乱得毫无秩序，而是具有一定的规则，那就是母子之间是禁止交配的，认为人类一开始这种性关系即被排除了。这种观点虽尚未被世人所公认，但这一有益的探索，却是值得引起人们注意的。黑猩猩的两性关系状况，可以说为人类原始阶段的血亲杂交提供了新的佐证。

二　原始时代的家庭形态

（一）血缘家庭

　　大约在 170 万年前，随着原始社会的缓慢发展，出现了人类第一个家庭形式——血缘家庭。这是人类最早、最原始的家庭形式，其特征是，婚姻集团是按辈分来划分的。在这种婚姻家庭形式下，人类的两性关系第一次有了限制，即不同辈的人均不得婚配。这就排除了祖孙之间、父母和子女之间的两性关系，而同辈的男女之间既互为兄弟姊妹，又互为夫妻，实行群婚杂交。在这种情况下，凡是兄弟姊妹的子女，不分亲疏远近，都是他（她）们的共同子女。血缘家庭同血亲杂交相比，是一个很大的进步，它促进了人类自身的发展和社会的发展，

　　这种血缘家庭形式早已不复存在，现在要完全说明和恢复它，那是非常困难的。当初摩尔根是依据夏威夷人的亲属称谓制度做出的推论，证明曾存在过排除不同辈分之间婚姻关系的家庭形式。家庭后来的全部发展状况，也使人相信处于群婚制低级阶段的血缘家庭的存在。根据一些古代神话和民间传说的记载，也可以说明血缘家庭在历史上曾存在过。在古希腊神话传说中就有这方面的描写，如天神宙斯和天后希拉是夫妻也是姐弟关系。在北欧神话中有尼奥尔神与妹妹通婚生一个儿子的故事。在我国西南诸省（云南、贵州、广西）和湖南等地的少数民族中，以及在越南、印

---

① 参见珍妮·古多尔《黑猩猩在召唤》，北京科学出版社 1980 年版，第 210—211 页。

度中部都广为流传着内容大体相同的神话传说：相传在古代，有一次洪水泛滥，整个大地全被淹没，人类和动物都被淹死了，只留下在山上的兄妹二人，他俩为传后代，便结为夫妻，生儿育女，再造人类，现在的人皆为他们的后代。人们后来普遍把这称为"洪水故事"。此外，我国高山族还有关于"文面的起源"的传说：远古有一巨石裂开，出来一兄一妹，二人长大后无法婚配，于是妹妹就以炭灰涂面，使其兄不能辨认，结果兄妹为婚。在我国纳西族的史诗《创世记》中，也有"恩利六兄弟姊妹成夫妇"的传说。这些神话传说常常以存在过的历史事实为基础，它可作为人类远古时期同胞兄弟姊妹成婚的佐证。

在我国少数民族中还保留有血缘婚的遗迹，如云南纳西族，新中国成立前基本上实行早期对偶婚制，但还存在着血缘婚和普那路亚群婚的残迹，其中同母兄弟姊妹偶居的情况时有发生，也有的特点稍有不同，表现为同母异父所生的兄弟姊妹之间互为夫妻。对这种情况人们只是背后议论而已，社会并没有什么制裁措施。在纳西族的亲属称呼中，对母亲、舅母和姨母都一律称作"阿咪"；对父亲、舅父和姨父都一律称为"阿乌"，女方把自己的兄弟姊妹的子女，统统称为自己的子女。这同他们现存的家庭形式是相矛盾的，但由此可以推断，他们从前的婚姻关系是按辈分划分的，即存在过血缘家庭。类似这种情况，在其他少数民族中，如台湾的高山族，云南的傣族、基诺族、佤族，以及西藏的橙人社会中也都是存在的。在高山族同胞中，就把父亲、叔伯和舅父都叫作"阿妈"；母亲、婶母和舅母都叫作"惟那"。这些亲属称谓是血缘家庭的遗迹，亦可视为其存在的旁证。

（二）普那路亚家庭

普那路亚家庭是人类家庭的第二种形式，是群婚制的高级阶段。它对两性关系作了进一步的限制，即排除了兄弟姊妹之间的婚姻关系，实行一个集团的男子（兄弟）与另一集团的女子（姊妹）集体通婚，共夫共妻。在这些共同的丈夫中，不包括女方自己的兄弟；在共同的妻子中，不包括男方自己的姊妹，这些丈夫或妻子之间，互称为"普那路亚"。"普那路亚"在夏威夷语中是"亲密的伙伴"的意思，故这种家庭形式又称为伙婚家庭。

原始共产制的家庭经济发展水平，限制了家庭公社的规模，因而每个原始家庭经过几代以后，总要分裂的。普那路亚家庭就是在血缘家庭分裂的基础上产生的外婚制群婚集团。它比之血缘集团内群婚，是一个极大的进步。这一进步，由于当事者的年龄比较接近，所以比排除不同辈分之间的性关系重要得多，但也困难得多。

　　为什么会有这一巨大的进步？摩尔根认为是自然选择的结果，他说："这一改革为自然淘汰原则的作用提供了极好的例证。"① 随着社会生产的发展，人群逐渐增多，人们的流动性减少，这就增加了与外集团发生婚姻关系的机会，或者，男子外出狩猎时在外集团"歇宿"，而发生婚姻关系。这样，经过漫长的岁月，人们在观察比较中，逐渐发现了集团内近亲婚配的弊端，而加以限制。起初是少数集团在个别场合和局部地实行这种转变，而后遍及全体，成为被社会公认的惯例。这一转变可能由两种方式来完成，其一，可能是限制近亲婚配的较发达的集团战胜未加限制的不发达的集团，占了上风，而后者则日趋衰落，以致最后被淘汰；其二，在两种婚配的对比中，人们渐渐认识到血亲婚配的危害性，不同血缘集团通婚的益处，而仿效那些已经限制血亲婚配的发展迅速的集团。这是一个极其缓慢的过程，而在这一实践过程中，自然选择的原则无疑起着重大的作用。

　　普那路亚家庭最早在夏威夷群岛的土著人中被发现。在 19 世纪前半叶，这种家庭形式在夏威夷群岛之外，在整个波利尼西亚都可以找到。此外，库页岛上的吉拉克人，印度的德拉威达部落以及太平洋许多岛屿上的土著民族的婚姻家庭形式，也都证明普那路亚群婚的确实存在。

　　外婚制群婚有多种形式，后来发现在澳大利亚土著居民那里流行着另外一种群婚，称为"级别婚"，这是更加原始的低级的族外群婚阶段。英国传教士劳里默·法森在澳大利亚作了多年研究之后，发现那里整个部落分为两个部分，即两个婚姻级别：克洛基和库米德。每个级别内部严格禁止通婚，两个级别之间不仅可以发生婚姻关系，而且每个人生来就是另一级别的丈夫或妻子，级别之间集体互为夫妻。

　　每个级别内部禁止通婚，这就限制了母方同胞兄弟姊妹之间的婚配。在两个通婚级别之间，不论年龄，不限辈分，生来就是另一级别的丈夫或妻子，子女随母亲的级别，这就排除了母子之间性交的可能。而父女之

---

① 《古代社会》，商务印书馆 1977 年版，第 425 页。

间，因属两个不同级别，却有发生婚姻关系的可能，尽管在群婚的情况下，这种机会很少。基于这一情况，恩格斯推测，级别婚很可能是从血亲杂交直接发展而来；或者也可能在级别婚之前，父女之间的性关系早已被习俗所禁止，那么，级别婚制便是走出血缘家庭的第一步。看来，外婚制群婚本身也有一个从低级到高级的发展过程，这一发展又是同物质生产发展水平相适应的。外婚制群婚的出现，在原始社会的发展上有着十分重要的意义，无论是级别婚或是普那路亚婚，都可以成为氏族产生的出发点，成为人类进入氏族社会的开端。

除级别婚和普那路亚婚之外，近些年在世界上还发现了同级别婚相类似的另一种族外群婚——环状联系婚。这种环状联系婚通常在 3 个或 3 个以上的固定集团之间进行通婚，即甲集团的女子固定与乙集团的男子通婚，乙集团的女子固定与丙集团的男子通婚；丙集团的女子固定与甲集团的男子通婚，周而复始，世代相继。这是单线的姑舅表婚，它同样是为进一步限制同辈的母方兄弟姊妹的通婚。我国云南的独龙族，至解放前仍保留着这种环状通婚形式。

综上所述，外婚制群婚包括级别婚、环状联系婚、普那路亚婚等多种形式，普那路亚婚姻和家庭形式并不是唯一的形式。摩尔根所提出的普那路亚家庭在历史上存在与否，至今在学术界尚有争议，仍在深入探讨之中。但作为人类婚姻家庭史的一个阶段——外婚制群婚的存在，确是无疑的。

（三）　对偶家庭

对偶家庭是一种不牢固的个体婚，是从群婚到个体婚过渡的一种家庭形式，其特点是由一个男子和一个女子发生婚姻关系。

对偶婚是怎样产生的呢？这首先是由于原始婚姻家庭变化的主要因素——"自然选择"作用引出的必然结果。氏族在禁止血亲婚配上起了很大的推动作用，导致对婚姻的限制越来越多，最后致使群婚已成为不可能，而只剩下一男一女的还不牢固的对偶的结合。但这只是一个方面，在这一基础上，妇女的要求则是导致对偶婚的直接原因。

在群婚时代，某种或长或短时期内成对配制就已经发生了，即一个男子或女子在许多妻子或丈夫中，有一个"主妻"或"主夫"。这种基于习惯上成对配偶的情况，在新的条件下便发展巩固起来。随着社会生产力的提高，人口密度的增加，以及人的思想感情的升华和发展，群婚越发失去它朴素的原始的性质。群婚使妇女愈加感到屈辱，而迫切要求保持贞操，要求较长时间地只同一个男子发生婚姻关系。同时，许多男子的来访，对妇女来说，也是一种沉重的负担；尤其对子女多、家务重的成年妇女则更是如此。从当时妇女所处的社会地位来看，她们也有条件来实现自己的愿望。因此，从群婚向对偶婚的过渡，在经济发展的前提下，主要是由妇女来完成的。

在群婚制度下，一个集团的所有男子对另一集团中每一个女子都有丈夫的权利，现在一个女子只委身于一个男子，这就侵犯了其他男子在共夫制时的权利。因此，妇女为了获得只属于一个男子的权利，就要用一种有限的献身方法，付出一定的代价，把自己从过去的共夫制下赎出来。这主要表现为对偶婚产生之后，仍保留着群婚的遗迹，即妇女"赎身"的习俗。例如，在北美有些部落中仍保留着一群姊妹共夫的遗风；一些少数民族在节日里几个部落聚集在一起，进行不加区别的性交；巴比伦的女子每年都有一次在米莉塔庙里献身给男子；在有的民族中，女子在正式婚嫁前享有极大的性自由，以及后来在一些民族中还流行着新郎的亲朋、客人或公职人员对新娘行使"初夜权"的习俗，等等：这些群婚的痕迹，都表明了由群婚向对偶婚的过渡中，妇女作出了重大的贡献。

一对男女组成不太牢固的配偶，这是对偶婚区别于群婚的主要特点，但它与后来的一夫一妻制相比，又有以下几个特点：

1. 夫妻关系很脆弱、不稳定，可轻易离异，婚姻关系很容易由任何一方"撕破"。

2. 对偶家庭仍建立在早期共产制家庭经济的基础上。在生产力水平仍然很低的情况下，它还不可能形成自己独立的小家庭经济，而往往是在一个母系共产制大家庭中，几个对偶家庭住在一起。

3. 妇女担负着家庭的主要工作，劳动较为艰巨、繁重。她们在社会和家庭中处于主导的地位，受到应有的尊重。此时仍是母权制，丈夫属于不同的氏族，子女照例属于母亲，世系按母系计算。

16 世纪的易洛魁人以及处于同一发展阶段的其他部落，都保留着对偶家庭形式。在世界其他地方，进入阶级社会以后，有些民族也还保存着对偶婚的残余。我国解放前，云南永宁地区的纳西族，在经济上已逐渐发展到封建领主制阶段，但在婚姻家庭关系上仍保持着早期对偶婚——

"阿注"婚姻和母系家庭。纳西族把由一个始祖母的后裔组成的血亲集团称为"尔",原有6个"尔",这大概是原有的母系氏族。"尔"以下为"斯日"和"一度","一度"是社会的基本单位。每个"一度"的男女成员只能与其他血缘疏远的"一度"成员通婚。

"阿注"婚的形式是不娶不嫁,男女交结"阿注"后,男子晚上去拜访女子,次日清晨返回自己的母家。他们除婚姻关系外,生活、生产仍分属于各自的母系"一度",仅有的经济联系只是生产上有一定的互助。"阿注"婚姻关系不稳定,结交时间长短不一,多则几年甚至数十年,少则几月甚至几天。"阿注"关系的解除很自由,方式也很简便,只要任何一方不愿再保持"阿注"关系,或女方拒绝来访,或男子将自己行李搬走,不再登门,便可轻易分离。子女属于女方,由母亲负责养育,男子无抚养教育的责任,世系按母系计算。

"阿注"婚的情况较为复杂,对其性质的判定,学者们的意见不尽一致。有的研究者认为,在女方临时居住的"走访婚",一般仍属于族外群婚的范畴,而"长期阿注"婚才开始向对偶婚过渡,具有早期对偶婚的特征。只有从走访婚发展为"阿注"双方不经过结婚仪式,男入女方或女入男方,实行同居、共同劳动和生活,才达到对偶家庭形式的阶段,成为从氏族群婚向一夫一妻制过渡的中间环节。

三　文明时代的一夫一妻制家庭

(一)从对偶家庭向一夫一妻制家庭的过渡

这里首先要回答的问题是:从对偶家庭向一夫一妻制家庭、由母权制向父权制过渡的动力是什么?

从血缘家庭经普那路亚家庭——族外群婚到对偶家庭的过渡,"自然选择"起了重要作用,甚至可以说起了决定作用。当然,还有经济因素、生产发展的作用,并且外婚制和图腾崇拜也有着密切关系。但是,物质资料的生产在人类原始社会的早期,只是在归根到底的意义上起着决定性的作用,它并不直接决定或说明家庭形态的演变。至于图腾崇拜,那是在自然崇拜的基础上,与氏族同时产生的、原始的氏族宗教的一种主要形式,是属于社会意识形态的东西。人们认为自己的氏族和作为氏族标志的图腾——某种动物、植物或其他自然物(如石头)有血缘联系,视为假设的祖先。因此，设下第一个禁忌，即对本氏族的图腾动物或植物禁杀、禁食。同时，同一图腾崇拜的人们被认为是来自同一祖先的后代，他们中的男女之间严禁通婚，此为第二禁忌。因此，图腾又是氏族外婚制的标记，对实行氏族外婚制起了保证作用，但不是决定作用。

可是，到了对偶家庭，"自然选择"的作用已经达到了尽头。因对偶婚已经是不牢固的个体婚，婚姻的范围缩小到最小的程度，与其后来的一夫一妻制相比，它们都是由两个原子组成一个分子，不能再由"自然选择"分出优劣。这样，"自然选择"已完成了它的历史使命，不能作为一种动力来推动家庭形态的发展。这就需有一个新的动力，这个动力主要是经济因素，是物质资料生产的发展和私有财产的出现，特别是财富集中于男子手中。

在对偶婚以前，在生产中妇女的劳动比男子更有保证、更重要，从而使妇女在社会和家庭中享有崇高的地位，自然而然地成为集团的中心。世系按母系计算，财产按母系继承，这种情况直到对偶婚也无根本变化。生产虽有了发展，但尚无剩余，还没有什么更多的财产，尽管这时已能确认生父及其子女，而仍按母系继承倒也无所谓。

到野蛮时代中期以后，情况发生了变化，畜牧业发展起来了。以畜牧业为主的部落，发展尤为迅速，驯养畜群已成为生活的主要来源，而且有了剩余。后来，畜群便由氏族所有逐渐过渡到家庭所有。按当时的社会习俗，管理畜群的男子便成了最早的一项重要动产——畜群的所有者。从事农业生产的地区，生产力也有较大的发展，已有了相当发达的锄耕农业，有的开始过渡到犁耕农业。由于这时农业劳动强度大，一般只有男子才能胜任。男子担负了繁重的农业劳动，成为主要的农业生产者。此外，受自然条件的限制，有些不适宜发展畜牧业和农业的地方，也具有了相当发达的渔猎的经济基础，奠定了男子在社会生产中的主导地位。总之，在上述各种情况下，妇女的劳动——采集植物果实等退居到了次要地位，她们只从事纺织、炊煮、生儿育女等非社会性的家务劳动。

这时战争中的俘虏不再杀掉，而变为最初的奴隶，俘虏为男子打仗时所获，因而奴隶也为男子所有。

男女在社会生产中作用、地位的变化，必然引起男女在家庭中地位的相应变化。掌握了社会财富的男子此时已不甘心昔日在家庭中所处的地位，更不能不考虑自己的财产在将来的命运问题。他们要求由自己亲生的子女来继承自己的财产，这一要求就同旧的社会习俗和母系氏族制度发生了尖锐的矛盾。按照母权制的原则，子女属于妻子的氏族，丈夫死后要回到他原来的母亲的氏族。他辛辛苦苦积累的财产，也要带回到自己母亲的氏族，由自己的姊妹或姊妹的子女来继承，而他自己的子女却无权继承。

怎样解决新的因素与旧的母权制原则的矛盾？办法只有一个，就是将世系按母系计算改为由父系计算，由父亲自己亲生的子女来继承其财产。现在不但产生了这一要求，而且在生产中居于主导地位的男子有力量、有可能来改变旧的制度和习俗。于是，对偶婚制逐渐向较为牢固持久的一夫一妻制过渡，与此相应的，婚姻居住制度也由男嫁女改变为女嫁男，由从妻居改为从夫居，然后在此基础上改变财产的继承制度。

总之，由母权制过渡到父权制，从对偶家庭过渡到丈夫对妻子的独占同居的一夫一妻制家庭，这两种制度的交替是有极其深刻的经济根源的。

恩格斯曾认为，父权制代替母权制这一革命，不需要侵害任何一个活着的氏族成员，因而它并不像人们想象的那样困难，只要有一个简单的决定就行了。在一个极其漫长的岁月中，逐渐从母权制与父权制并存到全部转变为父权制，总的来说，这是一个水到渠成，很自然的过程。可是，恩格斯在《家庭、私有制和国家的起源》中还曾说过，父权制代替母权制是"人类所经历过的最激进的革命之一"，"母权制的被推翻，乃是女性的具有世界历史意义的失败"。① 正因为如此，当今不少学者认为，这一革命必然会遭到母权制传统势力的顽抗，"传统是一种巨大的阻力，是历史的惰性力"②。这一变革，还是经过长期而复杂的斗争才一步步实现的，它只是相对于流血的暴力形式来说，才是比较缓和的。根据民族学所提供的有关原始婚姻的遗俗的大量资料，说明改变母权制的传统和习俗，向父权制过渡，并非轻而易举，它确实是一个长期复杂的斗争过程。例如：

1. 在从妻居的情况下，为发展父权，男子便已开始用自己的姓氏为其子女命名，也有母子联名与父子联名同时出现的情况，这是父亲确认自己子女的一种表现，也是母权制被推翻的最初的征兆。

2. "产翁制"，这是父亲确认子女而广泛流行的一种遗俗。所谓"产

---

① 《马克思恩格斯选集》第 4 卷，人民出版社 1995 年版，第 53、54 页。
② 《马克思恩格斯选集》第 3 卷，人民出版社 1995 年版，第 717 页。

翁制”即妻子生育、分娩后，其夫卧床坐月子，饮食如乳妇，享用多日，受到护理和照顾，妻子反倒起来如平时一样忙碌家务，亲友也都前来向丈夫表示贺喜。在宋代《太平广记》、元代李京《云南志略》和意大利人的《马可波罗行记》，以及明代钱古训的《百夷传》等古籍中，对我国仡老族、壮族、傣族等的产翁习俗，都分别有所记载。如《马可·波罗行记》称：“妇女产子，洗后裹以襁褓，产妇立起工作，产妇之夫则抱子卧床四十日，卧床期间受诸亲友贺。”[①]　直到解放前夕，在我国广西、贵州一带仍有此习俗。此外，在美洲亚马孙河及俄利诺科河流域的印第安人，法国与西班牙交界处的巴斯克人，印度以及非洲西海岸地区，也都有过产翁的习俗。

“产翁制”反映了男子为把自己的财产传给子女而确认子女的强烈要求，并为实现这一要求，采取的象征性的举动，以此来表明父亲对子女的权利。产翁之俗在形式上颇富有戏剧性色彩，实质上却是确立和加强父权的一种手段。

3. 婚姻居住方式由从妻居改为从夫居，也经过长期曲折的发展过程。就其男子来说，为了保证父系家庭正常的生产和生活，需要有一个可靠的助手，同时也为了妻子生养自己的确凿无误的子女，要求实行从夫居。女子原来生活在母系氏族家庭公社里，享有与男子平等的权利，且受到尊敬，而一旦出嫁与丈夫同居，便会失去昔日的地位，受丈夫的支配，变成被奴役的对象。因此，她们强烈反对改行从夫居。这一斗争有其各种表现。

在有些民族中，最初实行在夫妻双方家族内轮流居住，如在我国景颇族那里曾实行在夫方和妻方各住3年。这种定期的从妻居，是在改行从夫居时，男女双方家庭所采取的一种相互妥协的办法。这在后来有的民族仍保留象征性的短暂从妻居的遗俗中，也有所反映，如解放前，在鄂温克族中，新郎在结婚的前一天，必须到妻家住一夜，然后才能将妻子接回家。

随着生产的发展，男子手中财富的增加，便出现了男子向女方家庭交付身价钱，作为对妻家补偿的办法，实行从夫居。如男子无法支付或不能一次付清妻子的身价钱时，则采取从妻居，先为其岳父家劳动服务若干年，然后才能实行从夫居。交付妻子身价钱的买卖婚多采取聘礼的形式，

---

① 《马可·波罗行记》第2卷，中华书局1954年版，第119页。

即用实物支付，后来则以货币代替实物。

此外，有的还盛行姑舅表婚和交换婚，即以男方的姊妹去换取妻子，如同一代人中无其他可通婚的对象，则采取隔代偿还的办法。

总之，上述材料都说明并不是一下子打破旧的从妻居的传统的，而是采取一些妥协的办法，经过两种居住方式并存，而逐渐过渡到从夫居的。

4. "不落夫家"，又称"坐母家"的遗俗。在我国中南和西南一些少数民族中曾存在过这一习俗，如居住在贵州省的苗族，新娘在婚后相当长的时期内，少则一二年，多则三五年甚至十几年住在娘家。逢年过节和农忙时，才回到夫家短住，参加些零星劳动，直到怀孕或生育第一个孩子后才结束"坐家"生活。其他如瑶族、侗族、壮族和布依族等也都有类似的风俗。汉族的个别地区，如福建省惠安县前内乡，至今仍保留此种遗俗。这都说明女子在居住地问题上对父权制的一种反抗，也是坚持、维护母权制的一种方式。

"不落夫家"的习俗是与父权制不相容的，男子为了打破这一习俗，也进行了种种斗争。如贵州的布依族就存在着戴"假壳"的习俗，"假壳"即已婚妇女戴的帽子，类似竹笠一样的东西（布依语称为"更考"）。一般在妻子"坐母家"二三年后，由丈夫的母、嫂及亲属中其他中年妇女，偷偷潜入妻子娘家，趁妻子不备时，强行解开她的发辫，戴上事先准备好的"假壳"。这中间总不免有一番厮打，一旦戴上"假壳"，妻子只得乖乖地离开母家，长居夫家。在我国的怒族、壮族、黎族中也都有这一风俗。

除此之外，还有"抢婚"及"审新娘"等遗俗，不再赘述。

综上所述，可见一种传统的习惯势力是不会轻易改变的，说明从母权制向父权制过渡，还是经过了长期的反复斗争才实现的。

（二）家长制家庭

从母权制向父权制转变时，婚姻家庭形态并没有从对偶家庭直接达到一夫一妻制家庭，而是首先进到了家长制家庭，或称父系家族公社，然后才过渡到一夫一妻制家庭。家长制家庭是从对偶婚到一夫一妻制的过渡形式或中间环节。父系的家长制家庭，是按男子计算世系和实行父系继承的大家庭，它包括一个父亲所生的数代子孙和他们的妻子。起初，家长制家庭的经济基础仍然是公有制，实行土地的共同占有和共同耕作，即从氏族土地中占有一部分土地，主要生产工具共有，劳动产物集体消费，其主要特点是：

1. 非自由人（奴隶）包括在家庭之内，早期的奴隶称家庭奴隶或家内奴，这是奴隶制的萌芽。他们可以婚配，有自己的妻子和儿女。家内奴有时又称为"养子"、"养女"，这不过是蒙上一层温情脉脉的家庭外衣而已，他们与家长制家庭成员之间是一种非平等的关系，父系大家庭利用奴隶照管畜群和进行田野耕作。

2. 父权，即家长有决定一切的权力，其他家庭成员都绝对服从他，家长甚至对其他成员有生杀予夺之权。

当母权制向父权制过渡时，一开始先由母系大家庭转变为父系大家庭。随着时间的推移，社会生产力迅速发展起来，个体的一夫一妻的较小家庭才从父系大家庭中独立出来。

（三）一夫一妻制家庭的特征

一夫一妻制的最后确立，是人类社会开始进入文明时代的标志之一。一夫一妻制是文明时代所特有的家庭形式，它是社会经济发展的必然结果，"即以私有制对原始的自然产生的公有制的胜利为基础的第一个家庭形式"[①]。在私有制的基础上，家庭形式发生了变化，在家庭内部也必然反映出这种经济关系的变化。既然一夫一妻的个体家庭的产生，是由于掌握了大量财富的男子，要求把财产传给自己的子女，而不是其他任何人的子女，那么，这一产生的条件和目的本身，就决定了一夫一妻制家庭具有与以往家庭形式不同的许多特点。

1. 这种家庭是建立在男子的统治之上的。以社会经济条件为基础，为确保男子的财产继承的一夫一妻制，必然是丈夫在家庭中居于统治地位，夫权高于一切。昔日的男女平等已不复存在，自妇女被排除在社会生产之外，她们在家庭中也就处于完全无权的地位，实际上变成丈夫发泄淫欲的对象。在古代雅典人看来，妻子除了为丈夫生育财产继承人之外，不过是个女仆，一个婢女的头领而已。在我国封建社会里，妇女要"在家从父，出嫁从夫，夫死从子"。一夫一妻制在历史上绝不是作为男女之间的和好而出现的，恰好相反，它是作为女性被男性奴役，作为整个史前时

[①] 《马克思恩格斯选集》第 4 卷，人民出版社 1995 年版，第 62—63 页。

代所未曾有过的两性冲突的发生而出现的。如果丈夫不能统治自己的妻子，就不能保证生育自己亲生的子女。因此，私有制的产生，就是男子对妇女的绝对统治的开始，历史上最初的阶级对立和阶级压迫是与此同时发生的。

2. 一夫一妻制家庭是一男一女结合比较牢固的婚姻家庭形式。婚姻关系比对偶婚要稳定得多，坚固得多，已不能由双方任意解除。在私有制社会中，无论法律、宗教教义或风俗习惯，都竭力维护这种比较牢固的家庭关系，如所谓"夫妇之道，不可以不久也，故受之以恒"（《周易·序卦传》）。家庭的大权完全掌握在男子手中，如果没有丈夫的同意，妻子要想离婚是极其困难，甚至是不可能的。一夫一妻制婚姻关系的不可离异性，是片面的，只是对妻子而言的。这时通例是只有丈夫可以任意解除婚姻关系。如果妻子生不出儿子，就成了她的最大"过错"，丈夫就可以抛弃她，这在中国封建时代就叫作"休妻"。

3. 一夫一妻制家庭是事实上的一夫多妻制。一夫一妻制实际上只是对妇女性自由的一种约束，而男子则可以过着多妻的生活。为要保证确是出自丈夫血统的子女继承财产，就要求妻子严格坚守贞操。它的最严酷的实例莫过于古希腊雅典人的家庭，男子为使妻子保持贞操，便把她们与外界隔离开来，住在深宅后院，过着幽居的生活，不许同陌生男子见面、交往，外出时要有女奴作伴。在家中也受到严格的监视，如有外遇就要受到极严厉的惩罚。另一方面，男子却有多妻的权利，可以实行公开或隐蔽的多妻制。在奴隶社会"多妻制是富人和显贵人物的特权，多妻主要是用购买女奴隶的方法取得的；人民大众都是过着一夫一妻制的生活"①。在我国从商周以来，直到解放前的整个旧社会，都始终存在着妻、妾并存制度，主要是在奴隶主贵族和封建地主阶级中间实行一夫多妻制，男子多以"大丈夫三妻四妾"来炫耀自己。

不仅如此，为了满足男子寻欢作乐、纵欲无度的生活，私有制社会还建立娼妓制度。在我国旧社会，除了私营的妓院外，还有军妓、官妓等等。娼妓制度是对多妻制的一种补充。一夫一妻制的本质是双重的，一方面是一夫一妻制，另一方面则是杂婚制以及它的最极端的形式——卖淫。私有制下的一夫一妻制，实际上是与杂婚、通奸、卖淫相并行的。

---

① 《马克思恩格斯全集》第21卷，人民出版社1957年版，第73页。

私有制社会中的一夫一妻制家庭，在长期的历史演变过程中，大体上经历了奴隶社会的一夫一妻制家庭、封建社会的一夫一妻制家庭和资本主义一夫一妻制家庭等几种不同的形态。前资本主义的奴隶社会和封建社会的一夫一妻制家庭基本上是相同的，如包办买卖婚姻，婚姻不自由；和一夫一妻制并存的一夫多妻制；父权和夫权的统治，等等。但随着经济的发展，整个社会制度的变革，封建社会的一夫一妻制家庭还是有变化，有些方面得到了充分的发展，它与奴隶社会的家庭的主要不同点在于：（1）在奴隶社会，奴隶没有人身自由，奴隶的家庭也完全从属于奴隶主家庭，没有任何经济上的独立性，奴隶的一切都归奴隶主所有；而在封建社会中，农民有了人身自由，农民的家庭已开始有了相对独立的家庭经济。（2）封建的自给自足的自然经济，所产生的封建家长制的宗法统治，使之父权和夫权更加系统和完善化了。中国封建社会的所谓"三纲五常"，又把维护家庭中家长的权威同维护国家中君主的权威连在一起，从而使父权和夫权更充分发展起来，形成一整套封建的等级森严的家庭制度。

（四）资本主义社会的一夫一妻制家庭

自从文艺复兴以来，资产阶级为反对封建主义，提出"自由、平等、博爱"的口号，主张"个性解放"、"男女平等"，以及资本主义大工业的发展，都给资本主义的家庭带来相当大的影响。同封建宗法的家长制家庭相比，资本主义社会的一夫一妻制家庭，有了很大的变化，其主要特点是：

1. 资本主义制度下的婚姻家庭关系，是受资本主义生产方式制约的，是资本主义社会关系的一个方面。资本主义把一切都变成了商品，从而破坏了一切古老的封建宗法关系，同时也撕下了罩在家庭关系上的温情脉脉的面纱，把这种关系建立在纯粹的金钱关系之上。资产阶级认为，婚姻是一种法律制度，是一种重要的法律行为，即当事人之间自愿缔结的契约，没有当事人的同意婚姻就不能成立。这和封建的婚姻家庭相比，人们是有了较大的婚姻自由。资产阶级也一直在宣扬"婚姻自由"、"爱情至上"，但是，这种自由择配、"自由缔结"，还只是法律上的。事实上，在资本主义私有制条件下，"自由缔结"的背后，却是以商品交换为原则的，是由双方的经济条件和社会地位来决定的。资产阶级缔结婚姻的出发点是权衡利害而不是爱情。个人性爱和"权衡利害"之间有着不可克服的矛盾，实际上真正以爱情为基础的自由缔结的婚姻，对资产阶级来说，只是一种例外，不可能得到普遍的实现。在资本主义早期，家庭中父母对子女的婚姻仍有较大的决定权，这和家庭财产的继承有着密切关系，婚姻自由实际上仍受财产的支配和控制。就是在现代，婚姻自由也不能完全摆脱经济方面的考虑和金钱的束缚。

2. 资产阶级主张家庭中的亲子平等、男女平等，反对封建家庭中的父权和夫权。用形式上的"家庭平等"代替封建的男尊女卑，这在实现家庭成员平等方面是前进了一步。但是，在资产阶级家庭中还不可能真正实现平等。资产阶级国家在法律上所规定的男女在婚姻方面的平等权利，代替了过去两性关系在法律上的不平等，却不能从根本上解决妇女在经济上受压迫的根源。资本主义私有制决定了任何婚姻的缔结必须首先考虑到财产关系，或者说完全要以经济上的考虑为转移。在这里，为"金钱的锁链"所捆绑的婚姻，在其缔结的过程中，就像在交易市场上出卖任何商品一样，为了利益而出卖自己，男女之间已经处于极不平等的地位，这种为金钱所左右的婚姻家庭关系是不可能实现真正的平等的。

3. 用"公妻制"来代替封建社会的公开多妻制。资本主义社会中的一夫一妻制，仍然是以卖淫和通奸为补充的。卖淫制度被视为婚姻制度的一部分，以满足男人性欲的需要，致使卖淫成为更加公开、合法的行为。

20世纪60年代以来，西方世界一度掀起的所谓"性解放"的浪潮，不仅男子有较大的性自由，女子也同样有较大的性自由。未婚同居、试婚、婚外性生活、夫妇交换、"系列婚姻"，等等，不一而足。这种资产阶级思潮带来了一系列严重的社会问题和有害后果，尤其给妇女和青少年带来了深重的灾难。

在资本主义社会中，还有另外一种同资产阶级婚姻家庭根本不同的类型，即无产阶级的婚姻家庭。由于无产阶级没有任何私有财产，也就不存在财产继承权问题，因而在家庭中男子便丧失了对妇女统治的经济基础和手段。资产阶级原则在这里已不再起作用，起决定作用的是另外一种个人和社会的关系，男女之间的性爱成为双方结为夫妻的基础。同时，资本主义大工业的发展，迫使妇女走出家庭，参加社会劳动，到工厂去做工，和男子一起成为家庭经济的承担者，为妇女的解放创造了先决条件。这样一来，建立在以爱情为基础的男女平等的婚姻家庭开始成为可能。尽管这种新的家庭关系，还缺乏足够的社会经济基础，资产阶级的社会意识形态和长期遗留下来的旧传统，还会影响到家庭的许多方面。但就其本质而言，无产阶级的家庭已不再是传统意义上的，即丈夫统治的、片面的一夫一妻制的家庭，它只是表明一男一女单独发生婚姻关系，组成家庭而已。

（五）社会主义社会的一夫一妻制家庭

无产阶级社会主义革命胜利之后，私有制必然为公有制所代替，从而也就消灭了历史上所形成的一夫一妻制的经济基础。那么，在社会主义条件下，婚姻家庭将会发生怎样的变化？它的基本特征是什么？对此，恩格斯在《家庭、私有制和国家的起源》中曾作了科学的预见。这是在他所处的历史条件下，以经济、文化发达的资本主义的现实为依据的。因此，恩格斯对"资本主义生产行将消灭以后的两性关系的秩序"所作的推想，应看作是对高度发达的社会主义条件下，婚姻家庭基本特征的一种推想和描述。然而，客观的历史进程是，在资本主义薄弱的环节，经济文化比较不发达的一些国家，首先实现了社会主义。建立在公有制基础上的社会主义家庭，在性质上已发生了深刻的变化，它和以往的一夫一妻制家庭有着本质的区别。但是，在现实的社会主义社会中，由于社会生产力发展水平还不高，文化也不够发达，在各方面还带有许多旧社会的痕迹，要完全实现恩格斯当年对未来社会婚姻家庭的推想，还需要一个相当长的历史过程。那么，现阶段社会主义婚姻家庭有了哪些变化？其主要特征又是什么呢？

1. 以爱情为基础的婚姻占主导地位。建立了社会主义的公有制，从而婚姻不再以私有财产的继承为基础，男女双方可在平等的基础上建立以爱情为基础的婚姻。可是，在社会主义的现阶段，要完全实现婚姻以爱情为基础，是不可能的，也是不现实的。社会主义社会的家庭，从根本上来说，已不是独立的经济单位，但仍然是一个消费单位。在现阶段社会生产尚未极大发展，物质生活水平还不高的情况下，男女双方在缔结婚姻、组织家庭时，除了爱情因素之外，还有一些社会因素，如职业、文化程度、地位、经济收入等也是必须考虑的。虽然爱情已成为婚姻的主导方面，但还不能完全不考虑经济条件等方面。

在社会主义条件下，取消了包办、买卖婚姻，实现了婚姻自由和自主。婚姻自由早为资产阶级所提倡，但是为金钱所支配的婚姻，是不可能有真正自由的。社会主义则为实现真正的婚姻自由和自主创造了条件。不过，社会主义阶段的婚姻基础还不是单一的爱情，因而它还没有实现恩格斯所说的"婚姻的充分自由"。

从总体上看，以爱情为基础的自主婚姻已成为社会主义阶段的主流。但是，在一部分人中间，在处理婚姻关系时，仍存在着以经济因素为第一考虑，把金钱视为高于一切，把它作为建立婚姻关系的决定性条件。在我国，几千年形成的封建思想还没有完全消除，有的地区还存在那种侵犯婚姻自主权的现象。这种现象在现今毕竟是极少数，并不占主导地位。这是由于社会主义的经济、文化尚不够发达，发展也很不平衡，物质生活条件还有差异，封建的和资产阶级的婚姻道德观念和旧传统，还在人们的头脑中作怪。随着社会主义经济、文化的发展，社会主义婚姻观念愈加深入人心，将会逐渐地消除旧社会留下的种种"痕迹"，以爱情为基础的婚姻终将得到普遍的实现。

2. 以公有制为基础的社会主义家庭，实现了夫妻平等，家庭一切成员之间的平等，初步形成团结、民主、和睦的家庭关系。社会主义制度的建立，从根本上消除了男女不平等赖以存在的基础，使妇女的政治、经济地位发生了根本的变化。妻子普遍参加社会生产劳动，在家庭中有了相对独立的经济地位，摆脱了依赖丈夫的状况。她们不仅在政治生活、文化教育和社会活动方面享有同男子平等的权利，而且在经济上也享有平等的地位和权利。夫妻共同决定家庭经济、消费方式及其他家政大事，共同承担家务劳动，相互支持对方的事业和社会活动。夫妻平权为建立和睦、民主、幸福的新型家庭奠定了基础。

社会主义时期，由于经济和科学文化还不够发达，妇女在受教育和文化水平上，与男子相比，还存在着差距。特别是在经济方面，妇女在就业时，仍会受到一定的限制，劳动报酬也低于男子。因此，在家庭中妻子的收入普遍低于丈夫，有些妇女还存在依赖丈夫的旧观念，缺乏对自身价值的认识和独立意识。由于社会服务事业和福利事业还满足不了人民生活的需要，家务劳动社会化程度低，妇女还不能彻底从繁重的家务劳动中解放出来。虽然夫妻共同承担家务劳动，但是，妻子的家务负担一般总要超过丈夫。同时，旧思想和旧的习惯势力影响的存在，在家庭关系中，大男子主义、家长制作风，甚至欺侮和殴打妻子的现象也还时有发生。上述种种情况说明，在社会主义阶段，与实现真正完全的、事实上的男女平等，还有一段相当的距离，要达到这一步，还需要我们付出极大的努力。

3. 社会主义社会的家庭，不但对妻子来说，而且也是对丈夫来说的一夫一妻制。社会主义社会取消了多妻制，禁止通奸和卖淫，无论男子还是女子，都要求严格遵守一夫一妻制，要求夫妻之间性生活的专一，从而实现了真正的一夫一妻制。现实的社会生活是复杂的，在一定的条件下，那些封建社会、资本主义社会中的卖淫，甚至重婚纳妾等丑恶现象，还会在一部分人身上死灰复燃。这种行为是要受到法律的制裁和社会舆论、道德的谴责的。

四　家庭的未来

在考察了家庭的历史发展之后，人们很自然会想到，家庭的未来和未来的家庭会是怎样的？人类的婚姻家庭向何处去？这个问题也曾引起许多专家、学者的兴趣和关注。早在100多年前，摩尔根在《古代社会》中就说过："如果承认家庭已经依次经过4种形式而现在正处在第5种形式中的这一事实，那就要产生一个问题：这一形式在将来会不会永久存在？可能的答案只有一个：它正如过去的情形一样，一定要随着社会的发展而发展，随着社会的变化而变化。它是社会制度的产物，它将反映社会制度的发展状况。既然专偶制家庭从文明时代开始以来，已经改进了，而在现代特别显著，那么至少可以推测，它能够有更进一步的改进，直至达到两性的平等为止。如果专偶制家庭在遥远的将来不能满足社会的需要，那就不能事先预言，它的后继者将具有什么性质了。"[1] 在这里，摩尔根推测一夫一妻制家庭将随着社会的发展而进一步改进，直到实现两性的完全平等为止。至于更遥远的未来家庭形式，只能由未来的人类去安排，今人是无法预言的。

恩格斯在《家庭、私有制和国家的起源》中，也曾对未来的婚姻家庭的前景作了科学的推想，从他那精辟的论述中可以看到，未来家庭将具有这样一些主要特点：

人类到了共产主义社会，个体家庭不再是社会的经济单位，一切女性

---

[1]　转引自《马克思恩格斯选集》第4卷，人民出版社1995年版，第82页。

重新回到公共劳动中去，孩子的抚养和教育成为公共的事业，社会同等地关怀一切儿童，从而消除了妨碍妇女毫无顾虑地委身于所爱男子的道德的和经济的因素。那时的婚姻将是真正以爱情为基础的结合，"除了相互的爱慕之外，就再也不会有别的动机了"。家庭中的经济关系已消失，对家庭起作用的仅仅只有爱情关系。

到了共产主义社会，一夫一妻制不仅不会终止其存在，而且只有那时它才能真正地实现，最后对男子也将成为现实。未来的婚姻形式将是什么样的，恩格斯并未做出更具体的推测，而只是肯定了一条很重要的原则，他说："既然性爱按其本性来说就是排他的，——虽然这种排他性在今日只是对妇女身上无例外地得到实现，——那么，以性爱为基础的婚姻，按其本性来说就是个体婚姻。"① 也就是说，未来的婚姻既是以性爱为基础的，它的形式就应该是个体婚姻。

生产资料转归社会之后，男子在家庭中的统治的基础业已消失。由于社会负责对儿童的教养，由于家务劳动的社会化，将使妇女完全从繁重的家务劳动中解放出来，把全部智慧和精力投入到物质文化和精神文化的生产中去，这就为妇女的彻底解放创造了条件。这样，妇女不仅在政治、经济、文化上，而且在家庭关系中都与男子处于平等的地位。只有在那时才能实现完全的、事实上的男女平等。

恩格斯依据对婚姻家庭的历史演变及其发展规律的研究，在全面考察了生产力、所有制的发展及文化、道德诸因素的作用的基础上，对未来家庭作出科学的推测。但他只是从宏观上预测未来家庭发展总的趋势和最本质的特征，大多属于原则性的。而对未来的家庭的具体形式和细节，并未作出具体的说明和描述，更没有为未来的人作出任何主观的设计。他认为，未来人将会创造出适合未来社会条件的婚姻、家庭形式，现代人的任何推想，都"要在新的一代成长起来的时候才能确定"；未来社会的人"对于今日人们认为他们应该做的一切，他们都将不去理会，他们自己将做出他们自己的实践，并且造成他们的据此来衡量的关于各人实践的社会舆论"。②

100 多年后的今天，随着社会的进步与变革，科学技术的飞速发展，

---

① 《马克思恩格斯选集》第 4 卷，人民出版社 1995 年版，第 80 页。
② 同上书，第 81 页。

整个世界形势已经发生巨大的变化。一些国家社会主义制度已经确立，在这些国家里，建立了社会主义的新型家庭，但它又带有旧社会的许多烙印，距实现恩格斯所推想的未来家庭，还有一段相当艰巨而遥远的路程。而在西方一些发达国家里，家庭也产生了新的情况，婚姻的离异和不稳定性在增加，甚至出现所谓"家庭危机"，给社会带来许多严重的后果。于是当今不少学者对家庭的发展趋势，做出了种种大胆的设想和推测，提出了各种"未来家庭模式"。

对未来家庭的预测，不能是凭空的想象，无根据的瞎说，而是要依据家庭的发展规律，根据对制约家庭发展的各种因素进行分析和综合，然后做出科学的判断。家庭受到各种因素的影响和制约，这些因素在家庭发展中的作用又不尽相同，情况是比较复杂的。有些起决定作用的因素的变化，会引起家庭性质的改变，但受其他因素的影响，家庭还未发生完全相应的变化。有些因素的变化，导致了家庭的某些变化，但起决定作用的因素尚未改变，家庭还未能发生根本性质的变化。有些因素在今天看来，对家庭还起着相当大的作用，但它们可能是日趋衰败的因素，在社会和家庭的发展中，它们将会失去其影响。还有一些正在成长中的、刚刚开始对家庭发生作用的因素，甚至是一些潜在影响的因素，现时还不为人们所察觉和认识，而随着时间的推移，它们将可能对家庭的发展产生重大的影响。那么，制约家庭发展的主要因素有哪些呢？

1. 生产资料所有制。这是制约家庭制度变革与发展的最基本的因素。历史表明，在原始时代，物质资料生产极不发达的条件下，人类自身生产中的自然选择的原则，对原始家庭一系列的发展，起着直接的决定性的作用。但是，原始家庭又都是以原始公有制为基础的。原始共产制家庭经济决定着家庭公社的最大限度的规模，不同程度的群婚制的演变也同所有制有关。

从原始社会解体，私有制产生以来，"家庭制度完全受所有制的支配"①。进入私有制社会以后，私有制的每一重大变化都带来家庭的变化。在社会主义革命取得胜利的国家里，公有制开始代替了私有制，个体家庭也在性质上发生了根本的变化，出现了男女平等的一夫一妻制的新型家庭。随着公有制的发展，将会促进男女完全平等的一夫一妻制家庭的真正

① 《马克思恩格斯选集》第4卷，人民出版社1995年版，第2页。

实现。

2. 社会生产力。人类社会的发展，归根到底主要由物质资料生产所制约，家庭形态的发展，也总是与物质生产发展的一定阶段相适应的。社会生产力的发展和生产方式的变化，对婚姻家庭的变化、发展有着决定性的影响，家庭的演变史就说明了这一点。我们今天所处的社会主义阶段，实现了公有制，可是社会生产力还不发达，劳动者之间的个人收入还存在差异，人们的富裕程度也不相同，因此，在建立婚姻家庭时，除了爱情之外，人们还不能不考虑双方的经济、政治和文化等方面的条件。只有待将来社会生产力高度发展，人们的物质生活和文化生活得到充分满足，人的思想品质、道德情操高度净化和完善，在这个基础上才能做到男女之间除了爱情之外，不再去考虑别的因素，真正实现婚姻自由，也只有在那时才能充分体现男女的真正平等。

3. 科学技术的发展。在社会生产力迅速发展的基础上，现代科学技术在物质生产和社会生活中日益广泛的应用，不仅引起社会经济、产业结构、劳动方式和生活方式等方面的深刻变化，同时也将直接或间接地影响着家庭关系、家庭生活的变化和发展。例如，由于微电子技术的飞快发展，计算机终端可以安在家里，相当一部分人可在家中工作，这无疑会给家庭带来新的变化。对此，有的西方学者认为，这会使家庭生产方式和生活方式融为一体，工作越来越等于享受，家庭将是社会经济单位的最佳组合；而另一些学者则认为，人们在各自的电子小屋里工作，必然会与社会隔离，产生一种孤独感。在家里，由于工作紧张，耗费大量精力和时间，无暇顾及爱人和孩子，夫妻间无共同语言，也是造成家庭破裂的重要原因。看来，科学技术的发展究竟会给家庭带来什么变化，似乎一时还难以说清。至于电子计算机深入家庭生活领域之后，在家庭生活、儿童教育、智力的开发方面，必然会引起许多深刻的变化。

又如，人类生殖工程技术的突破和发展，人工授精、体外受精的试验成功，"试管婴儿"的出现，为解决已婚男性和妇女的不育症问题带来了福音。生殖工程应用适当，将有助于维护夫妻间对爱情的忠贞和性生活的专一性，它可以成为巩固幸福家庭的凝聚剂。将来"试管婴儿"、"人胎的体外培养"的普及，还会给家庭带来新的影响。

4. 生活方式。随着生产的发展、科学技术的进步及生活水平的提高，生活方式必然发生变化，人们对衣、食、住、行，对精神生活都将有新的追求。生活方式的改变又会引起家庭生活、家庭观念的变化。例如，由于家务劳动自动化和生活现代化，社会福利事业的逐渐发展，人们将从繁重的家务劳动中解放出来。这样，闲暇时间增多了，家庭生活会更加充实，特别是家庭的精神生活会越来越丰富。人们将有更多的时间学习科学知识，从事各种文化、娱乐和体育活动，从事自己所爱好的活动。从发展趋势上看，家庭将从物质型向文化型转化，同时也更有利于个人的全面发展。随着现代医学科学的发展，医术水平的提高，并不断揭示防止衰老的办法，人的寿命还会大大延长。可是由于生活条件的改善，家务劳动自动化和生活现代化的逐步实现，如今年过七旬的老人，在一般情况下，生活也能自理，因此，人们过去那种"养儿防老"的观念也在淡化。

5. 人际关系。人与人的关系经历了从血缘、地缘到业缘的转变过程。最早支配人与人之间关系的是血缘关系，后来发展到地缘关系阶段。那时人们的家庭观念、乡土观念都很重，"父母在，不远游"，人们往往终身不离家乡。随着社会的进步，现在人际关系已发展到以业缘关系为主的阶段，业缘重于血缘，人与人的关系主要服从事业的需要。这就意味着，人的社会化程度不断提高，人与人之间接触面日益扩大。从前"在家靠父母"，如今人们志在四方，以"四海为家"。可以相信，科学技术还在飞速发展，在交通、通信工具高度发达以后，人们之间的社会联系还会不断扩大，从而家庭关系和家庭观念也还会发生新的变化。

此外，制约家庭变化、发展的因素还有，伦理道德因素、政治因素、宗教因素，文化、历史传统以及不同国家的人口政策，等等。预测家庭未来，就要分析这些因素的变化，考察这些变化会对家庭起什么作用，可能引起家庭怎样的变化。只有在这个基础上，才有可能更具体地把握家庭未来的发展趋势。

20世纪70年代以来，不少西方社会学者从现代西方社会的婚姻家庭现状出发，对家庭的未来提出了各种观点和设想，归纳起来主要有以下几个方面。

1. 家庭的消亡

这是一种悲观主义的观点。一些西方学者认为，如果目前西方社会的婚姻家庭的畸形发展持续下去，离婚率继续上升，结婚与再婚率不断下降，未婚同居和同性恋继续蔓延，独身主义者急剧增加；再加上科学技术的发展，"试管婴儿"的普及，由人工合成而产生新的生命，不再由家庭而由社会一定机构来养育，那么，由丈夫、妻子和子女组成的传统家庭就将日益消失，社会的细胞不再是家庭，而是个人。个人就是一切。于是，有的人哀叹，甚至惊呼家庭解体的后果不堪设想，将会使整个社会崩溃。

2. 家庭的振兴

这是一种对家庭的未来持乐观主义的观点。持这种观点的人，其说法也各不相同。有的学者主张家庭的复兴，所谓"复兴"，就是家庭的发展"最终还是要倒回来，生活方式也将回复到以前的状态。"与此不同，美国未来学者托夫勒则认为，现代科学技术革命的结果，既不是家庭的消亡，也不是家庭的"恢复"，而是家庭的振兴。未来将出现电子大家庭，人们将重新回到家庭中去，夫妻在家里邀请一两个外人共同工作、生产和生活。家庭在社会中将处于中心地位。另外，还有些社会学者认为，家庭的未来是家庭形式多样化，例如，索伦蒂诺预测未来有 6 种家庭形式，即异族联婚、无婚姻关系同居、试婚、法律上承认可以重婚、未婚单身男女可领养孩子组成家庭、单身户等。有的人甚至将同性恋"家庭"也列为未来家庭的一种形式。

3. 趋同论

这是西方社会学者们对家庭未来发展的另一种预测。一些持乐观主义观点的学者认为，不仅现存的家庭形式在未来的发展中还将继续存在，继续发挥作用，而且，不论社会制度如何，未来的家庭都将趋向一致。美国社会学家古德 1965 年出版了《世界革命和家庭类型》一书，他假定：工业化改变家庭制度的进程在世界任何地方都是存在着的，尽管出发点不同，发展的速度和道路不同，但都朝着"某种类型的婚姻制度"在发展，在结婚年龄、家庭作用上，都将随着工业化的发展而趋同一致，并且这种趋同现象也是符合工业化发展的需要的。不少资产阶级社会学家赞同古德的观点，并进一步发展为"趋同理论"。根据这种理论，随着工业化的发展和信息社会的到来，社会主义制度和资本主义制度将会变得越来越相像，家庭的发展也将是不分社会制度的相同家庭，就是说，任何国家现代化的进程和结果都大体相似，并终将走向一致。

上述几种观点各不相同，有的甚至刚好相反，看来，家庭的未来命运如何，的确是个很复杂的问题，需要作些具体分析。

"家庭消亡论"，仅是一部分人的认识，许多人并不这样看，我们也不赞同这种观点，但我们却并不否定家庭的消亡。从理论上说，世界上一切有限的事物都是有生有灭，不是永恒的，自然，家庭也同任何事物一样，有其生成和发展的过程，最终也是要消亡的。有的人假定：当全世界进入共产主义之后，国家、阶级都消灭了，家庭和婚姻自然也会消失，到那时将会出现真正自由恋爱的时代；也有人预言，到了共产主义社会，在家庭消亡的过程中，婚姻家庭形态将在更高阶段上，回复到类似对偶婚的状况，并认为这是否定之否定规律的一种表现。这些具体的设想究竟如何，还难以用今天的实践去检验和证实。家庭终究是要消亡的，至于它在什么条件下消亡，家庭的消亡是否会先于人类的消亡，这还有待于进一步探讨，不过有一点是肯定的，即家庭的消亡是极其遥远的事情。

　　西方"家庭消亡论"者所说的却是另外一回事，他们看到一些家庭解体的迹象，就以为要不了多久，家庭很快便会消亡，这是以偏概全。其实，由离婚而造成的不完整家庭、性自由泛滥、未婚同居、独身男女、同性恋等，按占人口比例来说，依然是少数。即使在家庭危机严重的国家里，绝大多数人还是想结婚组成家庭的，有的离婚后还要再婚。从80年代以来，西方人已逐渐认识到性自由、性解放带来的一系列有害后果，过去20年里风行的性解放现在正在减退。抱独身主义态度的，多因外部社会条件的影响而造成的一种心理状态，并非本人的真正意愿。一旦社会条件变化了，这一情况也会改变的，终生独身的人总是极少数，不可能成为一种趋势。部分地破坏原有的家庭模式，并不意味着整个家庭本身的消亡。当家庭职能和结构尚未失去作用之前，家庭对于人类社会来说，就是不可缺少的，它仍然会继续存在和发展。

　　以现实的状况和已知的各种因素的相互作用为依据，推测家庭的未来，这是可行的，但这并不是说，现存的一切都将成为未来。西方有的学者把未婚同居、重婚，甚至把同性恋都设想成未来的婚姻家庭形式。这不过是用另一种方式，对西方社会的家庭现状的肯定，试图为现代资本主义家庭的畸形发展予以肯定。这既无助于解决家庭危机，也很难说是对家庭未来的一种科学推测。

　　在某些西方家庭理论中，有一种倾向，就是片面夸大科学技术对家庭发展的影响，宣扬技术决定论，在这方面表现最为明显的莫过于"趋同论"。这种理论认为，通过科学技术革命便可使得资本主义的种种矛盾迎刃而解，可以使资本主义和社会主义制度走向"趋同"，从而世界任何制度下的家庭也都趋于一致。

我们认为，科学技术革命是一股世界性的潮流，在不同社会制度的国家的发展过程中，都不同程度地受到它的影响。同时，我们也不否认，科学技术的进步会给人类婚姻家庭的发展过程带来某些影响，这些影响有相似之处，例如家庭功能、结构和规模的变化趋势等。但是，不能由此而得出否定资本主义与社会主义两种社会制度的根本区别，抹杀两种社会制度下不同性质家庭的区别的结论。事实上，科学技术革命对不同社会制度下的家庭的影响及其后果是不同的。在资本主义条件下，科技的进步，日益要求生产关系的变革，要求婚姻家庭制度的变革，但资本主义制度本身却又阻碍这种变革，妨碍着在爱情基础上的婚姻和家庭关系的建立。科技愈发展，愈会加深这种矛盾，并导致婚姻家庭的畸形发展。而科技的发展与社会主义制度的发展是相适应的，在社会主义条件下，科学技术的进步会促进婚姻家庭的改善，其结果必将促使以爱情为基础的婚姻家庭的发展。

"趋同论"片面强调技术、文化对家庭的作用，认为科学技术是家庭发展的唯一决定因素，而排斥和否定生产关系（所有制关系）对婚姻家庭发展的决定性作用。事实上，技术、文化对家庭发展的影响并不是决定性的，这从科技和文化的发展，往往在不同社会制度下会出现不同性质的家庭形态，就清楚地说明了这一点。历史唯物主义认为，人类婚姻家庭发展的决定因素是生产关系，技术、文化的作用始终是与生产关系的作用联系在一起的。在人类婚姻家庭发展史上，一定的婚姻家庭形态总是与一定的社会生产关系相适应的。家庭性质的改变只能通过生产关系的变革来实现。"趋同论"排斥生产关系在家庭发展中的作用，企图用技术革命代替社会革命，这是不可能的。任何家庭制度的变革都离不开生产方式的变革，所谓不同社会制度下不同性质的家庭的"趋同"，是根本不可能的。

西方社会学者对探索家庭未来发展所提出的不同理论和观点，就某些方面来说，对我们的家庭研究是有借鉴作用的。但也有许多预测的根据并不充分，缺乏普遍性。特别是由于立场和方法的不同，在我们看来，其中有许多东西是从维护资本主义制度出发的。此外，我们自己的国情也与西方国家不同。因此，我们绝不能将他们的一家之言奉为神明，贸然移花接木，全盘地接受下来；而是要有鉴别、有分析，要善于借鉴，吸取那些科学的、对我们有益的东西，以利于我们对家庭未来的研究和探索。

对于家庭的未来，我们不可能作出非常具体的描绘，只能预测它的大致发展方向；有些问题还有待于实践的发展，继续进行研究和探讨。

　　从家庭的基础看，随着社会生产力和公有制的发展，人们的文化和道德水准的不断提高，未来的家庭将实现真正以爱情为基础，在婚姻家庭问题上的经济因素以及各种非爱情因素的考虑，将会彻底排除，从而真正达到爱情与婚姻的统一，真正实现在感情上、道义上和实质上的一夫一妻制家庭。

　　从家庭的结构来看，由于社会生产力的极大发展，家庭的经济结构将逐渐削弱以至消失，而只剩下家庭的自然结构。家庭的规模将由大变小，核心家庭将占主导地位，主干家庭也还占有一定的比例。随着社会的联系的不断加强，家庭的联系将由紧变松。

　　从家庭的功能来看，家庭的生产和消费的功能将会消失，家庭的赡养老人、抚养教育子女、家务劳动等功能也将大部分为社会所代替。过去一些非主要的功能，如愉快生活和休息的功能将上升为主要的功能。当人们的物质生活需要日益得到满足以后，未来的家庭就将更能满足人们在精神生活方面所提出的更高的要求。

　　从家庭的关系来看，家庭成员之间将会出现真正平等、互助友爱的关系，以往影响家庭关系的经济的和思想道德的种种因素都会趋于消失。一切以私有制为基础的旧的家庭关系和家庭观念都将逐渐淡化，以至消失。夫妻之间已不是表面形式上的平等，而是实际的全面的平等。父母与子女之间的关系也将是一种新型的平等对话的关系。家庭成员之间将以高尚的道德情操为纽带密切联系在一起。随着人们对婚姻和家庭生活认识的发展和深化，每个家庭都将成为和睦、幸福、美满的家庭，它将和社会的迅速发展、个人的全面发展达到高度的一致。

　　以上只是家庭未来发展趋向的一个轮廓，社会实践和科学的发展，将会使我们的认识不断得到修正，也必将使马克思主义家庭学理论不断得到丰富和发展。